\この1冊で合格！/

2024-2025年版

岩田美貴の

FP2級

最短完成
問題集

学科・実技 対応

LEC専任講師
岩田美貴 編

LEC東京リーガルマインド 著

KADOKAWA

実績抜群のLECが最短合格をナビゲート!

本書はFPの指導実績30年で、20万人以上の受講実績を誇る資格の総合スクールLECが執筆しています。多くの受講者を最短合格に導いてきたオリジナル問題を1冊に凝縮。初学者や独学者でも合格ラインをらくらく突破できます。

合格力が楽しく身につきます!

LEC 専任講師
岩田 美貴
（いわた・みき）

本書のポイント

1 実績30年の合格メソッドが満載

20万人以上の受講実績で合格者を多数輩出しているトップスクールが必修問題を凝縮。狙われるポイントを徹底解説しました。

2 的中率抜群の模擬試験を収録

的中率に定評のあるLEC模試のノウハウを織り込んだ模擬試験が付属。本試験対策も万全でお得な1冊です。

3 すべてLECのオリジナル問題

本試験では同じ過去問は出題されません。頻出ポイントだけを入れたオリジナル問題で効率的に学習できます。

4 トップ講師が問題をセレクト

講師歴22年で大人気の岩田講師が問題を厳選。最短ルートの効率的な学習とわかりやすい解説にこだわりました。

最強のLECメソッドで対策は万全

STEP 1 基礎知識が確実になる学科対策

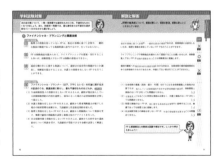

学科試験では、FPとしての基礎知識が問われます。本書では、最短で知識を定着できるよう、見開きレイアウトを採用。すぐに解答を確認できるので着実に学習を進められます。また、先生のコメント満載で飽きずに学習できます。

STEP 2 「応用力」が身につく実技対策

実技試験では、事例形式でFPの実践力が問われます。用語や制度の知識だけでなく、提示された資料から読み解く力が求められます。本書は「答え」にたどり着く根拠を徹底解説。本番で慌てない応用力が身につきます。

STEP 3 模擬試験で総仕上げ！

第7章にはLECによるFP対策のノウハウが詰まった本試験形式の模擬試験を収録。試験のレベルに慣れて知識の穴を確実に埋めましょう。間違えたところは要復習！

効率的に1回で合格！

はじめに

　本書は、国家資格である2級ファイナンシャル・プランニング技能検定（以下、FP2級）を受検する皆さまのために作られた問題集です。

　FP2級は、NPO法人日本ファイナンシャル・プランナーズ協会（日本FP協会）と一般社団法人金融財政事情研究会（金財）により実施されています。FPの普通資格として位置づけられており、金融機関や保険会社、不動産関係の会社などに勤務する方には必須の資格となっています。

　FP資格は、経済・金融の知識だけでなく、税金や年金制度の仕組み、相続の考え方、不動産の見方など幅広い知識を学習するため、その知識を幅広くご自身の業務に活かすことができます。また、FPに関連する仕事に就いていない方でも、ライフプランを考えるに当たって必要な知識を学習することができます。

　本書は、長年にわたってFP試験対策を行ってきたLEC東京リーガルマインドが、最新の試験傾向を盛り込み、皆さまが、合格に必要な知識を無理なく身につけられるように工夫して作成しています。主な特徴は以下のとおりです。

❶本試験を徹底分析したオリジナル問題で構成
❷論点を押さえた詳細な解説で合格レベルへ
❸高い的中率を誇るLEC作成の模擬試験を1回分収録

　また、本書に完全対応したFP2級のテキスト『この1冊で合格！ 岩田美貴のFP2級 最短完成テキスト』と併せてご活用いただくことで、合格のための知識をさらにしっかりと定着させることができます。

　皆さまが、本書を利用して、効率的に短期間でFP2級に合格されることを心よりお祈り申し上げます。

2024年4月

LEC東京リーガルマインド　FP試験部

Contents

本文デザイン　川野有佐

本文イラスト　寺崎愛／福々ちえ

すぐわかるFP2級試験の概要

試験概要

　2級FP技能検定試験は、学科試験と実技試験があります。試験は同日に実施されますが、合否の判定はそれぞれ行われます。

　学科試験と実技試験の両方に合格すると、2級FP技能士の合格証が発行されます。学科試験のみ、あるいは実技試験のみ合格した場合は、一部合格者として翌々年度末まで、合格した試験の受検が免除となります。

◎学科試験

出題形式	マークシート形式60問（すべて四肢択一式）
合格基準	60点満点で36点以上
試験科目	①ライフプランニングと資金計画　④タックスプランニング ②リスク管理　　　　　　　　　　⑤不動産 ③金融資産運用　　　　　　　　　⑥相続・事業承継
試験時間	120分

◎実技試験

実施団体	日本FP協会	金融財政事情研究会
科目	資産設計提案業務	個人資産相談業務 中小事業主資産相談業務 生保顧客資産相談業務 損保顧客資産相談業務 　のうち1つを選択
出題形式	記述式40問	記述式5題（事例形式）
合格基準	100点満点で60点以上	50点満点で30点以上
試験科目	①関連業法との関係及び職業上の倫理を踏まえたファイナンシャル・プランニング ②ファイナンシャル・プランニングのプロセス ③顧客のファイナンス状況の分析と評価 ④プランの検討・作成と提示	①関連業法との関係及び職業上の倫理を踏まえたファイナンシャル・プランニング ②個人客のニーズ及び問題点の把握 ③問題の解決策の検討・分析 ④顧客の立場に立った相談 ※個人資産相談業務の内容です。
試験時間	90分	

　本書は学科試験および実技試験（日本 FP 協会の**資産設計提案業務**、金財の**個人資産相談業務**）に対応しています。学科試験はどちらで受検しても同じ問題となりますが、合格率や受検者層などが異なります。主な特徴は以下のとおりです。

日本 FP 協会	合格率は学科試験が 40 ～ 50％、実技試験は 50 ～ 60％。個人の受検者が多い。
金財	合格率は学科試験が 20 ～ 30％、実技試験は 20 ～ 40％。金融機関など法人の受検者が多い。実技試験はやや専門的。

試験日程

　試験は、**2024 年 9 月 8 日（日）**、**2025 年 1 月 26 日（日）** に実施されます。9 月試験の法令基準日は 2024 年 4 月 1 日、1 月試験の法令基準日は 2024 年 10 月 1 日で、2025 年 4 月以降の本試験は、CBT 方式（コンピュータを使った試験方式）に移行する予定です。

受検要件

　2 級 FP 技能検定を受検できるのは、次のいずれかに該当する方です。
　・3 級 FP 技能検定の合格者
　・日本 FP 協会が認定する AFP 認定研修を修了した者
　・FP 業務に関し 2 年以上の実務経験を有する者
　・厚生労働省認定金融渉外技能審査 3 級の合格者

試験実施機関（申込み・問合せ先）

　試験の詳細や申込みについては、下記実施団体のウェブサイト等でご確認ください。

● NPO 法人　日本ファイナンシャル・プランナーズ協会
　https://www.jafp.or.jp　　TEL:03-5403-9890（試験業務部）

● 一般社団法人　金融財政事情研究会
　https://www.kinzai.or.jp　　TEL:03-3358-0771（検定センター）

本書は 2024 年 4 月 1 日現在の法令等に基づいて執筆・編集されています。検定試験に関する最新情報は、試験実施機関のウェブサイト等にてご確認ください。

資格取得のカギはスケジュールにアリ！
～めざす試験日に向けて、効果的な学習計画を立てよう

　試験は、2024年9月、2025年1月に実施され、2025年4月以降はCBT試験に移行予定です。9月と1月の試験については、下記を参考にして学習計画を立て、勉強を進めていきましょう。本書（問題集）に加え、テキストを用いた学習法の一例を挙げました。13週間（約3カ月）で完成する学習計画です。

Step1 インプット	1週間	テキストとなる書籍をざっと一気読み！　覚えなくてOK！　試験で問われる内容を最初にざっと把握します。テキストは本書とペアとなる『この1冊で合格！　岩田美貴のFP2級 最短完成テキスト』があります。要点だけをざっと学べる『岩田美貴のFP2級 1冊目の教科書』を読むのもオススメ！
イメージをつかむ！		
Step2 インプット	4週間	テキストの読み込みです。わからないことがあっても焦らずに、1つひとつ理解しながらじっくり読み進めていきましょう
覚えるために読む！		
Step3 アウトプット	2週間	問題集（本書）にトライ。解けない問題があってもOK！　試験でどんな内容が問われるかを知りながらどんどん解いて、解法をゲット！
チャレンジ！		
Step4 インプット	3週間	問題を解いてわからなかった部分を重点的に読むなど、メリハリをつけて読みます。一問一答にもトライ！
復習＆苦手を読む！		
Step5 アウトプット	2週間	再び問題集にチャレンジ＆巻末の模擬試験にもトライ！間違えた問題は、テキストを読むなどして復習しましょう
再チャレンジ！		
Step6 イン＋アウトプット	1週間	問題集2回目で間違えた箇所などについて、テキストを読み返したり問題を解き直したりして重点的に学び、本番の試験に備えましょう！
総仕上げ！		
Step7		**いよいよ試験日！**

あせらずに全体像を
把握するならこれ

わかりやすさを目指
したテキストです

ゼロからスタート！
岩田美貴のFP2級
1冊目の教科書

セットで学んで
効果抜群！
合格へ一直線！

この1冊で合格！
岩田美貴のFP2級
最短完成テキスト

第1章

ライフプランニングと資金計画

ココが
出る!

重要ポイント

学科	・雇用保険と公的年金が頻出です。特に雇用保険では、さまざまな給付の要件を理解しましょう。公的年金では、老齢給付と遺族給付で受給できる年金の要件、給付の併給調整まで理解する必要があります。
実技	・資産設計提案業務では、キャッシュフロー表と個人バランスシート、6つの係数を使った問題が毎回出題されます。また、設例形式の問題では住宅取得資金、教育費の問題がよく出ます。
	・個人資産相談業務は、事例形式での出題です。公的年金の加入歴からどんな年金が受給できるかを判断し、老齢給付や遺族給付はいくら受給できるかを計算できるようにしましょう。

▶過去5回分の出題傾向

	学科	実技	
	共通	資産	個人
FPと関連法規	A	A	
ライフプランニングと資金計画	C	A	
6つの係数	C	A	
住宅取得資金	C	A	
教育資金	A	A	
中小企業の資金計画	A		
医療保険	B	A	C
介護保険	C	C	
労災保険		C	
雇用保険	A	B	
公的年金の仕組み	A		C
老齢給付	B	A	A
遺族給付	B	B	
企業年金等	A	C	A

Aは必修、
Bはよく出る、
Cはたまに出る
テーマだよ！

※「資産」は日本FP協会の資産設計提案業務、「個人」は金財の個人資産相談業務を示しています。

次の各文章について、一問一答問題では適切なものに〇を、不適切なものに×をつけましょう。また、四肢択一問題では、最も適切または不適切な選択肢を(1)～(4)のなかから選びましょう。

① ファイナンシャル・プランニングと関連法規

一問一答問題

1 税理士の資格を持っていないFPは、仮定の事例に基づく計算や、一般的な税法の解説であっても税務相談に該当するので、行ってはならない。

2 FPは保険商品を組み入れて、ライフプランニングを提案・実行することも多いが、保険募集人でないFPは保険の募集はできない。

3 遺産分割の争いに関する相談について、遺留分の侵害等の問題がないか調査し、和解案を提示することは、弁護士の資格を有しないFPでも行うことができる。

四肢択一問題

4 ファイナンシャル・プランナー（以下、「FP」という）の行為に関する次の記述のうち、関連法規に照らし、最も不適切なものはどれか。 **よく出る**

(1) 生命保険募集人の資格を有しないFPのAさんは、顧客が現在加入している医療保険契約の内容を説明し、病気になった場合の必要保障額を計算して提示した。

(2) 弁護士資格を有しないFPのBさんは、顧客から将来判断能力が低下した場合の財産管理を依頼され、当該顧客と任意後見契約を結んだ。

(3) 税理士資格を有しないFPのCさんは、顧客から相続税について相談を受け、無償で顧客の相続税を試算し節税方法のアドバイスを行った。

(4) 社会保険労務士資格を有しないFPのDさんは、顧客から公的年金の遺族給付について相談を受け、当該顧客が受給できる年金額を試算して解説した。

● 問題の難易度について、**A** は難しい、**B** は普通、**C** は易しいことを示しています。

正解

仮定の事例に基づく計算や、一般的な税法の解釈であれば、税務相談には該当しないため、税理士資格を保有していない FP でも行うことができます。

×

ライフプランニングで保険商品を組み入れて提案することは構いませんが、保険募集人でない FP が保険の募集を行うことは保険業法に抵触します。

○

個別の顧客への個別具体的な遺産分割における対応は、当事者間の権利義務関係を争う法律事務そのものであるため、弁護士でない者は行うことができません。

×

（1）生命保険の募集（契約・媒介・代理）を行うには生命保険募集人の資格が必要ですが、加入している保険契約の分析や必要保障額の提示は、保険募集人資格のない FP が行っても問題ありません。　　　　　　　　　　[○]

（2）任意後見人となることに特別な資格は必要なく、弁護士資格のない FP が行っても問題ありません。　　　　　　　　　　[○]

（3）税理士資格のない FP が、税に関する具体的な計算を行い説明することは、無償であっても税理士法に抵触します。　　　　　　　　　　[×]

（4）社会保険労務士の資格を有しない FP が、年金の受給額を試算することは問題ありません。　　　　　　　　　　[○]

(3)

FP と関連業法との関係は試験で頻出です。しっかり押さえましょう！

❷ ライフプランニングの考え方・手法

1
☐☐ FP業務は、顧客との関係確立とその明確化→顧客データの収集と目標の明確化→顧客のファイナンス状態の分析と評価→ファイナンシャル・プランの検討・作成と提示→ファイナンシャル・プランの実行の援助→ファイナンシャル・プランの定期的見直しといった、6つの手順を踏んで行われる。

2
☐☐ ファイナンシャル・プランニングでは、教育・住宅・老後等のどの資金準備を重視し貯蓄配分を行うかという資金計画の優先順位を判断するため、短期・中期・長期の包括的なライフプランを考慮することが必要である。

3
☐☐ 顧客の現状の収支から出発して、住宅取得・老後の生活プランなどの数値化されたライフプランを織り込んで行う分析を、キャッシュフロー分析という。

4
☐☐ 個人バランスシートとは、ある時点での家計の資産と負債のバランスを見るもので、一般的に、資産合計から負債合計を引いた純資産の額がプラスであるほど家計が健全であるといえる。

5
☐☐ 住宅資金や教育資金等の準備において、一定利率による複利運用を前提に、一定期間で目標額を達成するために必要となる毎年の積立額を試算する場合は、年金現価係数を使う。 **よく出る**

6
☐☐ 住宅ローンの毎年の元利均等返済額を試算する場合は、資本回収係数を使う。

正解

FP業務の手順の理解は能率的な業務遂行のために重要です。その順序は、顧客との関係確立とその明確化→顧客データの収集と目標の明確化→顧客のファイナンス状態の分析と評価→ファイナンシャル・プランの検討・作成と提示→ファイナンシャル・プランの実行の援助→ファイナンシャル・プランの定期的見直しです。

〇
C

ファイナンシャル・プランニングにおいては教育・住宅・老後など、どの資金準備を優先するかを判断するため、短期・中期・長期の包括的なライフプランを考慮することが必要です。

〇
C

ライフプランをキャッシュフロー表に織り込み、多年度にわたる将来の収支状況や金融資産残高を予想する分析を、キャッシュフロー分析といいます。

〇
C

個人バランスシートは、ある時点の家計の資産と負債のバランスを見るものです。資産合計から負債合計を引いたものが純資産で、一般的に、純資産の額がプラスであるほど、家計が健全であるといえます。

〇
C

金融資産や不動産は時価で、生命保険は解約返戻金額を記入します。

一定期間後に一定金額を得るために、毎年どれだけ積み立てればよいかを求めるときは減債基金係数を使います。

✕
B

資本回収係数は、一定金額を一定期間で取り崩したり、受け取ったりしていく場合、毎年どれだけの金額が得られるのかを求めるときに用いる係数です。

〇
B

7 FPがライフプランニングに当たって作成する各種の表の一般的な作成方法に関する次の記述のうち、最も不適切なものはどれか。

（1）個人バランスシートの作成において、外貨預金の価額は、取得時点の為替レートで日本円に換算し、計上する。

（2）ライフイベント表は、子供の進学などの時期が明確なものだけではなく、住宅取得などの時期が明確でないライフイベントも組み入れて作成する。

（3）ライフイベントごとの予算額は現在価値で見積もり、キャッシュフロー表の作成においてはその価額を将来価値で計上する。

（4）キャッシュフロー表の収入の項目には、「収入－（所得税・住民税＋社会保険料）」の算式で計算される可処分所得を計上する。

8 ライフプラン作成の際に活用される各種係数に関する次の記述のうち、最も不適切なものはどれか。 **よく出る**

（1）元金100万円を年利率3％で15年間にわたり毎年積み立てる場合、15年後の元利合計額を試算する際に用いる係数は、年金終価係数である。

（2）現在の貯蓄額の一部である現金1,000万円を年利率2％で10年間複利運用する場合、10年後の元利合計額を試算する際に用いる係数は、終価係数である。

（3）毎年年末に一定額を積み立てながら年利3％で複利運用する場合、15年後に1,000万円となる貯蓄計画について試算する際に用いる係数は、減債基金係数である。

（4）年利2％で複利運用し、5年後に1,000万円を用意したい場合、現在必要な元本の額を試算する際に用いる係数は、年金現価係数である。

❸ ライフプラン策定上の資金計画

一問一答問題

1 固定金利選択型の住宅ローンは、変動金利型のローンでありながら、一定の期間内は金利が固定される。

（1）個人バランスシートでは、資産の価額は取得時点の価額ではなく時価で計上するため、外貨建て金融商品の為替レートは、作成時点での為替レートで円換算した額を記入します。　　　　　　　　　　　　　　　　　［×］

（2）ライフイベント表は、住宅取得や子供の結婚など、作成時点では時期が明確にわからないライフイベントも、予測される時期でイベントとして組み入れて作成します。　　　　　　　　　　　　　　　　　　　　　　　［○］

（3）ライフイベント表の金額は現在価値でよいですが、キャッシュフロー表においては物価の上昇などを織り込んだ将来価値で計上します。　　　［○］

（4）キャッシュフロー表の収入の項目には、可処分所得の額を記入します。可処分所得は、「収入－（所得税・住民税＋社会保険料）」の算式で計算します。［○］

(1)

C

（1）一定の期間にわたり、一定の金額を複利運用しながら毎年積み立てる場合の将来の元利合計額を試算する際に用いる係数は、年金終価係数です。　［○］

（2）現在手元にある金額を一定期間にわたり、一定の利率で運用した場合の将来の元利合計額を試算する際に用いる係数は、終価係数です。　　　　　［○］

（3）一定期間後に一定の金額を受け取るために必要な毎年の積立額を試算する際に用いる係数は、減債基金係数です。　　　　　　　　　　　　　　　［○］

（4）一定期間経過後に一定の金額を得るために必要な、現在の元金を試算する際に用いる係数は、現価係数です。　　　　　　　　　　　　　　　　　［×］

(4)

A

6つの係数は、このほかに年金現価係数、資本回収係数があります。

固定金利選択型とは、一定の期間は固定金利を適用し、固定期間終了後に固定金利か変動金利かを選択するタイプの住宅ローンです。固定期間の長さや固定金利と変動金利の切り替えの制限については、金融機関によって異なります。

2 繰上げ返済には期間短縮型と返済額軽減型があるが、同一条件なら返済額
□□ 軽減型のほうが利息削減効果は大きい。

3 日本政策金融公庫の教育一般貸付により融資を受けた資金は、対象となる
□□ 学校の入学金や授業料だけでなく、下宿代や定期代、テキストの購入費な
どにも使うことができる。 **よく出る**

4 日本学生支援機構の貸与型奨学金には、無利息の第一種奨学金と有利息の
□□ 第二種奨学金がある。

5 一般的に、年齢が高くなるにつれて運用できる期間は短くなるため、金融
□□ 商品のリスク許容度は低下していくと考えられる。

6 個人事業主は、会社員などの厚生年金加入者と比較して公的年金の受給額
□□ が少ないので、小規模企業共済や国民年金基金などを活用して、老後資金
の準備をしておくのもよい。

四肢択一問題

7 住宅金融支援機構と金融機関が提携した住宅ローンであるフラット35（買
□□ 取型）に関する次の記述のうち、最も適切なものはどれか。
（1）融資金利は、住宅金融支援機構が融資期間に応じて決定しており、取扱金
融機関により異なることはない。
（2）所定の要件を満たせば、既存の住宅ローンの借換えに利用することができ
る。
（3）融資期間は、原則として申込者が80歳になるまでの年数と35年のいずれ
か短い年数が上限とされているが、下限は定められていない。
（4）住宅金融支援機構のインターネットサービス「住・My Note」を利用して
一部繰上げ返済を申し込む場合、返済可能な金額は原則として100万円以
上である。

同一条件であれば、期間短縮型のほうが返済期間について短くなる分だけ利息削減効果は大きくなります。

✕

日本政策金融公庫の教育一般貸付により融資を受けた資金の用途に制限はなく、入学金や授業料以外にも幅広く使うことができます。

○

第一種奨学金は無利息貸与ですが、第二種奨学金は有利息貸与です。なお、第二種奨学金も在学中は無利息です。

○

高齢になるに従い、リスク許容度は一般的には低下するので、ハイリスク・ハイリターンの金融商品は避けて、安全性の高い金融商品の比率を高めていくほうがよいと考えられます。

○

国民年金の第1号被保険者である個人事業主が受給できる公的年金は65歳からの老齢基礎年金のみです。老後資金の不足額を補うために国民年金基金や小規模企業共済を活用することが有効です。

○

（1）フラット35の金利は取扱金融機関によって異なり、一律ではありません。［×］
（2）設問のとおり。住宅の床面積や年収等の要件を満たせば、フラット35を借換えに利用することも可能です。　　　　　　　　　　　　　　　　　　　　［○］
（3）フラット35の融資期間の下限は15年（申込者または連帯債務者が満60歳以上の場合は10年）とされています。　　　　　　　　　　　　　　　　　［×］
（4）フラット35の繰上げ返済は、「住・My Note」利用の場合は10万円以上、取扱金融機関の窓口利用の場合は100万円以上です。　　　　　　　　　　［×］

(2)

8 教育資金に関する次の記述のうち、最も不適切なものはどれか。 **よく出る**
□□

（1）日本政策金融公庫の教育一般貸付の融資限度額は、学生1人当たり300万円である。

（2）民間金融機関の教育ローンは、一般に、無担保型よりも有担保型のほうが、融資限度額が大きい。

（3）日本政策金融公庫の教育一般貸付は、一定額以上の年収がある場合には利用できない。

（4）日本政策金融公庫の教育一般貸付は、入学金や授業料のほか、下宿代や国民年金保険料の支払いなどにも利用することができる。

9 奨学金および教育ローンに関する次の記述のうち、最も不適切なものはどれか。
□□

（1）日本学生支援機構の貸与奨学金は、所定の海外留学資金として利用する場合を除き、連帯保証人および保証人による人的保証と日本国際教育支援協会による機関保証のいずれかが必要となる。

（2）日本学生支援機構の給付奨学金を申し込む者は、一定の基準を満たせば、併せて貸与型の第一種奨学金および第二種奨学金を申し込むこともできる。

（3）日本政策金融公庫の教育一般貸付（国の教育ローン）の融資限度額は、海外留学に利用する場合、入学・在学する学生・生徒1人につき350万円である。

（4）日本政策金融公庫の教育一般貸付（国の教育ローン）の資金使途には、入学金・授業料等の学校納付金や教材費だけでなく、自宅外から通学する学生等の住居費用等も含まれる。

4 社会保険

一問一答問題

1 被扶養者に生計を維持されている者が健康保険の被扶養者となるためには、
□□ 原則として、年収130万円未満でかつ被保険者の年収の2分の1未満であることが必要である。

正解

（1）日本政策金融公庫の教育一般貸付の融資限度額は、原則として、学生1人当たり350万円ですが、**自宅外通学や海外留学などの場合は450万円です。**
　　　　　　　　　　　　　　　　　　　　　　　　　　　　　　　　　　[×]

（2）ローンは、一般に他の条件が同じであれば、無担保型よりも有担保型のほうが融資限度額が大きくなります。　　　　　　　　　　　　　　　　　　　[O]

（3）日本政策金融公庫の教育一般貸付には年収・所得による制限があり、一定額以上の年収がある場合は利用できません。　　　　　　　　　　　　　　　[O]

（4）教育一般貸付の資金は、入学金や授業料だけでなく、**下宿代や国民年金保険料の支払いなどにも利用することができます。**　　　　　　　　　　　　[O]

(1)
B

（1）設問のとおり。なお、貸与奨学金を所定の海外留学資金として利用する場合は、人的保証と機関保証の両方が必要です。　　　　　　　　　　　　　　　[O]

（2）設問のとおり。給付奨学金と貸与奨学金は**併用可能です。**　　　　　　　[O]

（3）日本政策金融公庫の教育一般貸付（国の教育ローン）の融資限度額は、自宅外通学、修業年限5年以上の大学・大学院、海外留学のいずれかに利用する場合、1人につき450万円です。　　　　　　　　　　　　　　　　　　[×]

（4）教育一般貸付（国の教育ローン）の資金使途は、**学校納付金や受験にかかった費用のほか、在学のため必要となる住居費や教材費など幅広く認められています。**　　　　　　　　　　　　　　　　　　　　　　　　　　　　　[O]

(3)
B

> 日本学生支援機構の奨学金も日本政策金融公庫の教育一般貸付も、融資資金の使途に制限はありません。

健康保険の被扶養者となるためには、被保険者に生計を維持されていて、年収が130万円未満かつ被保険者の年収の2分の1未満である必要があります。なお、65歳以上または障害者の場合は年収180万円未満で被扶養者になることができます。

O
B

2 健康保険、国民健康保険とも、1ヵ月の医療費の自己負担が一定額を超えた場合には、高額療養費の給付がある。

3 協会管掌健康保険の任意継続被保険者になるには、被保険者資格喪失後2ヵ月以内に申請手続きをする必要がある。 **よく出る**

4 後期高齢者医療制度は、70歳以上（または一定の障害と認定された65歳以上）の人を対象とした制度である。

5 介護保険では、40歳以上65歳未満の医療保険加入者を第1号被保険者、65歳以上の対象者を第2号被保険者と区分している。

6 介護保険の利用者負担は、原則として1割であり、要介護の認定やケアプラン作成の費用についても1割の自己負担がある。

7 介護保険における要介護度は、要支援1および2と、要介護1〜5の合わせて7段階となっている。

8 労災保険は、パート・日雇労働といった雇用形態や、業務に従事する労働時間の長短とは関係なく、使用される全労働者に適用される。

9 雇用労働者以外の人でも、中小事業主、個人タクシー等の自営業者およびその家族従事者等は、所定の要件を満たした場合、労災保険の特別加入制度への加入が義務付けられている。

10 業務上の事由が原因で休業が必要になり、賃金を受けられない日が所定日数以上に及ぶ場合、労災保険から休業補償給付を受けられる。 **よく出る**

11 基本手当は、退職した本人の住所地を管轄する公共職業安定所（ハローワーク）に求職の申込みをした上で、失業の認定を受けた日について支給される。

	正解

健康保険、国民健康保険とも、1ヵ月の医療費の自己負担が一定額を超えた場合には高額療養費の給付を受けることができます。

○ C

被保険者資格喪失後20日以内に申請手続きをする必要があります。なお、健康保険の被保険者であった期間が継続して2ヵ月以上なければならず、加入できる期間は最大で2年間です。

× B

後期高齢者医療制度は、75歳以上（または一定の障害と認定された65歳以上）の人を対象とした制度です。

× C

介護保険では、65歳以上の人が第1号被保険者、40歳以上65歳未満の人が第2号被保険者に区分されます。

× C

介護サービスの利用者負担は、原則として1割ですが、要介護認定と介護サービス計画（ケアプラン）の作成費用についての利用者負担はありません。

× C

要介護度は、要支援1、2と、要介護1～5を合わせた7段階で認定されます。

○ C

労災保険は、パートや日雇労働者、短時間労働者の区別なく、使用される全労働者が適用の対象となります。

○ C

中小事業主、自営業者（一人親方、個人タクシー等）およびその家族従業者などは、所定の要件を満たした場合に、特別加入として労災保険への任意加入が認められます。

× B

労働者が業務災害または通勤災害によって、ケガ・病気にかかり、その療養のため労働ができず賃金を受けられない場合、休業開始後4日目から平均賃金の6割が休業補償給付（休業給付）として支給されます。さらに労働福祉事業から休業特別支給金として2割が支給されるため、合計して平均賃金の8割が支給されます。

○ B

基本手当は、本人の住所地を管轄する公共職業安定所（ハローワーク）に求職の申込みをした上で、失業の認定を受けた日について支給されます。

○ C

| 12 | 一般教育訓練給付金は、被保険者期間が3年以上（初回のみ1年以上）あれば受給することができ、支給額は、被保険者期間にかかわらず、教育訓練費用の20％（上限は10万円）である。 |

| 13 | 高年齢雇用継続基本給付金は、60歳以降の賃金月額が、60歳時点の賃金月額の85％未満であることが、支給要件の1つである。 |

| 14 | **公的医療保障（健康保険、国民健康保険）に関する次の記述のうち、最も適切なものはどれか。** よく出る |

（1）全国健康保険協会管掌健康保険（協会けんぽ）の保険料率は、都道府県にかかわらず、全国一律であり、国民健康保険の保険料（税）の計算方法も全国一律である。

（2）定年退職により健康保険の被保険者資格を喪失した者は、所定の要件を満たせば、最長で2年間または60歳に達するまで、健康保険の任意継続被保険者となることができる。

（3）健康保険の被保険者と同居している60歳以上の親が被扶養者と認定されるためには、原則として、親の年間収入が180万円未満で、かつ被保険者の年収の2分の1未満であることが要件となる。

（4）後期高齢者医療制度の被保険者が保険医療機関等の窓口で支払う一部負担金（自己負担額）の割合は、原則として1割とされているが、当該被保険者が現役並み所得者である場合は2割となる。

O

B

一般教育訓練給付金は、支給要件期間（被保険者期間）が3年以上（初回のみ1年以上）あれば受給でき、支給額は教育訓練費用の20％相当額（上限は10万円）です。

高年齢雇用継続基本給付金は、60歳以降の賃金月額が、60歳時点の賃金月額の75％未満であることが、支給要件の1つとなっています。

> 高年齢雇用継続基本給付金は、60歳以降に賃金が一定割合以上少なくなった場合に受給できます。

（1）全国健康保険協会管掌健康保険の保険料率は、都道府県で異なり、全国一律ではありません。また、国民健康保険の保険料も、政令で定める基準により市区町村（または国民健康保険組合）が定め、全国一律ではありません。［×］

（2）健康保険の被保険者資格を喪失した者は、所定の要件を満たせば、最長で2年間、健康保険の任意継続被保険者となることができます。60歳に達するまでという要件はありません。［×］

（3）健康保険の被扶養者の要件は、60歳以上および障害者の場合は、年収180万円未満かつ被保険者の年収の2分の1未満です。［O］

(3)

B

（4）後期高齢者医療制度の被保険者が保険医療機関等の窓口で支払う一部負担金（自己負担額）の割合は、原則として、被保険者が現役並み所得者である場合は3割、それ以外の者である場合は1割または2割（年収200万円以上の場合）とされています。［×］

15 後期高齢者医療制度（以下、「本制度」という）に関する次の記述のうち、最も適切なものはどれか。

（1）本制度の被保険者は、75歳以上の後期高齢者および60歳以上で一定の障害がある者とされている。

（2）健康保険や国民健康保険の被保険者が75歳に達したときは、その被保険者資格を喪失して本制度の被保険者となるか、その資格を喪失せずに継続して健康保険や国民健康保険の被保険者となるかの選択ができる。

（3）本制度の被保険者の配偶者で年間収入が180万円未満の者であっても、本制度の被扶養者となることはできない。

（4）後期高齢者医療広域連合の区域内に住所を有する60歳から74歳の者のうち、一定以上の障害状態であることにつき、後期高齢者医療広域連合の承認を受けた者は、本制度の被保険者となる。

16 公的介護保険（以下、「介護保険」という）に関する次の記述のうち、最も不適切なものはどれか。 よく出る

（1）第1号被保険者に対する介護保険の給付は、要介護状態または要支援状態になった原因にかかわらず行われる。

（2）第2号被保険者のうち、前年の合計所得金額が220万円以上の者が介護サービスを利用した場合の自己負担割合は、原則として3割である。

（3）要介護認定を受けた被保険者の介護サービス計画（ケアプラン）を、介護支援専門員（ケアマネジャー）が作成した場合の費用は無料である。

（4）同一月内の介護サービスの利用者負担額が、公的介護保険で定められた上限額を超えた場合、その超えた額が高額介護サービス費として支給される。

（1）本制度の被保険者は、75歳以上の後期高齢者および65歳以上で一定の障害がある者とされています。　　　　　　　　　　　　　　　　　[×]

（2）後期高齢者医療広域連合の区域内に住所を有する75歳以上の者はすべて本制度の被保険者となります。健康保険や国民健康保険制度を選択することはできません。　　　　　　　　　　　　　　　　　　　　　　　　　　[×]

（3）本制度には、被扶養者の概念がないため、本制度の被保険者の配偶者で年間収入が180万円未満の者であっても、本制度の被扶養者となることはできません。　　　　　　　　　　　　　　　　　　　　　　　　　　　　[○]

（3）

B

（4）一定以上の障害状態にあることで後期高齢者医療広域連合の承認を受けて本制度の被保険者となるのは、後期高齢者医療広域連合の区域内に住所を有する65歳から74歳の者です。　　　　　　　　　　　　　　　　[×]

（1）第2号被保険者（40歳以上65歳未満の人）の場合、その症状が老化に起因する（末期ガンを含む）ものでなければ介護保険の受給権を得られませんが、第1号被保険者（65歳以上の人）は、その原因にかかわらず要介護または要支援の状態となった場合に、介護保険の受給権を得ることができます。　[○]

（2）第1号被保険者は、前年の合計所得が一定の額を超えた場合、自己負担割合は2割または3割になりますが、第2号被保険者の自己負担割合は、合計所得とは無関係に1割です。　　　　　　　　　　　　　　　　　　　[×]

（2）

C

（3）ケアプランとは、介護サービスの利用計画書のことで、介護支援専門員（ケアマネジャー）に作成を依頼するのが一般的であり、作成費用はかかりません。[○]

（4）介護保険では、1ヵ月当たりの1割の自己負担分が一定の限度額を超えた場合、その超えた額に対して高額介護サービス費が支給されます。　　　　　[○]

17 労働者災害補償保険（以下、「労災保険」という）に関する次の記述のうち、最も不適切なものはどれか。

（1）労災保険は、通勤途上における病気・ケガ・障害・死亡等についても補償する。

（2）中小事業主や自営業者等についても所定の要件に該当した場合には、労災保険への特別加入が認められる。

（3）会社の取締役であっても、使用人兼務役員の場合は、労災保険から補償を受けることができる場合がある。

（4）業務中の事故により、労災保険の障害補償年金と公的年金の障害厚生年金の両方を受給することができる場合、障害補償年金が優先して支給され、障害厚生年金は支給停止となる。

18 雇用保険の給付に関する次の記述のうち、最も適切なものはどれか。

〈よく出る〉

（1）雇用保険の基本手当は、原則として、離職日以前2年間に一般被保険者期間が通算して6ヵ月以上ある人が、失業の状態にあるときに支給される。

（2）雇用保険の被保険者が、対象となる家族を介護するために休業した場合、介護休業給付金が3回まで、通算で60日間を限度に支給される。

（3）高年齢雇用継続給付の支給対象者は、一定の受給要件を満たした65歳以上の被保険者である。

（4）高年齢雇用継続給付と60歳台前半の老齢厚生年金を同時に受けられる場合、高年齢雇用継続給付は全額支給され、60歳台前半の老齢厚生年金が減額される。

❺ 公的年金

一問一答問題

1 日本国内に住所のある20歳以上60歳未満の人は、学生や求職活動中の人であっても、国民年金に加入しなければならない。

2 学生の納付特例を申請して、その後追納しなかった場合は、その期間の3分の1の期間が老齢基礎年金の額に反映される。

（1）労災保険は、労働者の業務上または通勤途上における病気・ケガ・障害・死亡等に対して保険給付を行う制度です。通勤途上であっても、通勤とケガ・病気等との間に相当の因果関係があれば補償されます。　　　　　　［○］

（2）中小事業主、自営業者、家事支援従事者などは、要件を満たせば特別加入として労災保険への加入が認められます。　　　　　　　　　　　　　［○］

（3）事業主との間に実質的な使用従属関係がある場合、労災保険の適用労働者となり、労災保険から補償を受けることができます。　　　　　　　　［○］

（4）障害補償年金と障害厚生年金は両方受給することができますが、障害厚生年金が全額支給され、障害補償年金は一定割合減額されます。　　　［×］

(4)
B

（1）基本手当は、原則として、離職日以前2年間に被保険者期間が通算して12ヵ月以上ある人が、失業の状態にあるときに支給されます。　　　　［×］

（2）介護休業給付金は、家族を介護するために休業した場合に、3回まで、通算で93日間支給されます。支給額は休業開始前賃金の67％相当額です。［×］

（3）高年齢雇用継続給付は、60歳以上65歳未満の者で被保険者であった期間が5年以上の者に対し、60歳以降の賃金が60歳時点に比べ75％未満であるときに支給されます。　　　　　　　　　　　　　　　　　　　　［×］

（4）高年齢雇用継続給付と60歳台前半の老齢厚生年金を同時に受けられるときは、60歳台前半の老齢厚生年金が減額されます。在職老齢年金の規定による支給停止に加えて、標準報酬月額の最大6％相当額が支給停止となります。　　［○］

(4)
B

日本国内に住所のある20歳以上60歳未満の人は、学生や求職活動中であっても国民年金の強制加入被保険者となります。

○
C

学生の納付特例を利用した場合は、追納しない限り老齢基礎年金の額には反映されません。

×
B

3 □□ 老齢基礎年金の受給資格期間は、「保険料納付済期間＋保険料免除期間＋合算対象期間（カラ期間）」で計算される。

4 □□ 1962年4月2日以降生まれの人が、65歳になる12ヵ月前に老齢基礎年金の繰上げ請求をした場合、年金額は4.8％減額される。 **よく出る**

5 □□ 老齢厚生年金の加給年金額は、原則として、被保険者期間が240ヵ月以上ある人で、65歳未満の配偶者や18歳未満の子がいる場合に加算されるが、報酬比例部分のみ支給される特別支給の老齢厚生年金には加算されない。 **よく出る**

6 □□ 障害給付を受けるには、初診日までの被保険者期間のうち、3分の2以上の保険料滞納期間がないことが要件となる。

7 □□ 受給権者が65歳以上の場合、障害基礎年金と遺族厚生年金の受給権があるときは、併給が可能である。

8 □□ 障害厚生年金の額は、厚生年金保険の加入月数が240月に満たない場合は240月加入しているものとして計算する。 **よく出る**

9 □□ 遺族基礎年金は、子のある妻または子に支給されるものであり、妻が亡くなった場合の、子のある夫には支給されない。 **よく出る**

10 □□ 遺族基礎年金は、子の18歳（一定の障害のある子の場合は20歳）の誕生月までの支給となる。

11 □□ 夫を亡くした妻が受給できる中高齢寡婦加算は、夫の死亡時の妻の年齢を問わず支給される。

12 □□ 年齢にかかわらず、障害基礎年金と遺族厚生年金が併給されることはない。

正解

「保険料納付済期間＋保険料免除期間＋合算対象期間（カラ期間）」が10年以上であれば、老齢基礎年金の受給資格要件を満たし、65歳から受給することができます。

○ B

1962年4月2日以降生まれの人が老齢基礎年金の繰上げ請求をした場合「0.4％×繰り上げた月数」分だけ減額されるため、12ヵ月繰り上げた場合には、0.4％×12ヵ月＝4.8％が減額されます。

○ A

加給年金額は、老齢基礎年金と65歳からの老齢厚生年金が支給される場合に加算され、報酬比例部分のみ支給される60歳代前半の特別支給の老齢厚生年金には支給されません。

○ B

初診日の前々月までの被保険者期間のうち、3分の1以上の保険料滞納期間がないことが要件です。ただし、2026年3月31日までの傷病については、初診日の前々月までの1年間に保険料滞納期間がなければ保険料納付要件を満たします。

× A

原則として、公的年金は1人1年金の受給ですが、65歳以後は、障害基礎年金と老齢厚生年金、障害基礎年金と遺族厚生年金の併給が可能となります。

○ A

加入月数が300月（25年）に満たない場合、300月加入しているものとして計算します。

× B

遺族基礎年金を受給できるのは、子のある配偶者または子であり、妻が亡くなった場合、子のある夫も受給することができます。

× C

遺族基礎年金は、子が18歳に達した日以後の最初の3月31日まで受給できます。ただし、一定の障害にある者は、20歳に達した日（誕生日の前日）の属する月まで受給できます。

× B

厚生年金保険に加入していた夫が死亡し、①夫の死亡時に40歳以上65歳未満の子のいない妻、②夫の死亡時に40歳未満で子のある妻が、遺族基礎年金を受けられなくなった時点で40歳以上だった場合、のいずれかに該当するとき、妻が65歳になるまで、中高齢寡婦加算が支給されます。

× A

障害基礎年金と遺族厚生年金は、受給権者が65歳以上の場合には併給されます。

× A

13 老齢厚生年金に加給年金額が加算されるためには、一定の要件を満たす配偶者または子があり、老齢厚生年金の受給権者本人の厚生年金保険の被保険者期間が、原則として、20年以上あることが必要である。

14 国民年金に関する次の記述のうち、最も不適切なものはどれか。

（1）自営業者の夫と生計を一にする妻で、日本国内に居住する20歳以上60歳未満の者は、国民年金の第3号被保険者となる。

（2）60歳以上65歳未満の自営業者で、国民年金の保険料の納付月数が480月未満の者は、老齢基礎年金の繰上げ支給を受けている場合を除き、任意加入被保険者となることができる。

（3）国民年金の第1号被保険者である20歳以上の学生で前年の所得が一定以下の者は、学生の納付特例制度の対象となり、申請によって保険料の納付が猶予される。

（4）学生の納付特例制度の適用を受けた期間についても、追納により保険料を納付すれば老齢基礎年金の額に反映される。

15 厚生年金保険に関する次の記述のうち、最も適切なものはどれか。

（1）厚生年金保険の適用事業所に常時使用される74歳の者は、原則として、厚生年金保険の被保険者となる。

（2）国、地方公共団体または法人の事業所であって、常時5人未満の従業員を使用している事業所は、厚生年金保険の任意適用事業所となり、常時5人以上の従業員を使用している事業所は強制適用事業所となる。

（3）産前産後休業期間中の厚生年金保険の被保険者に係る厚生年金保険料は、所定の手続きにより被保険者負担分、事業主負担分ともに免除され、免除された期間は、産前産後休業復帰後10年以内であれば追納することができる。

（4）厚生年金保険の保険料は、標準報酬月額および標準賞与額に保険料率を乗じて算出する。

老齢厚生年金に加給年金額が加算される要件として、厚生年金保険の被保険者期間が原則として20年以上あることと、生計維持されている65歳未満の配偶者または原則18歳未満の子がいることなどがあります。

（1）国民年金の第3号被保険者となるのは、**第2号被保険者（会社員や公務員等）の被扶養配偶者**のみであり、第1号被保険者の配偶者は、第1号被保険者となります。　　　　　　　　　　　　　　　　　　　　　　　　　　　　　　　　[×]

（2）設問のケースのほか、老齢年金の受給資格期間（10年）を満たしていない65歳以上70歳未満の者や、外国に居住する日本人で、20歳以上65歳未満の者も任意加入被保険者となることができます。　　　　　　　　　　　　　[○]

（3）20歳以上の学生で、本人の所得が一定金額以下の場合、**学生納付特例制度**の対象となります。　　　　　　　　　　　　　　　　　　　　　　　　　　　　　[○]

（4）保険料の免除・納付猶予や学生納付特例の承認を受けた期間がある場合、**直近10年以内の期間**に係るものに限り**追納**することができ、追納すれば将来の老齢基礎年金の額に反映されます。　　　　　　　　　　　　　　　　　　　[○]

（1）厚生年金保険の適用事業所に常時使用される者であっても、70歳で厚生年金保険の資格を失うため、厚生年金保険の適用事業所に常時使用される74歳の者は、原則として、厚生年金保険の被保険者となりません。　　　　　　　[×]

（2）国、地方公共団体または法人の事業所であって、常時従業員を使用している事業所は、5人未満であっても強制適用事業所となります。　　　　　　　[×]

（3）産前産後休業期間中の厚生年金保険の被保険者に係る厚生年金保険料は、所定の手続きにより**被保険者負担分、事業主負担分ともに免除**されます。この免除期間は、将来、被保険者の年金額を計算する際、保険料を納めた期間として扱われますので、追納の制度はありません。　　　　　　　　　　　　[×]

（4）厚生年金保険の保険料は、**標準報酬月額および標準賞与額**に保険料率を乗じて算出し、**労使折半**で負担します。　　　　　　　　　　　　　　　　　　　[○]

16 老齢基礎年金・老齢厚生年金の受給に関する次の記述のうち、最も不適切なものはどれか。**よく出る**

(1) 老齢基礎年金を受給するには、一部の特例を除き、「保険料納付済期間＋保険料免除期間＋合算対象期間（カラ期間）」が10年以上あることが要件となる。

(2) 老齢基礎年金の繰上げ支給を受けた場合、65歳前に障害者や寡婦になったとしても、原則として障害基礎年金や寡婦年金（遺族年金）は支給されない。

(3) 老齢厚生年金を受給するには、老齢基礎年金の受給資格期間を満たした上で厚生年金保険の被保険者期間が1ヵ月以上あることが要件となる。

(4) 1961年4月2日から1963年4月1日の間に生まれた男性は、老齢基礎年金の受給資格期間を満たし、厚生年金保険の被保険者期間を1年以上有している場合、64歳から報酬比例部分のみの特別支給の老齢厚生年金の支給を受けることができる。

17 老齢厚生年金に関する次の記述のうち、最も不適切なものはどれか。**よく出る**

(1) 特別支給の老齢厚生年金が支給されるためには、老齢基礎年金の受給資格期間（25年）を満たし、厚生年金保険の被保険者期間が1年以上あることなどの要件を満たす必要がある。

(2) 65歳からの老齢厚生年金が支給されるためには、老齢基礎年金の受給資格期間（10年）を満たし、厚生年金保険の被保険者期間が1ヵ月以上あることが必要である。

(3) 老齢厚生年金の繰下げ支給の申出は、老齢基礎年金の繰下げ支給の申出とは別に行うことができる。

(4) 老齢厚生年金の繰上げ支給による年金の減額率は、繰り上げた月数に0.4％を乗じて得た率で、最大24％となる。

（1）老齢基礎年金の受給資格期間は、「保険料納付済期間＋保険料免除期間＋合算対象期間（カラ期間）」が10年以上であることが要件となっています。　[○]

（2）繰上げ支給のデメリットとして、65歳前に障害者や寡婦（夫に先立たれた妻）になった場合、原則として、障害基礎年金や寡婦年金（遺族年金）が支給されないことなどがあります。　[○]

（3）老齢基礎年金の受給資格期間を満たした上で厚生年金保険の被保険者期間が1ヵ月以上あれば、老齢厚生年金を受給することができます。なお60歳代前半の老齢厚生年金については、被保険者期間が1年以上あることが要件となります。　[○]

（4）1961年4月2日以降に生まれた男性は、報酬比例部分のみの特別支給の老齢厚生年金の支給を受けることができません。　[×]

(4)

B

（1）特別支給の老齢厚生年金が支給されるためには、老齢基礎年金の受給資格期間を満たし、厚生年金保険の被保険者期間が1年以上あることなどの要件を満たす必要があります。老齢基礎年金の受給資格期間が10年以上あれば要件を満たすため、25年は誤りとなります。　[×]

（2）65歳からの老齢厚生年金が支給されるためには、老齢基礎年金の受給資格期間を満たし、厚生年金保険の被保険者期間が1ヵ月以上あることが必要となります。　[○]

（3）老齢厚生年金の繰下げ支給の申出は、老齢基礎年金の繰下げ支給の申出とは別に行うことができます。なお、繰上げ支給を請求する場合は、老齢厚生年金と老齢基礎年金の請求を同時に行わなければなりません。　[○]

（4）老齢厚生年金の繰上げ支給による年金の減額率は、繰り上げた月数に0.4％（2022年4月以降）を乗じて得た率で、最大24％となります。また、老齢厚生年金の繰下げ支給による年金の増額率は、繰り下げた月数に0.7％を乗じて得た率で、2022年4月から75歳まで繰り下げられることとなったため、増額率は最大84％です。　[○]

(1)

B

18 公的年金の障害給付に関する次の記述のうち、最も不適切なものはどれか。
□□ よく出る

（1）障害基礎年金の年金額は、障害等級2級の場合、老齢基礎年金の満額と同額であり、障害等級1級は、障害等級2級の100分の125となっている。

（2）障害等級1級または2級の障害基礎年金の受給権者が、所定の要件を満たす子を有する場合、その受給権者に支給される障害基礎年金には、子の加算額が併せて支給される。

（3）障害基礎年金の受給権を有している者が、老齢厚生年金の受給権も有している場合、65歳以降、障害基礎年金と老齢厚生年金のいずれかを選択して受給することとなる。

（4）障害状態となったことにより支給される障害厚生年金の年金額は、障害状態となった者の厚生年金保険の被保険者期間が300月未満の場合、300月とみなして計算する。

19 遺族年金に関する次の記述のうち、最も適切なものはどれか。 よく出る
□□

（1）遺族基礎年金を受給することができる遺族の範囲は、国民年金の被保険者または被保険者であった者の死亡の当時、その者によって生計を維持し、かつ、所定の要件を満たす「子のある妻」または「子」に限られる。

（2）厚生年金保険の被保険者が死亡したことにより支給される遺族厚生年金の年金額は、死亡した者の厚生年金保険の被保険者期間の月数が300月未満の場合は、300月とみなして計算する。

（3）厚生年金保険の被保険者が死亡したことにより遺族厚生年金の受給権者となった配偶者が、新たに事実上の婚姻関係にあるが婚姻の届出をしていない場合、当該配偶者の遺族厚生年金の受給権は消滅しない。

（4）厚生年金保険の被保険者である夫が死亡し、夫の死亡当時に子のいない25歳の妻が取得した遺族厚生年金の受給権は、妻が40歳に達したときに消滅する。

（1）障害基礎年金の年金額は、障害等級2級の場合、老齢基礎年金の満額と同額で、障害等級1級は、障害等級2級の100分の125となっています。　［○］

（2）所定の要件を満たす配偶者や子を有する場合、障害基礎年金には子の加算額が支給され、障害等級1級または2級の障害厚生年金には、配偶者の加算額が支給されます。　［○］

（3）障害基礎年金と老齢厚生年金の両方の受給権を有している場合、65歳以降、障害基礎年金と老齢厚生年金を併給することができます。　［×］　**（3）**

B

（4）障害厚生年金を受給する場合、被保険者期間の月数が300月に満たないときは、被保険者期間が300月あったものとみなして年金額を計算します。　［○］

（1）遺族基礎年金を受給することができる遺族の範囲は、生計を維持されていた所定の要件を満たす「子のある配偶者」または「子」であり、要件を満たせば、妻だけではなく夫も受給することができます。　［×］

（2）現役の会社員が死亡した場合など、遺族厚生年金の短期要件に該当するときに支給される遺族厚生年金の年金額の計算では、300月の最低保障があります。　［○］

（3）遺族厚生年金の受給権者となった配偶者が再婚した場合、婚姻の届出をしていない内縁関係であっても当該配偶者の遺族厚生年金の受給権は消滅します。　［×］　**（2）**

B

（4）子のない30歳未満の妻が遺族厚生年金の受給権を取得した場合、その遺族厚生年金の支給期間は、最長で5年間です。　［×］

> 遺族厚生年金の額は、死亡した被保険者が受け取るはずだった老齢厚生年金の4分の3です。

⑥ 企業年金・個人年金等

1 確定拠出年金の個人型年金の加入者が国民年金の第3号被保険者である場合、掛金の拠出限度額は、年額276,000円である。
☐☐

2 確定拠出年金において、給付金を年金や一時金で受け取る場合には、雑所得の対象となり、公的年金等控除が適用される。
☐☐

3 国民年金基金制度の掛金の上限は、確定拠出年金の個人型年金の掛金と合わせて、月額68,000円である。 **よく出る**
☐☐

4 **確定拠出年金に関する次の記述のうち、最も適切なものはどれか。**
☐☐

（1）国民年金の第1号被保険者のうち、国民年金保険料を現在納付していない者は、個人型確定拠出年金に加入することができない。

（2）企業型年金加入者掛金（マッチング拠出による加入者が拠出する掛金）の拠出額は、企業拠出分と個人拠出分の合計額が企業型年金で決められている拠出限度額以内であれば、個人拠出分が企業拠出分を超えてもよい。

（3）原則として、10年以上の通算加入期間がある場合、老齢給付を受給できるのは65歳からである。

（4）加入者が拠出した掛金は、その全額を社会保険料控除として所得控除の対象とすることができる。

5 **個人事業主向けの年金に関する次の記述のうち、最も適切なものはどれか。**
☐☐

（1）国民年金保険料を滞納している者は、確定拠出年金の個人型年金の拠出をすることができないが、保険料免除者については拠出することができる。

（2）国民年金の第1号被保険者であれば、月額200円の付加年金保険料を納めることで受給額を増やすことができる。

（3）国民年金基金には終身年金2種類と確定年金5種類があるが、1口目は終身年金を選択しなくてはならない。

（4）小規模企業共済の共済金は、一時払いの場合は一時所得の対象となり、分割払いの場合は雑所得の対象となる。

正解

確定拠出年金の個人型年金において、国民年金の第3号被保険者の掛金の拠出限度額は、**年額276,000円**です。

〇 B

給付金を年金で受け取る場合は、**公的年金等控除**が適用され**雑所得**の対象となりますが、一時金で受け取る場合は、退職所得の対象となります。

✕ B

国民年金基金制度の掛金は、**確定拠出年金の個人型年金の掛金と合算**して、原則として、**月額68,000円**が上限です。

〇 B

（1）国民年金の第1号被保険者のうち、国民年金保険料を現在納付していない者は、個人型確定拠出年金に加入することができません。　　　　　　　　[〇]

（2）マッチング拠出の拠出額は加入者個人が決めることができますが、企業拠出分と個人拠出分の合計額は、企業型年金で決められている拠出限度額以内であり、個人拠出分の額は企業拠出分の額を超えることができません。　　[✕]

（3）通算加入期間が10年以上ある場合は、60歳から老齢給付を受給することができます。　　　　　　　　　　　　　　　　　　　　　　　　　　[✕]

（4）個人型年金の加入者が拠出した掛金は、税法上、小規模企業共済等掛金控除として所得控除の対象となります。　　　　　　　　　　　　　　　[✕]

(1) A

（1）国民年金の保険料免除者、滞納者は、確定拠出年金の個人型年金の掛金を拠出することができません。　　　　　　　　　　　　　　　　　　　　[✕]

（2）付加年金の保険料は月額400円であり、将来、付加年金額として「付加保険料納付済期間×200円」を老齢基礎年金とともに受給できます。　　[✕]

（3）国民年金基金には終身年金2種類（A型・B型）と確定年金5種類（Ⅰ～Ⅴ型）があり、その加入口数によって掛金と年金額が決まります。1口目は必ず終身年金のA型かB型を選択しなければなりません。　　　　　　　　[〇]

（4）共済金を一時払いで受給する場合は退職所得扱いとなり、退職所得控除が適用されます。分割払いで受給する場合は雑所得として公的年金等控除が適用されます。　　　　　　　　　　　　　　　　　　　　　　　　　　[✕]

(3) B

❼ 中小法人の資金計画

１ 下記〈資料〉中の空欄（ア）～（ウ）にあてはまる語句または数値の組合
□□ せとして、最も適切なものはどれか。なお、問題の性質上、明らかにでき
ない部分は「□□□」で示してある。

〈資料〉

```
［A社の損益計算書］（単位：百万円）
  売上高                1,000
  売上原価                700
  □□□                  300
  販売費及び一般管理費      180
  （ ア ）               120
  営業外損益               40
  （ イ ）               160
  特別損益                20
  □□□                  180
  法人税等                40
  当期純利益              140
```

［A社の財務比率］
・売上高営業利益率
（ ウ ）%
・売上高経常利益率
（□□□）%

（1）（ア）売上総利益　　（イ）経常利益　　　　　　（ウ）12
（2）（ア）営業利益　　　（イ）税引前当期純利益　　（ウ）16
（3）（ア）営業利益　　　（イ）経常利益　　　　　　（ウ）12
（4）（ア）売上総利益　　（イ）税引前当期純利益　　（ウ）16

❽ 成年後見制度

１ 成年後見制度には、精神上の障害による本人の判断能力の程度によって、
□□ 後見、保佐、補助の3種類の類型がある。

２ 任意後見契約では、同意権および取消権を行使することができ、任意後見
□□ 契約を締結するに当たっては、公正証書によって行うことが定められてい
る。

売上高から売上原価を差し引いた利益は、売上総利益であり粗利益ともいわれます。売上総利益から販売費及び一般管理費を差し引いた利益が（ア）営業利益となり、主に営業活動で得られた利益を表します。

営業利益に営業外損益を含めた利益が（イ）経常利益となり、経常利益に特別損益を含めた利益が、税引前当期純利益です。そして、最終的に法人税や住民税等の税金を差し引いた利益が当期純利益となります。

売上高営業利益率は、売上高に対する営業利益の割合であり、営業利益÷売上高×100％で計算します。

設問では、営業利益120百万円、売上高1,000百万円となっているため、売上高営業利益率は、12％となります。

（3）

B

　　120百万円÷1,000百万円×100％＝（ウ）12％

企業の利益には、営業利益、経常利益、当期純利益などがあります。その違いをしっかり理解しましょう。

成年後見制度とは、知的障害などで判断能力が不十分な成年者が通常の生活を営むための援助を提供する制度で、障害の程度に応じて後見、保佐、補助の3種類の類型があります。

C

任意後見制度は、判断能力が十分でなくなった場合に備えて、あらかじめ任意後見契約によって任意後見人を選任しておくもので、契約に当たっては、必ず公正証書によることが定められています。なお、任意後見人には代理権はありますが、同意権、取消権はありません。

B

実技試験対策

しっかりと設例を読んで
解答しましょう。

協会│資産 は日本FP協会の資産設計提案業務に、金財│個人 は金財の個人資産相談業務に対応した問題を示しています。

第1問 下記の 1 に答えなさい。

協会│資産

1 ファイナンシャル・プランニング・プロセスの6つのステップの流れとして、正しいものはどれか。

(A) 顧客のファイナンス状態の分析と評価

(B) ファイナンシャル・プランの実行援助

(C) ファイナンシャル・プランの定期的見直し

(D) 顧客データの収集と目標の明確化

(E) 顧客との関係確立とその明確化

(F) ファイナンシャル・プランの検討・作成と提示

(1) (D)→ (A)→ (E)→ (F)→ (B)→ (C)

(2) (D)→ (E)→ (A)→ (F)→ (B)→ (C)

(3) (E)→ (A)→ (D)→ (F)→ (B)→ (C)

(4) (E)→ (D)→ (A)→ (F)→ (B)→ (C)

第1問の解答と解説

1　正解（4）　C

ファイナンシャル・プランニング・プロセスは、以下の手順で行われます。

(E) 顧客との関係確立とその明確化

(D) 顧客データの収集と目標の明確化

(A) 顧客のファイナンス状態の分析と評価

(F) ファイナンシャル・プランの検討・作成と提示

(B) ファイナンシャル・プランの実行援助

(C) ファイナンシャル・プランの定期的見直し

したがって、正解は（4）となります。

ファイナンシャル・プランニングの6つのステップは、資産設計提案業務でよく出題されるだけでなく、FPとして実務を行うに当たっても重要です。

協会｜資産

〈資料：2024年12月31日時点の北村家のデータ〉

	生年月日	年齢	備考
北村さん	1972年 6 月22日	52歳	会社員
妻	1977年 2 月 3 日	47歳	主婦　パート勤務
長男	1999年 8 月18日	25歳	会社員
長女	2002年 1 月21日	22歳	会社員

〈資料：北村家のライフイベント予定〉

・長男結婚（2028年）
・長女結婚（2025年）

※長男、長女の結婚の翌年の基本生活費はそれぞれ前年の額の20％減とし、これに変動率を乗じる。

北村家のキャッシュフロー表（抜粋）　　　　　　　　　　　　　（単位：万円）

		変動率	2024	2025	2026	2027	2028
年齢	北村さん		52	53	54	55	56
	妻		47	48	49	50	51
	長男		25	26	27	28	29
	長女		22	23	24	25	26
収入	収入（北村さん）	1.0%	（ ア ）				
	収入（妻）	0.0%	48	48	48	48	48
	その他収入			39			
	収入合計			632			
支出	基本生活費	2.0%	350	357	（ イ ）		
	住 居 費	0.0%	120	120	120	120	120
	保 険 料	0.0%	50	50	50	50	50
	一時的支出						
	その他支出	1.0%	50	51	52	53	54
	支出合計		570	578			
年間収支							
金融資産残高		1.0%	400	（ ウ ）			

※金額については万円未満を四捨五入とする。
※年齢および金融資産残高は各年12月31日現在のものとし、2024年を基準年とする。
※問題作成の都合上、一部を空欄としている。

2 キャッシュフロー表の空欄（ア）に入る北村さんの可処分所得の額はいくらか。なお、可処分所得は万円未満を四捨五入すること。また、解答に当たっては、単位は「万円」を用いることとする。 **よく出る**

北村さんの給与収入等（一部抜粋）	
給与収入 ：	650万円
給与所得控除額 ：	174万円
給与所得 ：	476万円
所得税・住民税 ：	40万円
社会保険料 ：	70万円
人的控除 ：	114万円
基礎控除 ：	48万円

3 キャッシュフロー表の基本生活費の空欄（イ）に入る適切な数値はいくらになるか。なお、解答に当たっては、「万円」を用いることとし、計算結果については万円未満を四捨五入することとする。 **よく出る**

4 キャッシュフロー表の金融資産残高合計の空欄（ウ）に入る適切な数値を答えなさい。なお、解答に当たっては、「万円」を用いることとし、計算結果については万円未満を四捨五入することとする。

2 　正解 540（万円）　C

可処分所得は、「収入金額−（所得税・住民税＋社会保険料）」の計算式で求められます。

650万円−（40万円＋70万円）＝540万円

3 　正解 291（万円）　B

基本生活費は、前年の基本生活費の額に変動率を掛けて計算しますが、前年に長女が結婚するため、前年の額から20％減じた額に変動率を乗じます。

357万円×80％×1.02＝291.312万円 → 291万円（万円未満四捨五入）

> 将来の基本生活費などを計算する際には、変動率と予定されているライフイベントによる変化を加味して計算します。

4 　正解 458（万円）　B

金融資産残高の計算は、前年の金融資産残高に変動率を掛け、その年の年間収支の額を加算します。

400万円×1.01＋（632万円−578万円）＝458万円

第3問 下記の各問（ 5 ～ 7 ）に答えなさい。なお、解答に当たっては係数早見表を使用し、税金は考慮しないこととする。

協会｜資産

〈係数早見表（年利1.0％）〉（抜粋）

	終価係数	現価係数	減債基金係数	資本回収係数	年金終価係数	年金現価係数
1年	1.010	0.990	1.000	1.010	1.000	0.990
2年	1.020	0.980	0.498	0.508	2.010	1.970
3年	1.030	0.971	0.330	0.340	3.030	2.941
4年	1.041	0.961	0.246	0.256	4.060	3.902
5年	1.051	0.951	0.196	0.206	5.101	4.853
6年	1.062	0.942	0.163	0.173	6.152	5.795
7年	1.072	0.933	0.139	0.149	7.214	6.728
8年	1.083	0.923	0.121	0.131	8.286	7.652
9年	1.094	0.914	0.107	0.117	9.369	8.566
10年	1.105	0.905	0.096	0.106	10.462	9.471

5 小森さんは現在500万円の現金を自宅の金庫で保管しているが、今後インフレ（物価上昇）率が年平均1.0％で進んだとすると、10年後の実質価値はいくらになるか。

6 中畑さんは、毎年20万円を積み立てて、7年後に海外旅行を考えている。年利1.0％で複利運用しながら積み立てを行う場合、7年後にはいくらになるか。 よく出る

7 大藤さんは、大学進学資金として10年後に300万円が必要といわれた。年利1.0％で複利運用しながら10年間積み立てを行うことで準備する場合、毎年の積立額はいくら必要になるか。 よく出る

5　**正解** 4,525,000（円）　**B**

現在所有している額のインフレによる目減りを考慮した額を求める場合には、現価係数を使用します。1％、10年の現価係数は0.905です。

500万円 × 0.905 ＝ 4,525,000円

6　**正解** 1,442,800（円）　**B**

毎年の積立額が一定期間後にいくらになるかを求める場合には、年金終価係数を使用します。1％、7年の年金終価係数は7.214です。

20万円 × 7.214 ＝ 1,442,800円

7　**正解** 288,000（円）　**B**

将来の必要額を基にして毎年の積立額を求める場合には、減債基金係数を使用します。1％、10年の減債基金係数は0.096です。

300万円 × 0.096 ＝ 288,000円

6つの係数のまとめ

① 終価係数	現在の額から将来の額を求める。
② 現価係数	将来の額から現在の額を求める。
③ 年金終価係数	毎年の積立額から将来の額を求める。
④ 減債基金係数	将来の額から毎年の積立額を求める。
⑤ 年金現価係数	一定の年金をもらうために必要な年金原資を求める。
⑥ 資本回収係数	年金原資を基に毎年受け取る年金を求める。

第4問 下記の各問（ 8 ～ 9 ）に答えなさい。

協会｜資産

8 FP業務を行う上では、各分野の業務に抵触しないよう注意する必要があるが、次の（1）～（4）の記述について、適切なものには〇、不適切なものには×をつけなさい。 よく出る

（1）保険募集人の資格を持たないFPが、生命保険の見直しの提案に当たって、無償で顧客の現在加入中の保険証券を分析し、保障の不足部分を指摘した。

（2）税理士試験の「相続税」に科目合格しているFP（税理士ではない）が、顧客の相続に対して、無償で個別具体的な内容の相談に答えた。

（3）弁護士や司法書士の資格を持たないFPが、高齢の顧客と任意後見契約を交わし、任意後見人になった。

（4）投資助言・代理業者の登録をしていないFPが、参加料を徴収し、不特定多数の参加者が集まるセミナーで、来年以降は日経平均株価が停滞するであろうと述べた。

9 「金融サービスの提供に関する法律（以下、「金融サービス提供法」という）」および「消費者契約法」に関する次の（1）～（4）の記述について、適切なものには〇、不適切なものには×を解答欄に記入しなさい。

（1）金融サービス提供法の改正により、金融サービス仲介業が創設され、1つの登録で銀行・証券・保険等のサービスの仲介ができるようになった。

（2）金融サービス仲介業者が金融サービスの仲介を行うにあたって、利用者保護のための規制は銀行分野・証券分野・保険分野で異なる部分もあるが、顧客から求められた場合は、金融機関から受け取る手数料等を開示しなければならない。

（3）消費者契約法の保護の対象は、個人および法人である。

（4）消費者契約法では、消費者が誤認または困惑した結果、消費者が不利な契約をしてしまった場合には、損害賠償を認めるとされている。

8 正解 (1)○ (2)× (3)○ (4)○ **C**

(1) 保険業法により、保険の募集を行うには保険募集人の登録が必要ですが、**保険契約の分析や保険の見直しの提案については、保険募集人でないFPが行っても問題ありません。**

(2) 税理士試験に科目合格していても、税理士の資格を有していることにはならないので、「相続税」の科目合格をしていても相続税について**個別具体的な相談に答えることはできません。**

(3) **任意後見人になることに必要な資格などはないので、顧客の任意後見人になる**ために、任意後見契約を交わすことは問題ありません。

(4) 金融商品取引法により、投資助言・代理業者でない者は「投資判断の助言」を行ってはなりませんが、**不特定多数を対象としたセミナーでの講演やマネー雑誌などへの投稿は**「投資判断の助言」には該当せず、問題ありません。

9 正解 (1)○ (2)○ (3)× (4)× **B**

(1) 金融サービス提供法の改正により、銀行・証券・保険等の仲介が1つの登録で可能となる**金融サービス仲介業が創設され、ワンストップでこれらのサービスを提供することができるようになりました。**

(2) 金融サービス仲介業者は、顧客から求められたときは、受け取る手数料、報酬その他の対価の額、その他内閣府で定める事項を明らかにしなければならない（金融サービス提供法25条2項）とされています。

(3) 消費者契約法の保護の対象は「個人」であり、法人は対象となりません。また、契約者が個人であっても事業の契約は保護の対象から除かれます。

(4) 消費者契約法では、消費者が**誤認または困惑**した結果、消費者が不利な契約をしてしまった場合に**契約の取り消し**ができるとされています。

金融サービス提供法や消費者契約法は、出題頻度が高い項目です。

第5問　下記の各問（ 10 ～ 15 ）に答えなさい。

協会｜資産　金財｜個人

設例

　小泉浩明さんは民間企業に勤務する会社員である。2024年8月に第一子が誕生する予定でもあり、マイホームの購入を検討し始め、FPの沢村さんに相談することとした。

　なお、下記のデータはいずれも2024年1月1日現在のものである。

［小泉家のデータ］
○家族構成
　小泉　浩明（38歳）会社員
　　　　里奈（34歳）会社員

［財務データ］
○収入（年収手取額）
　浩明　　　　　　600万円
○金融資産
　預貯金等　　　　450万円
　年間貯蓄額　　　90万円
○住居費
　家賃　　　　　　月額11万円

［その他］
　浩明さん、里奈さんの会社は、厚生年金保険、雇用保険、労災保険の適用事業所である。

10 浩明さんは住宅購入資金のうち3,000万円を住宅ローンで用意しようと
□□ 考えている。その場合のボーナス返済月の返済額はいくらになるか。なお、
解答にあたっては、下記早見表を使用することとする。

借入期間　　：35年
支払方法　　：元利均等払い（金利：2.60％）
ボーナス払い：有り（ボーナス分1,000万円）

〈借入金額100万円当たりの返済額早見表（元利均等返済）〉　　　　　　単位：円

期間金利	毎月返済分			ボーナス払い分		
	25年	30年	35年	25年	30年	35年
2.60％	4,536	4,003	3,628	27,324	24,106	21,844
2.70％	4,587	4,055	3,683	27,633	24,424	22,173

11 浩明さんは、マイホーム取得時の住宅ローンとして、フラット35（買取型）
□□ の利用を考えている。フラット35（買取型）に関する下表の空欄（ア）
～（エ）にあてはまる適切な語句または数値を語群の中から選び、その番
号を解答欄に記入しなさい。

融資金額	融資限度額は最高8,000万円で建設費または購入価額の（　ア　）％以内
金利	取り扱う民間金融機関等が決定。利用する貸出先で金利は異なる 全期間固定金利。（　イ　）時の金利が適用
物件の条件	住宅の床面積：一戸建て（　ウ　）m²以上、 　　　　　　　共同住宅30m²以上（上限なし）
融資手数料	金融機関によって異なる
保証人・保証料	（　エ　）
団信保険	機構または民間の団信に任意加入可

〈語群〉
1．70　　　　2．80　　　　3．90　　　　4．100
5．必要　　　6．不要　　　7．申込み　　　8．資金受取り

12 里奈さんが予定通り出産した場合の健康保険からの給付に関する次の記述の空欄（ア）～（エ）にあてはまる適切な語句または数値を語群の中から選び、その番号を解答欄に記入しなさい。なお、同じ語句を何度選んでもよいこととする。

・里奈さんが出産した場合、里奈さんが加入している健康保険から（　ア　）が支払われ、出産のため仕事ができず給料をもらえなかった場合は、出産の日以前（　イ　）日（多児妊娠の場合は98日）と出産の日後（　ウ　）日までの間、健康保険から出産手当金として、標準報酬日額の（　エ　）相当額が支給される。

〈語群〉
1．出産育児一時金　　　2．家族出産育児一時金　　　3．出産手当金
4．30日　　　5．40日　　　6．42日　　　7．48日
8．56日　　　9．60日　　　10．2分の1　　　11．3分の1
12．3分の2　　　13．4分の3

13 浩明さんは子どもの将来の教育費について、FPの沢村さんから奨学金について説明を受け、興味を持った。日本学生支援機構が実施する奨学金制度に関する次の（ア）～（エ）の記述について、正しいものには〇、誤っているものには×を解答欄に記入しなさい。

（ア）貸与奨学金には、無利子の「第一種奨学金」と、有利子の「第二種奨学金」があるが、「第一種奨学金」に採用された場合は、併せて「第二種奨学金」に応募することはできない。

（イ）日本学生支援機構の貸与奨学金は、連帯保証人による人的保証と、日本国際教育支援協会による機関保証の両方が必要となる。

（ウ）日本学生支援機構の給付奨学金を申し込む者は、貸与奨学金を申し込むこともできる。

（エ）給付奨学金、貸与奨学金とも、学業成績が著しく不振である場合等には、支給打切りや返還が必要となる場合もある。

14 浩明さんは確定拠出年金に興味を持ち、FP の沢村さんに相談することにした。確定拠出年金に関する次の説明のうち、最も不適切なものはどれか。

（1）仮に里奈さんが退職して国民年金の第3号被保険者となった場合、確定拠出年金の個人型年金加入者となることができない。

（2）企業型年金加入者掛金（マッチング拠出の掛金）の拠出額は加入者個人が決めることができるが、個人拠出分は企業拠出分を超えることはできないという制約がある。

（3）企業型年金では、規約に定めることで、加入者となることについて一定の資格を定め、該当する従業員のみを企業型年金の加入者とすることも可能である。

（4）個人型年金、企業型年金とも加入者が拠出した掛金は、その全額が、小規模企業共済等掛金控除として所得控除の対象となる。

15 浩明さんは子どもが生まれることもあり、遺族保障が気になっている。子どもが生まれた後に浩明さんが死亡した場合、公的年金から支払われる遺族保障の組み合わせとして正しいものはどれか。なお、家族に障害者に該当する者はなく、記載以外の受給要件はすべて満たしているものとする。

よく出る

（1）遺族厚生年金＋遺族基礎年金＋中高齢寡婦加算
（2）遺族厚生年金＋遺族基礎年金
（3）遺族厚生年金＋中高齢寡婦加算
（4）遺族基礎年金＋中高齢寡婦加算

第5問の解答と解説

10 正解 218,440（円） C

住宅ローン3,000万円のうち、1,000万円がボーナス返済分であるので、〈借入金額100万円当たりの早見表〉を利用して、21,844円を10倍した金額がボーナス返済額となる。

ボーナス返済額　21,844円×10＝218,440円

11 正解 （ア）4　（イ）8　（ウ）1　（エ）6 B

（ア）フラット35の融資限度額は最高8,000万円であり、建設費または購入価額の100％以内とされています。

（イ）借入金利は**資金受取り**（融資実行）時点の金利が適用されます。

（ウ）住宅の床面積の要件は、一戸建ての場合70m²以上とされています。

（エ）融資にあたって保証人・保証料とも**不要**です。

12 正解 （ア）1　（イ）6　（ウ）8　（エ）12 B

里奈さんが出産した場合、自身が加入している健康保険から（ア）**出産育児一時金**が支払われます。また、出産のため仕事ができず給料が支払われなかった場合は、出産の日以前（イ）**42**日（多児妊娠の場合は98日）と出産の日後（ウ）**56**日までの間、健康保険から出産手当金として、標準報酬日額の（エ）**3**分の2相当額が支給されます。

13 正解 （ア）×　（イ）×　（ウ）○　（エ）○ B

（ア）第一種奨学金と第二種奨学金は、**併用が可能**です。

（イ）保証制度には**人的保証**と**機関保証**があるが、必要とされるのはいずれか一方です。

（ウ）日本学生支援機構の給付奨学金と貸与奨学金は、**併用が可能**です。

（エ）給付奨学金、貸与奨学金とも、修得単位数が著しく少ない等、学業成績が著しく不振である場合等には、**支給打切り**や**返還**が必要となる場合もあります。

14　正解 1 　A

（1）不適切。国民年金の第3号被保険者や公務員なども含め、基本的に誰でも個人型年金の加入者となることができます。

（2）適切。マッチング拠出の拠出額は**加入者個人**が決めることができますが、企業拠出分と個人拠出分の合計額が企業型年金で決められている**拠出限度額**以内で、個人拠出分は**企業拠出分**を超えることができません。

（3）適切。企業型年金では、規約に定めることにより、加入者となることについて一定の資格（年齢、職種等）を定め、該当する従業員のみを企業型年金の加入者とすることができます。

（4）適切。個人型年金の加入者が拠出した掛金は、税法上、**小規模企業共済等掛金控除**として、その全額が所得控除の対象となります。

15　正解 2 　B

　第2号被保険者である会社員が死亡した場合、子どもがいる配偶者へ支払われる遺族年金は、**遺族厚生年金**と**遺族基礎年金**です。なお、中高齢寡婦加算は、遺族基礎年金を受給する間は支給停止となります。

第6問　下記の各問（ 16 ～ 21 ）に答えなさい。

協会 | 資産

設例

　横川隆一さんは都内の上場企業に勤める会社員であり、2024年12月に定年退職する予定である。そこで、退職後のリタイアメントプランニングについて、FPの梅原さんに相談することにした。なお、下記のデータは2024年1月1日時点のものである。

〈家族構成〉

氏　名	続柄	生年月日	年齢	職業
横川　隆一	本人	1964年12月21日	59歳	会社員
紗江	妻	1966年 8 月13日	57歳	専業主婦

〈横川家の親族関係図〉

※子供たちは全員独立している。

	勤続期間	加入制度
隆一	1986年 4 月～2024年12月	会社員として勤務（予定）
紗江	1987年 4 月～1991年10月	会社員として勤務
	1991年11月～	専業主婦

※隆一さんは、厚生年金保険、健康保険（全国健康保険協会管掌）の被保険者である。

〈財務データ〉

○収入（年収）

　隆一　650万円

○金融資産

隆一	預貯金	200万円	
	外貨預金	1万米ドル	TTS：132円 TTB：130円
	株式	200万円	購入時の価格350万円
	投資信託	400万円	購入時の価格250万円
紗江	預貯金	100万円	
	株式	100万円	購入時の価格100万円
	その他（動産など）	250万円	購入時の価格200万円

○その他の資産

　住宅　1,800万円（取得価格：3,000万円　2004年購入）

○負債残高

住宅ローン　900万円（年間返済額：120万円　30年ローン）

○保険

保険種類	契約者	被保険者	受取人	保険金額	解約返戻金相当額
終身	隆一	隆一	紗江	300万円	200万円
終身	隆一	紗江	隆一	300万円	100万円
定期付終身	隆一	隆一	紗江	3,000万円	200万円

※1：解約返戻金相当額は、2024年1月1日に解約した場合の金額である。

※2：すべての契約は、契約者が保険料を負担し、契約してから5年以上経過している。

※3：契約者貸付、契約者配当は考慮しない。

16 FPの梅原さんは、まず横川家のバランスシート分析を行うこととした。下記の表の空欄①に入る2024年1月1日時点の横川さん一家の純資産額を答えなさい。 **よく出る**

（単位：万円）

【資産】		【負債】	
金融資産		住宅ローン	××××
預貯金等	××××		
外貨預金	××××		
株式	××××	（負債合計）	××××
投資信託	××××		
その他	××××	【純資産】	（　①　）
保　険	××××		
自　宅	××××		
資産合計	××××	負債・純資産合計	××××

17 隆一さんは、現在の会社に38年8ヵ月在職（うち9ヵ月の休職期間あり）することになり、退職に当たり3,200万円の退職金を受け取ることができる見込みである。この隆一さんの退職金にかかる所得税の税額を計算しなさい。ただし所得控除は考慮せず、「退職所得の受給に関する申告書」を適正に提出し、役員であったことはないものとする。 **よく出る**

〈所得税の速算表（一部抜粋）〉

課税総所得金額		税率	控除額
195万円以上	330万円未満	10%	97,500円
330万円以上	695万円未満	20%	427,500円
695万円以上	900万円未満	23%	636,000円

18 隆一さんは、FPの梅原さんから老後の医療等の保障についての説明を受けた。介護保険および後期高齢者医療制度に関する次の（1）～（4）の記述について、正しいものには〇、誤っているものには×をつけなさい。

（1）介護保険の被保険者の利用者負担割合は、被保険者の所得にかかわらず1割である。

（2）要介護認定を受けた被保険者の介護サービス計画（ケアプラン）は、介護支援専門員（ケアマネジャー）が作成するものであり、被保険者本人が作成することはできない。

（3）後期高齢者医療制度の被保険者の自己負担割合は収入にかかわらず、原則1割である。

（4）後期高齢者医療制度の対象となるのは、70歳以上または65歳以上70歳未満で寝たきりの状態にある者である。

19 隆一さんは年金事務所において、60歳の定年退職まで働いた場合に65歳から受給できる報酬比例部分の年金額について試算してもらった。隆一さんの退職までの厚生年金加入月数と平均標準報酬（月）額は下記のとおりである。この場合、隆一さんの報酬比例部分の年金額はいくらになるか。

2003年3月以前（204月）	平均標準報酬月額　300,000円
2003年4月以降（260月）	平均標準報酬額　400,000円

〈報酬比例部分の年金額の計算式〉

報酬比例部分の年金額＝①＋②

①平均標準報酬月額 $\times \dfrac{7.125}{1000} \times$ 2003年3月までの被保険者期間の月数

②平均標準報酬額 $\times \dfrac{5.481}{1000} \times$ 2003年4月以降の被保険者期間の月数

・年金額の端数処理

　年金額の計算過程においては円未満を四捨五入する。

20 隆一さんが、仮に62歳の誕生月に老齢基礎年金の繰上げ請求をした場合に、受給できる老齢基礎年金の額はいくらになるか。なお、隆一さんの老齢基礎年金の加入月数は464月とし、計算に当たって老齢基礎年金額は2024年度の額を使用することとする。 よく出る

〈2024年度老齢基礎年金額〉

　816,000円

〈年金額の端数処理〉

　年金額の計算過程においては円未満を四捨五入する。

21 隆一さんはFPの梅原さんから高額療養費という制度の説明を受けた。仮に隆一さんが病気あるいはケガで入院し、その月の医療費の自己負担分（窓口での負担分）が36万円、入院時の食事代1万円、差額ベッド代11万円とした場合の自己負担限度額はいくらになるか。

※「健康保険限度額適用認定証」は提示せず、世帯合算、多数回該当は考慮しないものとする。

〈高額療養費の算定〉

保険者が負担（療養の給付）	高額療養費	自己負担限度額

←── 窓口での自己負担分（3割）──→

←────── 1ヵ月当たりの医療費（保険診療分）──────→

	自己負担限度額
年収約1,160万円以上 標準報酬月額83万円以上	252,600円＋（医療費－842,000円）×1%
年収約770万円～1,160万円 標準報酬月額53万円～79万円	167,400円＋（医療費－558,000円）×1%
年収約370万円～770万円 標準報酬月額28万円～50万円	80,100円＋（医療費－267,000円）×1%
年収約370万円以下 標準報酬月額26万円以下	57,600円
低所得者 住民税非課税	35,400円

16 正解 ①2,780（万円） B

　個人バランスシートを作成する際には、夫婦の資産は合算し、時価でその額を算出します。また、保険は解約返戻金相当額を記載します。米ドル建て外貨預金は、作成時のTTBを用いて円換算の額を計算します。

（単位：万円）

【資産】		【負債】	
金融資産		住宅ローン	900
預貯金等	300		
外貨預金※	130		
株式	300	（負債合計）	900
投資信託	400		
その他	250	【純資産】	2,780
保　険	500		
自　宅	1,800		
資産合計	3,680	負債・純資産合計	3,680

※米ドル：1万米ドル×130円＝130万円

　したがって、資産合計は3,680万円、負債合計は900万円、純資産額は2,780万円（3,680万円－900万円）となります。

17 正解 642,500（円） B

　勤続期間に1年未満の端数があるときは切り上げることができるので、勤続年数は39年で計算します。なお、休職期間については勤続期間に含めることができるので考慮する必要はありません。

退職所得控除額　　　：70万円×（39年－20年）＋800万円＝2,130万円

退職所得　　　　　　：（3,200万円－2,130万円）×$\frac{1}{2}$　＝535万円

退職所得に係る税額：535万円×20％－427,500円　　＝642,500円

18 正解 （1）× （2）× （3）× （4）× B

（1）介護保険の利用者負担割合は原則1割ですが、一定以上所得者は、2割または3割の負担となります。

（2）ケアプランは、一般にケアマネジャーが作成しますが、被保険者本人が作成することもできます。

（3）後期高齢者医療制度の保険給付は、原則として、医療費の9割が給付されるため、自己負担は1割となります。ただし一定以上所得のある者の自己負担割合は2割または3割になります。

（4）後期高齢者医療制度の対象となるのは、75歳以上または65歳以上75歳未満で寝たきりの状態にある者です。

19 正解 1,006,074（円） A

2003年3月以前（①）：$300,000円 \times \dfrac{7.125}{1000} \times 204月 = 436,050円$

2003年4月以降（②）：$400,000円 \times \dfrac{5.481}{1000} \times 260月 = 570,024円$

(円未満四捨五入)

以上より、①と②を合計すると隆一さんの報酬比例部分の年金額が出されます。

①436,050円＋②570,024円＝1,006,074円

20 正解 675,213（円） A

年金保険料納付月数が480月に満たない場合は、満額の老齢基礎年金を受給することはできず、納付月数に応じて支給額を計算します。

$816,000円 \times \dfrac{464月}{480月} = 788,800円$

さらに繰上げ請求をする場合は、1月につき0.4％の減額となり、62歳まで繰り上げる場合、0.4％×36月＝14.4％の減額（つまり85.6％の支給）となります。したがって、隆一さんが受給できる年金額は、以下のとおりです。

788,800円×85.6％≒675,213円（円未満四捨五入）

21 正解 89,430（円） B

高額療養費とは、被保険者や被扶養者が支払った医療費が一定額を超えた場合に、その超えた額を支給するものです（食事代、差額ベッド代は対象となりません）。

病院の窓口で支払った自己負担分は3割なので、医療費は以下のとおりです。

360,000円÷0.3＝1,200,000円

年収が650万円であることから、自己負担限度額は「80,100円＋（医療費－267,000円）×1％」となり、以下のように計算できます。

80,100円＋（1,200,000円－267,000円）×1％＝89,430円

第7問 次の設例に基づいて、下記の各問（ 22 ～ 24 ）に答えなさい。

金財｜個人

設例

　会社員のAさん（59歳）は、妻Bさん（54歳）と2人暮らしである。A さんが勤務しているX社の定年は満60歳であり、希望すれば60歳以降も勤務することが可能である。Aさんは自分がどのくらい公的年金を受け取ることができるのかを把握したうえで、定年退職するか継続勤務するかについて検討したいと考えており、ファイナンシャル・プランナーのMさんに相談することにした。

〈Aさんと妻Bさんに関する資料〉

　Aさん　　：1965年10月15日生まれ、満59歳。

　　　　　　：全国健康保険協会管掌健康保険、厚生年金保険の被保険者である。

　　　　　　：雇用保険の一般被保険者である。

　妻Bさん：1970年6月6日生まれ、満54歳。

　　　　　　：1990年6月にAさんと結婚、結婚後は第3号被保険者。

　　　　　　：現在および将来も夫Aさんと同居し、生計維持関係にあるものとする。

	1985.10　　1987.4　　　　　2003.4　　　　　2025.9

Aさん	国民年金 未加入 （18月）	厚生年金保険（462月）	
		（192月） 平均標準報酬月額 250,000円	（270月） 平均標準報酬額 400,000円

※X社は厚生年金保険の適用事業所である。
※上記以外の条件は考慮せず、各問に従うこと。

22 ファイナンシャル・プランナーのMさんは、公的年金の受給を繰り下げることで受給額を増やすことができると説明した。次の記述の空欄①～③に入る最も適切な語句または数値を、下記の語群のなかから選びなさい。

よく出る

65歳から支給される老齢厚生年金の繰下げの申出をすることにより、申出月の翌月から増額された老齢厚生年金を受けることができる。なお、老齢基礎年金とは別々に繰り下げること（　①　）。

繰り下げた場合の増額率は、繰下げ月数1ヵ月当たり（　②　）である。

老齢基礎年金の繰下げ受給の年齢の上限は、2022年度から（　③　）へ引き上げられた。

〈語群〉

イ．ができる	ロ．はできない	ハ．0.4％	ニ．0.5％
ホ．0.7％	ヘ．70歳	ト．75歳	チ．80歳

23 Aさんが60歳のときに末期ガンになった場合の介護保険による介護サービスに関して、ファイナンシャル・プランナーのMさんが説明した次の記述（1）～（3）について、適切なものには〇、不適切なものには×をつけなさい。

（1）60歳のときに末期ガンによって要介護状態になった場合は支給対象とならない。

（2）介護保険の支給限度額を超えてサービスを利用した場合、超えた部分については3割の自己負担となる。

（3）同一月内の介護サービス利用者負担額が上限額を超えた場合は、超えた分が高額介護サービス費として支給される仕組みがある。

24 Aさんが60歳で定年退職し、その後再就職しない場合、原則として65歳から受給できる老齢基礎年金および老齢厚生年金の年金額を計算した。以下の計算式の空欄①～④に入る最も適切な数値を答えなさい。 **よく出る**

（1）老齢基礎年金の年金額（円未満四捨五入）

（　①　）円

（2）老齢厚生年金の年金額

Ⅰ．報酬比例部分の額（円未満四捨五入）

（　②　）円

Ⅱ．経過的加算額（円未満四捨五入）

（　③　）円

Ⅲ．基本年金額（上記「Ⅰ＋Ⅱ」の額）

□□□　円

Ⅳ．加給年金額（要件を満たしている場合のみ加算）

Ⅴ．老齢厚生年金の年金額

（　④　）円

※計算式にある「□」の部分は、問題の性質上明らかにできないため、数値を伏せている。

〈資料〉

〈老齢基礎年金の計算式　4分の1免除月数、4分の3免除月数は省略〉

$$816{,}000円 \times \frac{保険料納付月数＋半額免除月数 \times □/□＋全額免除月数 \times □/□}{480}$$

〈老齢厚生年金の計算式〉

Ⅰ報酬比例部分の額＝（①＋②）

①平均標準報酬月額 $\times \dfrac{7.125}{1000} \times$ 2003年3月までの被保険者期間の月数

②平均標準報酬額 $\times \dfrac{5.481}{1000} \times$ 2003年4月以降の被保険者期間の月数

Ⅱ経過的加算額

＝1,701円 × 加入月数（上限480月）

$-816{,}000円 \times \dfrac{1961年4月以降の20歳以上60歳未満の厚生年金被保険者月数}{480}$

Ⅲ加給年金額　408,100円（要件を満たしている場合のみ加算）

22　**正解** ① イ　② ホ　③ ト　C

　65歳から支給される老齢厚生年金の繰下げの申出をすることにより、申出月の翌月から増額された老齢厚生年金を受けることができます。なお、老齢基礎年金とは別々に繰り下げること①ができます。

　繰り下げた場合の増額率は、繰下げ月数1ヵ月当たり②0.7%であり、老齢基礎年金の繰下げ受給の年齢の上限は、2022年度から③75歳へ引き上げられました。

23　**正解**（1）×　（2）×　（3）○　B

（1）40歳以上65歳未満の第2号被保険者が介護保険の受給権を得るには、その症状が老化に起因するものでなくてはなりませんが、末期ガンの場合は支給の対象となります。

（2）介護保険の支給限度額を超えてサービスを利用した場合、超えた部分は全額自己負担となります。

（3）同一月内の利用者負担額が、一定の上限額を超えた場合は、所定の手続きにより、超えた分が高額介護サービス費として支給されます。

24　**正解** ① 785,400（円）　② 933,948（円）
　　　　③ 462（円）　④ 1,342,510（円）　B

①老齢基礎年金の年金額

$$816,000円 \times \frac{462}{480} = 785,400円$$

②報酬比例部分の額

$$250,000円 \times \frac{7.125}{1000} \times 192月 + 400,000円 \times \frac{5.481}{1000} \times 270月$$

$$= 933,948円$$

③経過的加算額

$$1,701円 \times 462月 - 816,000円 \times \frac{462}{480} = 462円$$

基本年金額：933,948円＋462円＝934,410円〈1〉

加給年金額：408,100円〈2〉

④老齢厚生年金の額（〈1〉＋〈2〉）：

934,410円＋408,100円＝1,342,510円

第2章

リスク管理

重要ポイント

学科	・生命保険、個人年金保険の各種商品の特徴を押さえましょう。
	・損害保険も毎回出題されます。火災保険、自動車保険、傷害保険などの特徴を確認しておきましょう。
	・保険の税金では、支払った保険料がどんな所得控除の対象になるのか、受け取った保険金がどんな税金の課税対象になるのかを区分して理解しましょう。
実技	・資産設計提案業務では、保険証券の読み取り（定期保険特約付終身保険、医療保険、傷害保険など）が毎回出題されます。保険証券を見て、受取り可能な保険金の額が計算できるようにしましょう。
	・リスク管理は、個人資産相談業務では出題されません。

▶過去5回分の出題傾向

	学科	実技	
	共通	資産	個人
生命保険の仕組み	B	C	
生命保険	A	A	
保険証券の読み取り		A	
個人年金保険	B		
生命保険の税金	A	B	
医療保険・医療特約	A	B	
損害保険	A	A	
損害保険の税金	A		
法人契約の保険	A		
保険の活用法	B		

A は必修、
B はよく出る、
C はたまに出る
テーマだよ！

※「資産」は日本 FP 協会の資産設計提案業務、「個人」は金財の個人資産相談業務を示しています。

次の各文章について、一問一答問題では適切なものに〇を、不適切なものに×をつけましょう。また、四肢択一問題では、最も適切または不適切な選択肢を(1)～(4)のなかから選びましょう。

❶ 保険制度全般

一問一答問題

1 国内で営業するすべての保険会社は生命保険契約者保護機構に強制加入されており、民間の生命保険会社だけでなく共済や少額短期保険業者も対象となっている。

2 火災保険の保険金については、保険会社の破綻後3ヵ月以内であれば、損害保険契約者保護機構から100％補償される。

3 ソルベンシー・マージン比率が200％未満になると、業務の一部もしくは全部の停止命令措置がとられる。

❷ 生命保険

一問一答問題

1 予定利率とは、保険会社が集めた保険料を運用して得られる予想収益の割合をいい、予定利率が低いほど保険料が安くなる。

2 責任開始日とは、保障開始日のことで、申込み、第1回保険料払込み、保険会社の承諾の3つすべてが完了したときである。

3 定期保険は、一定期間内の死亡や高度障害の際に保険金が支払われ、一定期間が終了すると少額の満期保険金が支払われる。

4 終身保険は、保障期間が一生涯続く保険であり、保険料の支払いは終身払いのみである。

● 問題の難易度について、**A**は難しい、**B**は普通、**C**は易しいことを示しています。

生命保険契約者保護機構は、国内で営業している外資系保険会社を含むすべての保険会社が加入していますが、**共済や少額短期保険業者**は対象外となっています。

×
C

損害保険契約者保護機構によって、火災保険、自動車保険、賠償責任保険、海上保険などの保険は、保険会社の破綻後３ヵ月以内であれば、100％補償されます。３ヵ月経過後の補償割合は80％です。なお、自賠責保険と地震保険は、経過期間にかかわらず100％補償されます。

○
B

ソルベンシー・マージン比率は、保険会社の経営健全性を示す指標の１つで、**200％以上**であることが健全性の目安となっています。200％未満になると早期是正措置がとられ、0％未満になると業務の一部もしくは全部の停止命令措置がとられます。

×
C

生命保険料の計算は、**予定死亡率、予定利率、予定事業費率**の３つの予定率から計算されます。そのうち予定利率は、保険会社が運用して得られる予想収益の割合をいい、この利率分を保険料から割り引くため、**予定利率が高いほど保険料は安く**なります。

×
C

責任開始日とは保障開始日のことですが、**申込み、告知（診査）、第１回保険料払込み**の３つのすべてが完了したときであり、保険会社の承諾は関係ありません。

×
C

定期保険は、一定期間内の死亡・高度障害に保険金が支払われますが、保険事故がなく期間が終了した場合、**満期保険は支払われない掛捨て型**の保険です。

×
B

終身保険は保障期間が一生涯続く保険ですが、保険料の支払方法には**一定期間で払込みが終了する有期払い**と、**生涯支払いが続く終身払い**があります。必ず保険金の支払いがあるので保険会社はまとまった額の責任準備金を積み立てており、解約した場合に高額な解約返戻金が返戻される可能性があり、保障と貯蓄機能を併せ持った保険といえます。

×
B

5 養老保険は生死混合型保険と位置づけられ、一定期間を保障する死亡保障と満期保険金の額が同額の保険である。

6 有期年金は一定期間内に年金が支払われるが、支払期間中に被保険者が死亡したときでも期間中は遺族に継続して年金が支払われる。

7 保証期間付終身年金は、被保険者が生存している限り生涯にわたって年金が支払われ、保証期間内に被保険者が死亡した場合は保証期間の残存期間分の年金が遺族に支払われる。

8 変額保険の資産管理・運用は特別勘定で行われ、定額保険の資産管理・運用は一般勘定で行われる。

9 契約者および年金受取人が夫で、被保険者が妻である個人年金保険の保険料は、個人年金保険料控除の対象となる。

10 契約者＝夫、被保険者＝妻、死亡保険金受取人＝子である生命保険契約の死亡保険金は相続税の対象となり、死亡保険金の非課税枠が使える。
よく出る

11 リビングニーズ特約による生前給付保険金を被保険者本人が受け取った場合には非課税となるが、配偶者が受け取った場合には贈与税の課税対象となる。**よく出る**

養老保険は、定期保険と同様に定められた期間を保障する保険ですが、保険事故がなく期間が満了した場合には、**死亡保険金の額と同額の満期保険金が受け取れる生死混合型**の保険です。

C

学科

有期年金は、年金支払期間中の**被保険者の生存を条件**として年金が支払われ、被保険者が死亡したときには、残存期間があっても年金支払いが打ち切られます。

×
B

保証期間付終身年金は生涯にわたって年金が支払われ、被保険者が死亡した場合は保証期間の残存期間分の年金が遺族に支払われます。

有期年金と終身年金は、被保険者が早く死亡すると受け取れる年金の総額が少なくなってしまうため、保証期間を付けることができます。

○
B

変額保険の資産管理・運用は**特別勘定**で行われていて、定額保険の**一般勘定**とは分離されています。特別勘定では株式や債券を中心に運用・管理され、満期保険金や解約返戻金は特別勘定資産の運用実績によって変動します。満期保険金については最低保証がないのが一般的であり、解約返戻金に最低保証はありません。

○
A

個人年金保険料控除の適用を受けるためには、年金受取人は**保険契約者またはその配偶者**で、被保険者と同一人であることが要件となっています。

×
B

契約者、被保険者、死亡保険金受取人が異なるので、死亡保険金は贈与税の対象となります。

×
B

生前給付保険金は、被保険者本人だけでなく、**配偶者・直系血族または同一生計の親族が受け取った場合も非課税**となります。

×
B

69

12 生命保険の保険料等の仕組みに関する次の記述のうち、最も不適切なもの
□□ はどれか。 **よく出る**

(1) 責任準備金は、加入当初は年齢に対して高い保険料を支払っている平準保
険料の高い部分を将来の保険金・給付金の支払いに備えて、積み立てられ
ている。

(2) 保険料は、将来の保険金・給付金等の支払財源となる純保険料と保険会社
が保険契約を維持・管理していくために必要な経費等の財源となる付加保
険料に分けられる。

(3) 保険料は、必要となる保険金の総額を加入者で平等に負担する仕組みであ
るが、その保険料計算の基礎となるのが、予定死亡率、予定利率、予定事
業費率である。

(4) 契約者配当金の支払方法として、現金支払方式、積立配当方式、保険金買
増方式、保険料相殺方式の4つがあるが、現金支払方式を選択した場合は、
株式の配当金と同様に、配当所得となる。

13 保険法に関する次の記述のうち、最も不適切なものはどれか。
□□

(1) 保険契約者等が故意または重大な過失により告知義務に違反した場合には、
保険会社は、保険契約を解除することができる。

(2) 保険契約者または被保険者は、保険金支払いの発生の可能性に関する重要
な事項があれば、保険会社が告知を求めた事項以外にも告知をしなければ
ならない。

(3) 保険法は、生命保険契約、損害保険契約と同等の内容を有する共済契約に
も適用される。

(4) 保険法では、約款で定めた支払期限が、支払いに当たって必要な事項の確
認のための相当の期間を超えている場合には、その相当の期間が経過した
ときから保険会社は遅滞の責任を負わなければならない。

（1）**責任準備金**は、保険業法により積み立てが義務付けられており、毎年均等に積み立てる純保険料方式と、初年度の付加保険料を多く計上するチルメル式があります。加入当初は年齢に対して高い保険料設定となっていますが、その高い部分は将来の保険金・給付金の支払いに備えて積み立てられています。　　[○]

（2）保険料は、将来の保険金等の支払財源となる**純保険料**と保険制度の維持・管理費用である**付加保険料**に分けられ、さらに純保険料は、**死亡保険料**（死亡保険の支払財源）と**生存保険料**（満期保険金の支払財源）に分けられます。

[○]

(4)

C

（3）**予定死亡率・予定利率**を基礎として死亡保険料・生存保険料が算定され、純保険料となります。また、**予定事業費率**を基礎として、付加保険料が算定されます。　　[○]

（4）生命保険の契約者配当金は、予定より多く徴収した事後精算金として扱われるため、配当所得になることはなく、源泉徴収課税もされません。いずれの方法を選んで契約者配当金を受け取っても、その時点での課税はありません。

[×]

（1）保険契約者等が**故意または重大な過失**により告知義務に違反した場合には、保険会社は、保険契約を解除できることになっています。　　[○]

（2）保険契約者または被保険者は、保険会社に対して告知をする必要がありますが、**保険会社が告知を求めた事項**について、回答する形で行うことと定められています。　　[×]

（3）保険法は、保険契約と同等の内容を有する共済契約についても適用されます。

[○]

（4）保険金支払いに対しても期日が設けられており、相当な期間を超えて保険金支払いがない場合、保険会社は遅滞の責任を負わなければなりません。ただし、保険契約者、被保険者または保険金受取人が正当な理由なしに、その調査を妨げたり、応じなかったりした場合は、遅滞の責任を負いません。　　[○]

(2)

B

保険法は、保険会社と契約者間のルールを定めた法律です。

14 死亡保障を目的とする生命保険の一般的な商品性に関する次の記述のうち、最も適切なものはどれか。なお、記載のない特約については考慮しないものとする。 よく出る

(1) 一般の終身保険の保険料は、低解約返戻金型終身保険と比較すると、保険金額、被保険者、保険料払込期間等が同じであれば、低解約返戻金型終身保険の保険料より高くなる。

(2) 定期保険特約付終身保険（更新型）は、定期保険特約を同額の保険金額で更新した場合、更新後の保険料は、更新前の保険料と同じである。

(3) 収入保障保険の死亡保険金を年金形式で受け取る場合の受取総額は、一時金で受け取る場合の受取金額と同じ金額になる。

(4) 保険期間の経過に伴い保険金額が逓減する逓減定期保険は、保険金額の減少に伴い保険料も減少する。

15 生命保険を利用した家庭のリスク管理のアドバイスに関する次の記述のうち、最も不適切なものはどれか。

(1)「自分が死亡した後、子供が成人するまでの生活資金を準備するために生命保険に加入したい」という相談に対して、収入保障保険への加入を提案した。

(2)「自分の老後の生活資金を準備するために生命保険に加入したい」という相談に対して、個人年金保険への加入を提案した。

(3)「自分が死亡した場合の相続税の納税資金を準備するために生命保険に加入したい」という相談に対して、保険料一時払い終身保険への加入を提案した。

(4)「自分が病気や傷害で入院した場合の医療費負担が不安なので生命保険に加入したい」という相談に対して、現在契約中の生命保険への傷害特約の付帯・加入を提案した。

（1）一般の終身保険の保険料は、低解約返戻金型終身保険と比較すると、保険金額、被保険者、保険料払込期間等が同じであれば、**低解約返戻金型終身保険の保険料より高くなります**。 ［○］

（2）定期保険特約付終身保険（更新型）は、定期保険特約を同額の保険金額で更新する場合、健康状態にかかわらず更新することができますが、更新後の保険料は、更新時の年齢で再計算されるため、通常、**更新前よりも高くなります**。 ［×］

（3）収入保障保険の死亡保険金を年金形式で受け取る場合の受取総額は、**一時金で受け取る場合の受取金額より多くなります**。 ［×］

（4）逓減定期保険の保険金額は一定期間ごとに一定の割合で減少しますが、**保険料は保険期間を通じて同じです**。 ［×］

（1）収入保障保険は、被保険者の**死亡・高度障害保険金**を、所定の期間、**年金形式で分割して受け取る**保険で、遺族が計画的に受け取ることができます。［○］

（2）老後の生活資金の準備として代表的なものは個人年金保険、養老保険等ですが、終身保険で解約返戻金を年金方式で受け取る方法も活用できます。 ［○］

（3）終身保険は、保険期間が終身なので、**必ず死亡保険金が遺族に支払われる保険**です。また、その支払方法を一時払いで提案したのは契約後の保険料支払いがなく、他の家族に負担をかけないため有効といえます。 ［○］

（4）傷害特約は、災害が原因の事故による死亡や**特定感染症**による死亡のほか**身体障害が生じた場合に特約保険金が支払われる**特約であり、病気や傷害による医療費は補償されません。病気や傷害で入院した場合に補償されるのは、医療保険等です。 ［×］

16 個人年金保険の一般的な商品性に関する次の記述のうち、最も適切なものはどれか。 よく出る

（1）確定年金では、年金受取開始後、契約時に定めた年金受取期間中に被保険者（＝年金受取人）が死亡した場合、被保険者の相続人が残りの年金受取期間分の年金を受け取ることはできない。

（2）有期年金の保険料は、契約時の被保険者が同年齢で、基本年金額や保険料払込期間、年金受取開始日年齢などの契約内容が同一の場合、確定年金の保険料より高くなる。

（3）終身年金の保険料は、契約時の被保険者が同年齢で、基本年金額や保険料払込期間、年金受取開始日年齢などの契約内容が同一の場合、被保険者の性別にかかわらず同一である。

（4）保証期間付終身年金では、年金支払開始前に被保険者（＝年金受取人）が死亡した場合、死亡給付金受取人は払込保険料相当額等の所定の死亡給付金を受け取ることができる。

17 生命保険料控除に関する次の記述のうち、最も適切なものはどれか。 よく出る

（1）少額短期保険業者と締結した医療保険の保険料は、介護医療保険料控除の対象となる。

（2）変額個人年金保険の保険料は、個人年金保険料控除の対象となる。

（3）2012年1月1日以降に締結した生命保険契約に付加された災害割増特約の保険料は、一般の生命保険料控除の対象となる。

（4）2011年12月31日以前に締結した定期保険特約付終身保険の定期保険特約分を2012年1月1日以降に更新した場合、生命保険料控除においては、2012年1月1日以降に締結した保険契約と同様の扱いになる。

（1）確定年金は、契約時に定めた年金受取期間中に被保険者（＝年金受取人）が
　　　死亡した場合、被保険者の相続人が残りの年金受取期間分の年金を受け取る
　　　ことができます。なお、一括で受け取ることも可能です。　　　　　［×］

（2）有期年金は、年金支払期間中に被保険者が生存していることを条件に年金が
　　　支払われるため、**保険料は確定年金よりも安くなります**。　　　　［×］

（3）終身年金は、年金支払開始後、被保険者が生存している限り年金が支払われ
　　　るため、平均余命が長い**女性のほうが保険料は高くなります**。　　［×］

（4）保証期間付終身年金に限らず、定額個人年金保険は、年金支払開始前に被保
　　　険者（＝年金受取人）が死亡した場合、払込保険料相当額等の所定の死亡給
　　　付金が支払われます。　　　　　　　　　　　　　　　　　　　　　［○］

（4）
B

（1）少額短期保険業者と締結した生命保険契約の保険料は、**生命保険料控除の対
　　　象外**です。　　　　　　　　　　　　　　　　　　　　　　　　　［×］

（2）変額個人年金保険の保険料は個人年金保険料控除の対象ではなく、**一般の生
　　　命保険料控除の対象**となります。　　　　　　　　　　　　　　　　［×］

（3）2012年1月1日以降に締結した生命保険契約に付加された特約のうち、**傷害
　　　特約や災害割増特約**などの身体の傷害のみに起因して保険金等が支払われる
　　　特約の保険料は、生命保険料控除の対象外です。　　　　　　　　　［×］

（4）2011年12月31日以前に締結した定期保険特約付終身保険の定期保険特約
　　　分を2012年1月1日以降に更新した場合、新制度が適用され、2012年1月
　　　1日以降に新規に締結した保険契約と同様の扱いとなります。　　　［○］

（4）
A

18 生命保険の税金に関する次の記述のうち、最も不適切なものはどれか。なお、いずれも契約者（＝保険料負担者）ならびに保険金、年金および給付金の受取人は個人であるものとする。

（1）契約者と被保険者が同一人である医療保険において、被保険者が入院給付金・通院給付金・介護給付金を受け取った場合、非課税である。

（2）契約者と年金受取人が同一人である個人年金保険において、年金受取人が年金支払開始前に解約して受け取った解約返戻金は、一時所得として課税対象となる。

（3）契約者と被保険者が同一人である終身保険において、相続人が受け取った死亡保険金は相続税の課税対象となり、相続税における生命保険金等の非課税規定は適用されない。

（4）一時払い養老保険を契約から5年以内に解約して契約者が受け取る解約返戻金は、保険差益に対して20.315％（所得税・復興特別所得税15.315％、住民税5％）の源泉分離課税の対象となる。

19 契約者（＝保険料負担者）を法人とする生命保険契約の経理処理に関する次の記述のうち、最も不適切なものはどれか。なお、特約については考慮しないものとする。また、いずれの保険契約も2022年10月に締結し、保険料は年払いであるものとする。

（1）被保険者が役員、死亡保険金受取人が法人である終身保険の支払保険料は、その全額を資産に計上する。

（2）被保険者が役員、死亡保険金受取人が法人で、最高解約返戻率が75％である長期平準定期保険（保険期間20年）の支払保険料は、保険期間の前半4割相当期間においては、その60％相当額を資産に計上し、残額を損金の額に算入することができる。

（3）被保険者が役員・従業員全員、死亡保険金受取人が法人、満期保険金受取人が法人である養老保険の支払保険料は、その2分の1相当額を資産に計上し、残額を損金の額に算入することができる。

（4）被保険者が役員、死亡保険金受取人および満期保険金受取人が法人である養老保険において、法人が受け取った満期保険金は、資産に計上してある保険料積立金を取り崩し、受け取った満期保険金との差額を雑収入（雑損失）として計上する。

（1）身体の傷害や疾病を原因とした給付金（入院給付金・通院給付金・手術給付金・高度障害給付金・介護給付金など）を被保険者本人が受け取った場合は**非課税**となります。 ［○］

（2）個人年金保険を年金支払開始前に解約して受け取った場合は、差益が**一時所得**となります。 ［○］

（3）相続人が受け取った死亡保険金は、**相続税の課税対象**となり、相続税における生命保険金等の非課税規定も適用されます。相続人以外の者が受け取った場合は、非課税規定は適用されません。 ［×］

（3）

B

（4）保険期間5年以下の契約（5年超契約を5年以内に解約した場合も含む）、一時払契約（全期前納契約等も含む）、普通死亡保険金が満期保険金と同額または満期保険金より少なく、かつ災害死亡保険金倍率が5倍未満の契約の場合、**金融類似商品**とみなされ、**源泉分離課税**の対象になります。 ［○］

（1）被保険者が役員、死亡保険金受取人が法人である**終身保険**の支払保険料は、**全額を保険料積立金として資産**に計上します。なお、死亡保険金受取人が被保険者の遺族の場合は、全額を役員報酬として損金の額に算入することができます。 ［○］

（2）被保険者が役員、死亡保険金受取人が法人で、**最高解約返戻率が70％超85％以下の長期平準定期保険**（保険期間20年）の支払保険料は、保険期間の前半4割相当期間においては、その**60％相当額を保険料積立金として資産**に計上し、残額を損金の額に算入することができます。 ［○］

（3）

A

（3）被保険者が役員・従業員全員、死亡保険金受取人が法人、満期保険金受取人が法人である**養老保険**の支払保険料は、**全額を保険料積立金として資産**に計上します。なお、死亡保険金受取人が被保険者の遺族の場合は、支払保険料の2分の1相当額を保険料積立金として資産に計上し、残額を損金に算入することができます。 ［×］

（4）被保険者が役員、死亡保険金受取人および満期保険金受取人が法人である養老保険において、法人が受け取った**満期保険金**は、資産に計上してある保険料積立金を取り崩し、受け取った満期保険金との差額を**雑収入（雑損失）**として計上します。 ［○］

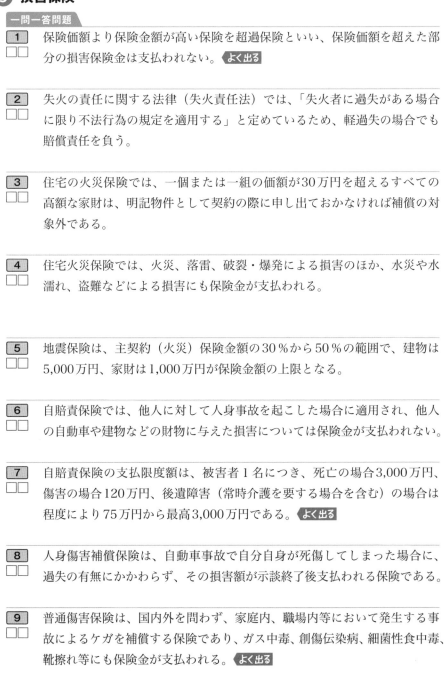

❸ 損害保険

一問一答問題

1 保険価額より保険金額が高い保険を超過保険といい、保険価額を超えた部分の損害保険金は支払われない。 **よく出る**

2 失火の責任に関する法律（失火責任法）では、「失火者に過失がある場合に限り不法行為の規定を適用する」と定めているため、軽過失の場合でも賠償責任を負う。

3 住宅の火災保険では、一個または一組の価額が30万円を超えるすべての高額な家財は、明記物件として契約の際に申し出ておかなければ補償の対象外である。

4 住宅火災保険では、火災、落雷、破裂・爆発による損害のほか、水災や水濡れ、盗難などによる損害にも保険金が支払われる。

5 地震保険は、主契約（火災）保険金額の30％から50％の範囲で、建物は5,000万円、家財は1,000万円が保険金額の上限となる。

6 自賠責保険では、他人に対して人身事故を起こした場合に適用され、他人の自動車や建物などの財物に与えた損害については保険金が支払われない。

7 自賠責保険の支払限度額は、被害者1名につき、死亡の場合3,000万円、傷害の場合120万円、後遺障害（常時介護を要する場合を含む）の場合は程度により75万円から最高3,000万円である。 **よく出る**

8 人身傷害補償保険は、自動車事故で自分自身が死傷してしまった場合に、過失の有無にかかわらず、その損害額が示談終了後支払われる保険である。

9 普通傷害保険は、国内外を問わず、家庭内、職場内等において発生する事故によるケガを補償する保険であり、ガス中毒、創傷伝染病、細菌性食中毒、靴擦れ等にも保険金が支払われる。 **よく出る**

保険価額＜保険金額の場合を**超過保険**、保険価額＝保険金額の場合を**全部保険**、保険価額＞保険金額の場合を**一部保険**といいます。超過保険の場合は、保険価額を超えた部分の損害保険金は支払われません。

失火の責任に関する法律（失火責任法）では、**失火者に重過失がある場合に限り不法行為の規定を適用**すると定めています。そのため、軽過失の場合には賠償責任を負うことはありません。

明記物件とは、一個または一組の価格が**30万円を超える**貴金属や宝石、書画骨董品、美術品などで、一般の生活用動産は明記物件に含まれないので、高額であっても明記する必要はありません。

住宅火災保険では、火災、落雷、破裂・爆発による損害や風災・ひょう災・雪災による損害（20万円以上の損害）などが保険金支払いの対象となります。水災や水濡れ、盗難などによる損害は、住宅総合保険では支払われますが、住宅火災保険では支払われません。

地震保険の補償の限度は主契約の保険金額の**30％～50％**の範囲（建物5,000万円、家財1,000万円が限度）で設定されます。

自賠責保険の補償は**対人賠償だけ**で、対物賠償はありません。

自賠責保険の支払限度額は、被害者1名につき、死亡の場合は3,000万円、傷害の場合120万円ですが、後遺障害の場合は程度により75万円から4,000万円です。

人身傷害補償保険は、「自動車搭乗中または歩行中」に自動車事故で死傷した場合に、自己の過失分も含めて補償される保険です。加害者の有無にかかわらず、また、「示談の成立を待たず」保険金が支払われます。

普通傷害保険は、国内外を問わず、**日常発生する**さまざまな事故によるケガ等を補償する保険で、ガス中毒・創傷伝染病などによる損害を補償しますが、細菌性食中毒や靴擦れは補償対象外です。ただし、細菌性食中毒は特約を付帯すれば補償されます。

10 仕送りを受けて単身生活している未婚の息子が、自転車を運転中に小売店に衝突して商品を損壊させた場合、親が加入している個人賠償責任保険の補償対象となる。

11 ビルやデパートなどの施設の構造上の欠陥や管理の不備によって、第三者に対して損害賠償責任を負ったときに補償するのが請負賠償責任保険である。

12 住宅建物・家財を保険の目的とする地震保険については、所得税の計算上、支払った保険料の全額を総所得金額等から控除できる。

13 個人が契約した火災保険で家屋が火災・爆発による損害を受けたことにより支払われる保険金は一時所得となり、所得税が課される。

14 個人事業主本人を被保険者とする傷害保険の保険料は、必要経費とならない。

四肢択一問題

15 住宅用建物および家財を保険の対象とする火災保険および地震保険の一般的な商品性に関する次の記述のうち、最も適切なものはどれか。なお、特約は付帯していないものとする。 **よく出る**

（1）住宅用建物を保険の対象として火災保険を契約した場合、経年劣化によるベランダのさびや腐食による損害は補償の対象になる。

（2）家財を保険の対象として火災保険を契約した場合、同一敷地内の車庫にある自動車が盗難にあった場合は補償の対象になる。

（3）住宅用建物を保険の対象として火災保険のみを契約した場合、地震保険を火災保険期間中に中途で付帯することはできない。

（4）契約の始期が2017年1月1日以降となる地震保険契約について、適用される損害区分は「全損」「大半損」「小半損」「一部損」の4区分になる。

個人賠償責任保険の被保険者は、①本人、②本人の配偶者、③本人または配偶者と生計を一にする同居の親族、④本人または配偶者と生計を一にする別居の未婚の子となっており、本設問は④に該当し補償の対象となります。子の年齢は問わず、また、自転車による賠償責任も支払対象です。

ビルやデパートなどの施設の構造上の欠陥や管理の不備によって、第三者に対して損害賠償責任を負ったときに補償するのは施設（所有者）賠償責任保険です。請負賠償責任保険は、建設・作業など請負業務の遂行に起因する賠償責任を補償する保険です。

地震保険料については、所得税の計算上、**5万円を上限として**総所得金額等から控除できます。なお、住民税では、**2万5千円を上限として**支払った地震保険料の2分の1を控除することができます。

個人契約の場合、火災保険で家屋が火災・爆発による損害を受けたことにより支払われる保険金は非課税です。

個人事業主本人および配偶者を被保険者とする傷害保険の保険料は、必要経費となりません。ただし、**使用人全員を被保険者とする傷害保険の保険料は、必要経費とすることができます。**

（1）火災保険では、経年劣化によるさびや腐食による損害は補償の対象になりません。　　　　　　　　　　　　　　　　　　　　　　　　　　　　　　　［×］
（2）家財を火災保険の対象とした場合、生活用動産が保険金支払いの対象になりますが、**自動車は補償の対象に含まれません。**この場合は、自動車保険の一般の車両保険で補償を受けることができます。　　　　　　　　　　［×］
（3）地震保険は、火災保険期間中であれば、**中途でも付帯は可能です。**　［×］
（4）地震保険の損害区分は、2016年12月31日以前は、「全損」「半損」「一部損」の3区分でしたが、2017年1月1日以降は、「全損」「大半損」「小半損」「一部損」の4区分に改定されました。　　　　　　　　　　　　　　　［○］

（4）

16 任意加入の自動車保険の一般的な商品性に関する次の記述のうち、最も不適切なものはどれか。なお、特約については考慮しないものとする。

よく出る

（1）対人賠償保険は、被保険者が被保険自動車の運転中の事故により配偶者にケガをさせた場合は、補償の対象とならない。

（2）対物賠償保険は、被保険者が被保険自動車を運転中、自宅の車庫に車庫入れする際、門柱を損傷させた場合、補償の対象にならない。

（3）一般の車両保険では、台風により所有する自動車に損害があった場合、補償の対象になる。

（4）人身傷害補償保険は、被保険者が被保険自動車の運転中の事故により死傷し損害を被った場合、被保険者自身の過失割合に相当する部分を除いた損害についてのみ、補償の対象になる。

17 傷害保険の一般的な商品性に関する次の記述のうち、最も適切なものはどれか。なお、特約については考慮しないものとする。

（1）普通傷害保険では、国内における事故による損害だけでなく、海外旅行中等の海外における事故による損害も補償の対象となる。

（2）家族傷害保険（家族型）における被保険者は、契約時における家族が対象となるため、保険期間開始後に誕生した記名被保険者本人の子は被保険者とはならない。

（3）交通事故傷害保険は、国内における交通事故による損害を補償するため、被保険者が自転車搭乗中に転倒したことによる損害は補償の対象とならない。

（4）国内旅行傷害保険では、国内旅行中の細菌性食中毒やウイルス性食中毒による損害は補償の対象とならない。

（1）対人賠償保険は、他人を死傷させ法律上の損害賠償責任を負った場合に補償の対象となりますが、**被保険者の父母、配偶者、子の損害は補償の対象外**です。　　　　　　　　　　　　　　　　　　　　　　　　　　　　　　　　　　[○]

（2）対物賠償保険は、他人の財物に損害を与えて法律上の損害賠償責任を負った場合に補償の対象になります。対人賠償保険と同様、**被保険者の父母、配偶者、子の所有する財物の損害は補償の対象外**です。　　　　　[○]

（3）一般の車両保険は、**偶然な事故**（衝突、墜落、火災、爆発、盗難、台風、洪水、物体の落下・飛来など）により、車両に損害を受けた場合、補償の対象になります。　　　　　　　　　　　　　　　　　　　　　　　　　　　　[○]

（4）

B

（4）人身傷害補償保険は、相手側から補償されない被保険者自身の過失部分も含めて保険金額を限度に損害額が補償される保険です。　　　　　　[×]

> 任意の自動車保険は、それぞれの補償の対象と補償の内容をしっかり押さえましょう。

（1）普通傷害保険は、国内外を問わず急激・偶然・外来の事故による損害を対象としており、**海外旅行中の事故等**による損害も補償の対象です。　[○]

（2）家族傷害保険（家族型）の被保険者は、事故発生時における家族であり、保険期間中に誕生した記名被保険者本人の子も被保険者となります。　[×]

（3）交通事故傷害保険は、交通乗用具搭乗中や歩行中の交通事故による傷害を補償する保険です。交通乗用具には、自動車や鉄道、飛行機、船舶のほか、エレベーターやエスカレーター、自転車等も含まれるため、被保険者が自転車に搭乗中に転倒して損害を負った場合も補償の対象です。　　　　　[×]

（1）

B

（4）国内旅行傷害保険では、通常の傷害保険と異なり、**国内旅行中の細菌性食中毒やウイルス性食中毒**による損害も補償の対象となります。　　[×]

18 損害保険を利用した家庭のリスク管理に関する次の記述のうち、最も不適切なものはどれか。なお、契約者（＝保険料負担者）は個人であるものとする。 よく出る

(1) 記名被保険者と同居する高校生の息子が部活動におけるスポーツの練習中にケガをして入院や通院するリスクに備え、家族傷害保険（家族型）を契約した。

(2) 海外旅行中に旅行に持っていった旅行バッグが盗難に遭った場合のリスクに備え、携行品損害担保特約を付帯した海外旅行傷害保険を契約した。

(3) 記名被保険者が通勤に使用している原動機付自転車による対人・対物事故のリスクに備え、個人賠償責任（補償）特約を付帯した普通傷害保険を契約した。

(4) 地震を原因とした自宅建物の倒壊などで罹災するリスクに備え、地震保険を付帯した火災保険を契約した。

19 損害保険を活用した事業活動のリスク管理に関する次の記述のうち、最も不適切なものはどれか。なお、特約については考慮しないものとする。

(1) 飲食店を営む事業者が、食中毒を発生させて法律上の損害賠償責任を負うことによる損害に備えて、生産物賠償責任保険（PL保険）を契約した。

(2) 建設業を営む事業者が、請け負った建設現場において誤って工具を落とし第三者にケガを負わせて法律上の損害賠償責任を負うことによる損害に備えて、請負業者賠償責任保険を契約した。

(3) 製造業を営む事業者が、所有する工場が火災によって損害を被る場合に備えて、普通火災保険を契約した。

(4) 製造業を営む事業者が、業務中の災害により従業員がケガを負う場合に備えて、労働者災害補償保険（政府労災保険）の上乗せ補償を目的として、医療保障保険を契約した。

（1）家族傷害保険（家族型）では、日本国内、国外を問わず、就業中や旅行中、運動中等の日常生活の中で起こる事故による傷害が補償の対象です。また、家族傷害保険の被保険者は、**被保険者本人、配偶者、生計を共にする同居の親族、生計を共にする別居の未婚の子**であり、高校生の息子は被保険者に含まれます。 [〇]

（2）携行品損害担保特約を付帯した海外旅行傷害保険契約では、旅行に持っていったバッグ等の携行品の損害も補償の対象となります。 [〇]

（3）個人賠償責任（補償）特約では、**原動機付自転車や自動二輪車を含む**自動車による損害賠償責任は補償の対象外です。 [×]

（4）火災保険に付帯した地震保険は、**地震・噴火・津波による自宅建物の損害**が補償の対象です。 [〇]

（1）**生産物賠償責任保険（PL保険）**は、製造・販売した製品が原因で発生した事故により、**第三者に損害を与えた場合に生じる法律上の損害賠償責任**を補償する保険です。 [〇]

（2）**請負業者賠償責任保険**は、建築工事、土木工事など請負業者が、**作業に伴う事故により第三者に損害を与えた場合に生じる法律上の損害賠償責任**を補償する保険です。 [〇]

（3）普通火災保険は、**住宅以外に使用される建物やその収容動産を補償の対象と**する火災保険であり、火災、落雷、爆発、破裂、風災、ひょう災、雪災による損害が補償されます。 [〇]

（4）医療保障保険は、**病気やケガによる入院・手術を保障する保険**であり、業務中の災害により従業員がケガを負う場合に備えて、労働者災害補償保険（政府労災保険）の上乗せ補償を目的とする場合には不向きです。この場合は、**労働災害総合保険**が適切といえます。労働災害総合保険は、従業員の業務上災害について事業者が負担する損害を補償する保険であり、労働者災害補償保険の上乗せ補償を目的としています。 [×]

20 個人を契約者（＝保険料負担者）および被保険者とする損害保険の税金に
関する次の記述のうち、最も不適切なものはどれか。

(1) 契約者を被保険者とする普通傷害保険において、被保険者が不慮の事故で
死亡して配偶者が受け取る死亡保険金は、相続税の課税対象となる。

(2) 自動車事故で被保険自動車が損壊したために受け取る自動車保険の車両保
険の保険金は、当該自動車を修理するしないにかかわらず、非課税である。

(3) 住宅用建物および家財を保険の対象とする火災保険に地震保険を付帯して
加入した場合、支払った保険料のうち地震保険料のみが地震保険料控除の
対象となる。

(4) 自宅建物が水災によって損害を被ったことにより契約者が火災保険から受
け取った保険金は、一時所得として課税対象となる。

21 法人を契約者（＝保険料負担者）とする損害保険の保険料や保険金の経理
処理に関する次の記述のうち、最も適切なものはどれか。

(1) 業務中の事故で従業員が死亡し、普通傷害保険の死亡保険金を従業員の遺
族が保険会社から直接受け取った場合、法人の経理処理は発生しない。

(2) すべての役員・従業員を被保険者とする積立普通傷害保険の支払保険料は、
その2分の1相当額を資産に計上し、残額を損金の額に算入することがで
きる。

(3) 法人が所有する建物を対象とする長期の火災保険に加入し、保険料を一括
で支払った場合、支払った保険料の全額をその事業年度の損金の額に算入
することができる。

(4) 法人が所有する業務用自動車が交通事故で全損となり、受け取った自動車
保険の車両保険の保険金で同一事業年度内に代替車両を取得した場合でも
圧縮記帳は認められない。

（1）契約者を被保険者とする普通傷害保険の配偶者が受け取る死亡保険金は相続税の課税対象です。 ［O］

（2）自動車保険の車両保険金は、自動車を修理するしないにかかわらず、非課税です。 ［O］

（3）2007年1月1日以降に火災保険に地震保険を付帯した契約は、納税者本人、生計が一の配偶者・親族が所有する住宅用建物・家財を保険の目的とする地震保険料のみが地震保険料控除の対象です。 ［O］

（4）家屋や家財の損害により支払われる火災保険・地震保険の保険金は、所得税の課税対象にはならず非課税となります。 ［×］

（4）

B

> 一時金を受け取ることができる損害保険では、その一時金の課税関係は生命保険と同じです。

（1）普通傷害保険の死亡保険金を従業員の遺族が保険会社から直接受け取った場合、個人契約と同じ扱いになり、法人としての経理処理は発生しません。

［O］

（2）すべての役員・従業員を被保険者とする積立普通傷害保険の支払保険料は、その積立保険料（平準積立保険料）については資産に計上し、残額の危険保険料等を損金の額に算入することができます。 ［×］

（3）法人が所有する建物を対象とする長期の火災保険に加入し、保険料を一括で支払った場合、支払った保険料のうち当該事業年度に係る部分を損金の額に算入することができます。 ［×］

（4）自動車の全損により、新たに車両を損害のあった日から3年以内に取得し、保険金額が帳簿価格より大きく保険差益が生じる場合、所定の要件に基づき圧縮記帳の適用が認められます。 ［×］

（1）

B

❹ 第三分野の保険

1 医療保険の給付限度日数には、通算の限度日数と１入院当たりの限度日数があるが、終身医療保険の場合、１入院当たりの限度日数はあるが通算の限度日数はない。

2 ガン保険には「待期間」と呼ばれる期間があり、加入後120日間（または４ヵ月）はガンと診断されても給付金は支払われない。 **よく出る**

3 特定（３大）疾病保障保険は、ガン、急性心筋梗塞、脳卒中により医師から所定の状態と診断された場合に、生存中に保険金が支払われる保険であり、他の原因で死亡した場合には、保険金は支払われず払込保険料相当額が返戻される。 **よく出る**

四肢択一問題

4 **医療保険等の保険の一般的な商品性に関する次の記述のうち、最も不適切なものはどれか。**

（１）先進医療特約は、厚生労働大臣により定められている先進医療が給付の対象となり、契約時点より後に厚生労働大臣により定められた先進医療についても給付の対象となる。

（２）更新型の医療保険では、保険期間中に医療保険の支払事由が発生しても、一般に保険会社の定めた年齢までは、契約を更新することができる。

（３）特定（３大）疾病保障保険では、保険期間中にガン、急性心筋梗塞、脳卒中のいずれかの疾病で所定の状態と診断された場合、死亡保険金と同額の特定（３大）疾病補償保険金が支払われる。

（４）ガン保険では、契約日以降に被保険者がガンと診断された場合、ガン診断給付金が支払われる。

保障期間が終身である医療保険でも、１入院当たりの支払限度日数とともに通算の支払限度日数が決められています。給付金の支払いが通算の限度日数に達した場合は、その時点で保険契約が終了します。

ガン保険には、ガンと診断されても給付金が支払われない待期間という免責期間があります。その期間は加入後90日間（または３ヵ月間）です。

特定（３大）疾病保障保険は、ガン、急性心筋梗塞、脳卒中により所定の状態と医師から診断された場合に、死亡保険金と同額の保険金が生前給付される保険です。３大疾病に対する診断給付金が支払われないまま死亡した場合には、死亡原因を問わず死亡保険金が支払われます。

（1）先進医療特約は、療養を受けた時点において厚生労働大臣により定められている先進医療が給付の対象になります。　　　　　　　　　　　　［○］
（2）更新型の医療保険は、保険期間中に医療保険の支払事由が発生しても、保険会社の定めた所定の年齢の範囲内であれば、告知・診査等なしで契約が自動更新されます。　　　　　　　　　　　　　　　　　　　　　　　［○］
（3）特定（３大）疾病保障保険は、ガン、急性心筋梗塞、脳卒中で所定の状態と診断された場合に保険金給付の対象になります。なお、特定（３大）疾病保障保険金を受け取った場合は、その時点で契約は終了します。　［○］
（4）ガン保険は、通常、加入後90日間（または３ヵ月間）の免責期間（待期間）が設けられており、その期間中にガンと診断された場合、ガン診断給付金の支払対象にはならず、契約も無効となります。　　　　　　　　　［×］

実技試験対策

保険証券の読み取りは
毎回出ます！

協会｜資産 は日本FP協会の資産設計提案業務に、金財｜個人 は金財の個人資産相談業務に対応した問題を示しています。

第1問 下記の各問（1～2）に答えなさい。

協会｜資産

1 死亡保険の保険料に関する次の記述の空欄①～⑤に入る適切な語句を語群のなかから選びなさい。

契約者が保険会社に払い込む（ ① ）保険料は、（ ② ）保険料と（ ③ ）保険料で構成される。（ ② ）保険料は将来の保険金の支払財源になるものであり、予定死亡率と予定（ ④ ）を基礎に計算される。一方、（ ③ ）保険料は保険制度の維持管理費用（保険会社の諸経費等）に充てられるもので、予定（ ⑤ ）を基礎に計算される。

〈語群〉
ア．表定　イ．営業　　ウ．付加　　　エ．純　　　オ．平準　　カ．死亡率
キ．利率　ク．貯蓄率　ケ．事業費率　コ．配当率　サ．剰余金

2 生命保険の保険契約に関する次の記述の空欄（ア）～（エ）に入る適切な語句を語群のなかから選びなさい。なお、同じ語句を何度選んでもよいこととする。

・払込期日までに保険料の払込みがなかった場合でも、払込（ ア ）期間中に払込みがあれば契約は有効に継続する。（ イ ）がある保険の場合、保険料の払込（ ア ）期間が過ぎても、（ イ ）の一定範囲内で、自動振替貸付によって契約が継続する。
・保険料の払込みを中止して契約を継続させる方法として、その時点の（ イ ）を活用して、保険期間を変えずに保障額を下げる（ ウ ）や、一般に、保障額を変えずに保険期間を短くする（ エ ）への変更がある。

〈語群〉
1．失効　　　2．自動振替貸付　3．減額　4．延長（定期）保険
5．解約返戻金　6．契約者貸付　　7．復活　8．更新
9．払済保険　　10．猶予

第1問の解答と解説

1　正解 ① イ　② エ　③ ウ　④ キ　⑤ ケ　C

　契約者が保険会社に払い込む①営業保険料は、死亡保険金や満期保険金等の将来の保険金の財源となる②純保険料と保険制度の維持管理費用（保険会社の諸経費等）に充てられる③付加保険料で構成されます。純保険料は、**予定死亡率**と予定④利率を基礎に計算され、付加保険料は、**予定⑤事業費率**を基礎に計算されます。

2　正解 （ア）10　（イ）5　（ウ）9　（エ）4　B

・払込期日までに保険料の払込みがなかった場合でも、払込（ア）猶予期間中に払込みがあれば契約は有効に継続します。（イ）解約返戻金がある保険の場合、保険料の払込（ア）猶予期間が過ぎても、（イ）解約返戻金の一定範囲内で、自動振替貸付によって契約が継続します。

・保険料の払込みを中止して契約を継続させる方法として、その時点の（イ）解約返戻金を活用して、保険期間を変えずに保障額を下げる（ウ）払済保険や、一般に、保障額を変えずに保険期間を短くする（エ）延長（定期）保険への変更があります。

協会｜資産

3 　尾澤利光さん（53歳）が、契約者（保険料負担者）および被保険者とし
□□　て加入している生命保険（〈資料〉参照）の保障内容に関する、次の記述
の空欄①～③にあてはまる数値を答えなさい。なお、保険契約は有効に継
続し、かつ、特約は自動更新しているものとし、利光さんはこれまでに〈資
料〉の保険から保険金および給付金を一度も受け取っていないものとする。
また、各々の記述はそれぞれ独立した問題であり、相互に影響を与えない
ものとする。 **よく出る**

〈資料：保険証券1〉

医療保険	保険証券番号　第○○○○○号	
保険契約者	尾澤　利光　様	契約日（保険期間の始期） 　2000年9月1日 主契約の保険期間 　終身 主契約の保険料払込期間 　60歳払込満了 特約の保険期間 　10年間 （80歳まで自動更新）
被保険者	尾澤　利光　様 1971年8月15日生　男性	
受取人	（給付金）被保険者　様 （死亡保険金）尾澤　良子　様 （妻）	
指定代理請求人	尾澤　良子（妻）	

◆保障内容

疾病入院給付金	1日につき日額5,000円（入院1日目から保障）
災害入院給付金	1日につき日額5,000円（入院1日目から保障）
手術給付金	1回につき手術の種類に応じて入院給付金日額の10倍・20倍・40倍
通院給付金	1日につき日額3,000円（退院後の通院に限る）
死亡保険金	100万円

※入院給付金の1入院当たりの限度日数は60日、通算限度日数は1,095日です。

〈資料：保険証券2〉

終身ガン保険		保険証券番号　第○○○○○○号	
保険契約者	尾澤　利光　様	契約日(保険期間の始期)　2001年10月1日　主契約の保険期間　終身　保険料払込期間　終身　保険料払込方法　月払い	
被保険者	尾澤　利光　様		
	男性		
給付金受取人	被保険者　様		
死亡保険金受取人	尾澤　良子　様（続柄　妻）	受取割合10割	

◆保障内容

ガン診断給付金	初めてガンと診断されたとき	100万円
ガン入院給付金	1日目から日額	1万円
ガン手術給付金	1回につき	20万円
ガン死亡給付金	ガンによる死亡	20万円
死亡給付金	ガン以外による死亡	10万円

・利光さんが現時点で、肺炎で20日間入院し（手術は受けていない）、退院日の翌日から約款所定の期間内に10日間通院した場合、保険会社から支払われる保険金・給付金の合計は（　①　）万円である。

・利光さんが現時点で、初めてガン（肝臓ガン・悪性新生物）と診断され24日間入院し、その間に約款所定の手術（給付倍率40倍）を1回受けた場合、保険会社から支払われる保険金・給付金の合計は（　②　）万円である。

・利光さんが現時点で、交通事故で即死した場合、保険会社から支払われる保険金・給付金の合計は（　③　）万円である。

※約款所定の手術は医療保険および終身ガン保険ともに該当するものである。

大澤俊平さん（55歳）が、保険契約者（保険料負担者）および被保険者として加入している生命保険（〈資料〉参照）の保障内容に関する、次の記述の空欄①〜③にあてはまる数値を答えなさい。なお、保険契約は有効に継続し、かつ、特約は自動更新しているものとし、俊平さんはこれまでに〈資料〉の保険から、保険金・給付金を一度も受け取っていないものとする。また、各々の記述はそれぞれ独立した問題であり、相互に影響を与えないものとする。 よく出る

〈資料：保険証券1〉

無配当定期保険特約付終身保険　　保険証券番号　第○○○○○○号	
保険契約者　　大澤　俊平　様	□契約日（保険期間の始期） 　1999年9月1日 □主契約の保険期間　終身 □主契約の保険料払込期間 　60歳払込満了 □特約の保険期間 　10年間 　（80歳まで自動更新）
被保険者　　大澤　俊平　様 　　　　　　1969年9月23日生　男性	
受取人　　死亡保険金　大澤　亜希　様（妻）　受取割合10割	

◆ご契約内容

終身保険金額（主契約保険金額）	500万円
定期保険特約保険金額	2,500万円
三大疾病保障定期保険特約保険金額	500万円
災害割増特約保険金額	3,500万円
災害入院特約　　　　　入院5日目から	日額5,000円
疾病入院特約　　　　　入院5日目から	日額5,000円

＊約款所定の手術を受けた場合、手術の種類に応じて入院給付金日額の10倍・20倍・40倍の手術給付金を支払います。

生活習慣病入院特約　　入院5日目から	日額5,000円

※入院給付金の1入院当たりの限度日数は120日、通算限度日数は1,095日です。
※180日以内に同じ病気で再度入院した場合は1回の入院とみなします。

〈資料：保険証券２〉

終身ガン保険		保険証券番号　第○○○○○○号
保険契約者	大澤　俊平　様	□契約日（保険期間の始期） 　2009年11月1日 □主契約の保険期間 　終身 □保険料払込期間 　終身 □保険料払込方法 　月払い
被保険者	大澤　俊平　様（男性）	
給付金受取人	被保険者　様	
死亡保険金 受取人	大澤　亜希　様 （続柄　妻）　　受取割合 　　　　　　　　10割	
指定代理請求人	大澤　亜希　様（続柄　妻）	

◆保障内容

ガン診断給付金	初めてガンと診断されたとき	100万円
ガン入院給付金	1日目から日額	1万円
ガン手術給付金	1回につき	20万円
ガン通院給付金	1日目から日額	5,000円
ガン死亡給付金	ガンによる死亡	20万円
死亡給付金	ガン以外による死亡	10万円

・俊平さんが現時点で、慢性腎不全で16日間入院し、退院してから40日後に同じ病気で再度10日間入院した場合（いずれも手術は受けていない）、保険会社から支払われる保険金・給付金の合計は（　①　）万円である。

・俊平さんが現時点で、初めてガン（悪性新生物）と診断され、治療のため10日間入院し、その間に約款所定の手術（給付倍率40倍）を1回受け、退院日の翌日から約款所定の期間内に20日間通院した場合、保険会社から支払われる保険金・給付金の合計は（　②　）万円である。

・俊平さんが現時点で、交通事故で死亡（入院・手術なし）した場合、保険会社から支払われる保険金・給付金の合計は（　③　）万円である。

※約款所定の手術は無配当定期保険特約付終身保険および終身ガン保険に該当するものである。

5 山本了介さんが契約している収入保障特約付終身保険（〈資料〉参照）に
□□ 関する次の（1）〜（4）の記述について、正しいものには〇、誤ってい
るものには×をつけなさい。なお、設問以外の一時所得等はなかったもの
とする。

〈資料：収入保障特約付終身保険の契約内容〉（一部抜粋）

[契約形態]
　保険契約者（保険料負担者）：山本　了介
　被保険者　　　　　　　　：山本　了介
　死亡保険金受取人　　　　：山本　優子（妻）

[保障内容]
　主契約　　　：死亡・高度障害保険金額　1,000万円
　収入保障特約：年金額　100万円（確定年金10年間）
　総合医療特約：入院給付金日額　10,000円

（1）了介さんがこの保険を解約して受け取った解約返戻金は、所得税の課税対
　　象とならない。
（2）了介さんが交通事故により入院して受け取った入院給付金は、所得税の課
　　税対象とならない。
（3）了介さんが死亡し、優子さんが収入保障特約から受け取る年金は、一時所
　　得として所得税の課税対象となる。
（4）了介さんが死亡し、優子さんが受け取った終身保険の保険金は、相続税の
　　課税対象となる。

第2問の解答と解説

3 正解 ①13（万円） ②176（万円） ③110（万円） **B**

①利光さんが肺炎で20日間入院し（手術は受けていない）、退院日の翌日から約
　款所定の期間内に10日間通院した場合、支払対象となる契約・特約と受け取
　れる保険金・給付金は、以下のようになります。

〈資料：保険証券1〉

　疾病入院給付金（入院1日目から対象）

　　5,000円×20日　　　　　　　＝10万円

　通院給付金（退院後の通院が対象）

　　3,000円×10日　　　　　　　＝ 3万円

　　　　　　　　　　　　合計：13万円

②利光さんが初めてガン（肝臓ガン・悪性新生物）と診断され24日間入院し、給
　付倍率40倍の手術（1回）を受けた場合に、支払対象となる契約・特約と受
　け取れる保険金・給付金は、以下のようになります。

〈資料：保険証券1〉

　疾病入院給付金（入院1日目から対象）

　　5,000円×24日　　　　　　　＝12万円

　手術給付金

　　5,000円×40倍　　　　　　　＝20万円

〈資料：保険証券2〉

　ガン診断給付金　　　　　　　　100万円

　ガン入院給付金

　　10,000円×24日　　　　　　　＝24万円

　ガン手術給付金　　　　　　　　20万円

　　　　合計：32万円＋144万円＝176万円

③利光さんが交通事故で即死した場合に、支払対象となる契約・特約と受け取れ
　る保険金・給付金は、以下のようになります。

〈保険証券1〉

　死亡保険金　　　　　　　　　　100万円

〈保険証券2〉

　死亡給付金（ガン以外による死亡）　10万円

　　　　合計：100万円＋10万円＝110万円

4 **正解** ①11（万円）　②666（万円）　③7,010（万円）　**A**

①俊平さんが現時点で慢性腎不全で16日間入院し、退院してから40日後に同じ病気で再度10日間入院した場合（いずれも手術は受けていない）、支払対象契約・特約は、〈資料：保険証券1〉疾病入院特約であり、保険証券に記載の「180日以内に同じ病気で再度入院した場合は1回の入院とみなします」に該当し、受け取れる保険金・給付金は、以下のようになります。

〈資料：保険証券1〉

疾病入院特約（入院5日目から対象）

入院日数　　16日＋10日＝26日

5,000円×（26日－4日）＝11万円

合計：　　　　　　　　　11万円

②俊平さんが現時点で初めてガン（悪性新生物）と診断され、治療のため10日間入院し、その間に約款所定の手術（給付倍率40倍）を1回受け、退院日の翌日から約款所定の期間内に20日間通院した場合、支払対象契約・特約は、〈資料：保険証券1〉三大疾病保障定期保険特約、疾病入院特約（入院給付金、手術給付金）、生活習慣病入院特約、〈資料：保険証券2〉ガン診断給付金、ガン入院給付金、ガン手術給付金、ガン通院給付金であり、受け取れる保険金・給付金は、以下のようになります。

〈資料：保険証券1〉

三大疾病保障定期保険特約　　　500万円

疾病入院特約（入院5日目から対象）

5,000円×（10日－4日）　＝3万円

手術給付金

5,000円×40倍　　　　　＝20万円

生活習慣病入院特約（入院5日目から対象）

5,000円×（10日－4日）　＝3万円

〈資料：保険証券2〉

ガン診断給付金　　　　　　　100万円

ガン入院給付金（入院1日目から対象）

10,000円×10日　　　　＝10万円

手術給付金（1回につき）　　　20万円

ガン通院給付金（通院1日目から対象）

5,000円×20日　　　　　＝10万円

合計：526万円＋140万円＝**666万円**

三大疾病保障特約は、死亡した場合のほか、ガン・心筋梗塞・脳卒中で所定の状態になったときに保険金を受け取れます。

③俊平さんが現時点で交通事故で死亡（入院・手術なし）した場合、支払対象契約・特約は、〈資料：保険証券1〉終身保険、定期保険特約、三大疾病保障定期保険特約、災害割増特約、〈資料：保険証券2〉死亡給付金であり、受け取れる死亡保険金は、

〈資料：保険証券1〉

終身保険	500万円
定期保険特約	2,500万円
三大疾病保障定期保険特約	500万円
災害割増特約	3,500万円

〈資料：保険証券2〉

死亡給付金	10万円

合計：7,000万円 ＋ 10万円 ＝ 7,010万円

---

5 正解（1）× （2）○ （3）× （4）○ B

（1）契約を解約して契約者（保険料負担者）が解約返戻金を受け取った場合、保険差益（解約返戻金－支払保険料総額）が**一時所得**として所得税の課税対象となります。

（2）病気やケガが原因で受け取る保険金・給付金は原則として**非課税**であるため、了介さんが受け取った入院給付金は、所得税の課税対象となりません。

（3）了介さんが死亡し優子さんが収入保障特約から受け取る年金（保険金）は、**雑所得**として所得税の課税対象となります。

（4）契約者（保険料負担者）＝被保険者（了介さん）である生命保険契約の死亡保険金は、みなし相続財産として**相続税**の課税対象となります。

6 勝又智彦さんが契約している下記の生命保険（〈資料〉参照）に関する次の（1）～（4）の記述について、適切なものには〇、不適切なものには×をつけなさい。

〈資料：勝又智彦さんが契約している生命保険契約の一覧〉

保険種類	保険契約者 （保険料負担者）	被保険者	死亡保険金 受取人	満期保険金 受取人
終身保険A	勝又智彦	勝又秀代	勝又智彦	―
収入保障保険B	勝又智彦	勝又智彦	勝又秀代	―
特定疾病保障保険C	勝又智彦	勝又智彦	勝又秀代	―
変額保険D	勝又智彦	勝又正樹	勝又秀代	勝又正樹

※勝又秀代さんは勝又智彦さんの妻であり、勝又正樹さんは勝又智彦さんと勝又秀代さんの子である。
※変額保険Dは有期型（養老型）で保険期間20年である。

（1）終身保険Aから勝又智彦さんが受け取る死亡保険金は、相続税の課税対象となる。

（2）収入保障保険Bから勝又秀代さんが一括払いで受け取る死亡保険金は、一時所得として所得税の課税対象となる。

（3）特定疾病保障保険Cから勝又秀代さんが受け取る死亡保険金は、相続税の課税対象となる。

（4）変額保険Dから勝又正樹さんが一時金として受け取る満期保険金は、贈与税の課税対象となる。

7 近藤秀雄さんが2024年中に支払った生命保険の保険料は次の資料①、②のとおりである。この場合の近藤さんの2024年分の所得税の計算における生命保険料控除の金額として、正しいものはどれか。なお、次の資料①、②とも、これまでに契約内容の変更は行われていないものとする。また、その年分の控除額が最も多くなるように計算すること。 よく出る

〈資料①〉

◇医療保険（介護医療保険契約）
契約日　　　　　：2015年6月1日
契約者　　　　　：近藤　秀雄
被保険者　　　　：近藤　秀雄
死亡保険金受取人：近藤　由美子（妻）
2024年の年間支払保険料
　　　　　　　　：62,400円

〈資料②〉

◇個人年金保険（税制適格特約付）
契約日　　　　　：2006年12月1日
契約者　　　　　：近藤　秀雄
被保険者　　　　：近藤　秀雄
受取人（年金）　：近藤　秀雄
　（死亡給付金）：近藤　由美子（妻）
2024年の年間支払保険料
　　　　　　　　：146,400円
2024年の配当金　：なし

【参考：所得税の生命保険料控除額の速算表】

〈2011年12月31日以前に締結した保険契約（旧契約）等に係る控除額〉

[一般生命保険料控除、個人年金保険料控除]

年間の支払保険料の合計	控除額
25,000円以下	支払金額
25,000円超　50,000円以下	支払金額×1/2＋12,500円
50,000円超　100,000円以下	支払金額×1/4＋25,000円
100,000円超	50,000円

〈2012年1月1日以降に締結した保険契約（新契約）等に係る控除額〉

[一般生命保険料控除、個人年金保険料控除、介護医療保険料控除]

年間の支払保険料の合計	控除額
20,000円以下	支払金額
20,000円超　40,000円以下	支払金額×1/2＋10,000円
40,000円超　80,000円以下	支払金額×1/4＋20,000円
80,000円超	40,000円

※支払保険料とは、その年に支払った金額から、その年に受けた剰余金
　や割戻金を差し引いた残りの金額をいう。

（1）80,000円
（2）75,600円
（3）85,600円
（4）90,000円

6 **正解（1）×　（2）×　（3）○　（4）○**　B

（1）契約Ａは、保険契約者（＝保険料負担者）と死亡保険金受取人が同一人であるため、勝又智彦さんが受け取る死亡保険金は**一時所得として所得税の課税対象**となります。

（2）収入保障保険における保険金を一時金で受け取った場合は、保険契約者（＝保険料負担者）、被保険者、受取人の関係により、相続税、所得税、贈与税のいずれかの対象になります。契約Ｂは、**保険契約者（＝保険料負担者）と被保険者が同一人であるため、勝又秀代さんが受け取る死亡保険金は、相続税の課税対象**となります。

（3）契約Ｃは、保険契約者（＝保険料負担者）と被保険者が同一人であるため、勝又秀代さんが受け取る死亡保険金は、**相続税の課税対象**となります。

（4）契約Ｄは、保険契約者（＝保険料負担者）と満期保険金受取人が同一人でないため、勝又正樹さんが受け取る満期保険金は、**贈与税の課税対象**となります。

7 **正解（3）**　B

　生命保険料控除は、2011年以前の契約と2012年以降の契約で区分され、それぞれ旧制度と新制度を適用します。旧制度適用契約と新制度適用契約がある場合は、控除ごとに①旧契約のみで申告、②新契約のみで申告、③旧制度と新制度適用の両方で申告、のいずれかを選ぶことができます。

　設問では、医療保険が**2015年6月1日**の契約のため、**新制度の介護医療保険料控除**で申告、個人年金保険（契約内容の変更は行われていない）は2006年12月1日の契約のため、**旧制度の個人年金保険料控除**で申告することとなります。

　医療保険の年間保険料は62,400円のため、新契約等に係る控除額の速算表から、控除額は62,400円×1/4＋20,000円＝35,600円となります。また、個人年金保険の年間保険料は146,400円のため、旧契約等に係る控除額の速算表から、控除額は50,000円となります。

　年間の控除額合計は、合算して**85,600**円となります。

　よって、正解は（3）となります。

第4問 下記の各問（ 8 〜 9 ）に答えなさい。

8 渡辺雅広さん（60歳）は、自身を記名被保険者として契約している自動車保険の契約更新案内（〈資料〉参照）について、FPの仲本さんにアドバイスを求めた。仲本さんが述べた次の（ア）〜（エ）の記述について、適切なものには〇、不適切なものには×をつけなさい。なお、〈資料〉に記載のない特約は付帯がないものとする。

〈資料：自動車保険　契約更新のご案内〉

	前年同内容プラン	おすすめプランA	おすすめプランB
保険料（年払い）	〇〇,〇〇〇円	〇〇,〇〇〇円	〇〇,〇〇〇円
運転者年齢条件	35歳以上補償	35歳以上補償	年齢条件なし
運転者限定の有無	本人・夫婦限定	家族限定	限定なし
対人賠償保険（1名につき）	無制限	無制限	無制限
対物賠償保険	無制限	無制限	無制限
搭乗者傷害保険（1名につき）	付帯なし	付帯なし	500万円
人身傷害保険（1名につき）	付帯なし	5,000万円	10,000万円
車両保険	エコノミー型（車対車＋A）保険金額：150万円 免責金額 1回目の事故 0円 2回目の事故 10万円	エコノミー型（車対車＋A）保険金額：150万円 免責金額 1回目の事故 0円 2回目の事故 10万円	一般型 保険金額：150万円 免責金額 1回目の事故 0円 2回目の事故 10万円
その他特約	なし	なし	個人賠償責任特約 1億円

(ア)「前年同内容プランでは、渡辺さんの妻（57歳）が被保険自動車を運転中、自宅ガレージに車庫入れする際に自宅の門柱を損傷させた場合、対物賠償保険の対象になります」

(イ)「渡辺さんが被保険自動車を運転中、死傷し損害を被った場合、おすすめプランBの搭乗者傷害保険のみが対象になります」

(ウ)「渡辺さんの被保険自動車が盗難にあった場合、前年同内容プラン、おすすめプランA、おすすめプランBのいずれであっても補償の対象になります」

(エ)「おすすめプランBでは、渡辺さんの長男（同一生計・同居で35歳）が自転車で買い物へ行く途中に、他人と接触し、ケガをさせてしまい法律上の損害賠償責任を負った場合についても補償の対象になります」

9 海外旅行傷害保険に関する次の（1）～（4）の記述について、保険金の支払対象となるものには〇、保険金の支払対象とならないものには×をつけなさい。なお、携行品損害担保特約および賠償責任特約を付帯しているものとする。

（1）海外旅行に行くためタクシーで国内の空港に向かう途中に交通事故に遭い、国内の病院に入院した。

（2）海外旅行中に、街中ですりに遭い、現金とクレジットカードを盗まれた。

（3）海外旅行先の土産物店で商品を選んでいる際に、陳列してあった商品を誤って落として壊してしまい、土産物店から損害賠償を求められた。

（4）旅行中に風邪をこじらせて高熱を発したが無理をして帰国し、帰国の翌日に自宅近くの病院に通院して治療を受けた。

第4問の解答と解説

8 **正解 （ア）× （イ）× （ウ）○ （エ）○** **A**

リスク管理

実技

（ア）対物賠償保険は、他人の財物に損害を与えて法律上の損害賠償責任を負った場合に補償の対象になるため、設問の事故についてはどのプランでも対物賠償保険の補償の対象になりません。

（イ）搭乗者傷害保険は、**自動車事故で搭乗者が死傷した場合**、死亡保険金・後遺障害保険金、入院日数・通院日数に応じた医療保険金が支払われる保険です。人身傷害保険は、**自動車搭乗中または歩行中に自動車事故で死亡・後遺障害、ケガを被った場合**に、相手側から補償されない自身の過失分も含めて、保険金額を限度に損害額が支払われる保険です。設問の事故の場合、おすすめプランAの人身傷害保険、おすすめプランBの搭乗者傷害保険、人身傷害保険が補償の対象になります。

（ウ）車両保険においては、エコノミー型（車対車＋A）・一般型とも**被保険自動車の盗難による損害は補償の対象**であるため、どのプランでも車両保険の対象になります。

（エ）個人賠償責任特約は、**個人が日常生活において第三者に損害を与えたときの法律上の損害賠償責任を補償する保険**です。被保険者の範囲は、本人、本人の配偶者、本人または配偶者と生計を一にする同居の親族、生計を一にする別居の未婚の子であるため、おすすめプランBでは補償の対象になります。

9 **正解 （1）○ （2）× （3）○ （4）○** **B**

（1）海外旅行傷害保険では、**海外旅行の目的で住居を発してから帰宅までの事故による損害を補償**します。そのため、海外旅行に行くため国内の空港に向かう途中の事故による傷害も、保険金支払いの対象となります。

（2）海外旅行傷害保険における携行品損害担保特約では、**現金やクレジットカード等は保険の対象に含まれません**。

（3）海外旅行傷害保険における賠償責任特約では、**海外旅行中の過失による損害賠償責任も保険金支払いの対象**となります。

（4）海外旅行傷害保険では、**海外旅行中に発症した疾病の治療費用に対して保険金が支払われます。海外旅行から帰国した後に初めて医師の治療を受けた場合**も、保険金支払いの対象です。

普通傷害保険と旅行傷害保険の補償の範囲

	病気	特定感染症・細菌性食中毒	地震・噴火・津波
普通傷害保険	×	× (特約で○)	× (特約で○)
海外旅行傷害保険	○	○	○
国内旅行傷害保険	×	○	× (特約で○)

海外旅行傷害保険では、旅行のため自宅を出てから自宅に帰るまでが補償の対象です。旅行中に罹患した病気が帰宅後に発症した場合も、一定期間は補償されます。

第 3 章

金融資産運用

重要ポイント

学科	・預貯金や債券、株式、投資信託など、さまざまな金融商品に関する問題が出題されます。最近では、株式や投資信託など投資型商品が多く出題されます。債券の利回り計算や、株式の投資指標、ポートフォリオの期待収益率など、計算問題にも対応できるようにしましょう。
実技	・資産設計提案業務では、経済新聞の読み取りなど実務的な問題も出題されますが、基礎的な知識を理解しておけば十分です。債券や株式の計算問題や預金保険制度に関する問題も頻出です。
	・個人資産相談業務では、企業の財務分析に関連した問題が出題されます。計算問題だけでなく、株式や投資信託の取引方法や税金もチェックしておきましょう。

▶過去 5 回分の出題傾向

	学科	実技	
	共通	資産	個人
経済指標と金融政策	B	C	C
預金・貯金	C	C	
債券	B	C	C
株式	A	B	A
投資信託	A	A	
外貨建て商品	B	B	C
その他の金融商品	C	C	
ポートフォリオ	B		
金融商品の税金	C	C	A
NISA	A	B	B
セーフティネット	A	B	
消費者保護の法律	B	C	

A は必修、
B はよく出る、
C はたまに出る
テーマだよ！

※「資産」は日本 FP 協会の資産設計提案業務、「個人」は金財の個人資産相談業務を示しています。

次の各文章について、一問一答問題では適切なものに〇を、不適切なものに×をつけましょう。また、四肢択一問題では、最も適切または不適切な選択肢を(1)〜(4)のなかから選びましょう。

① マーケット環境の理解

一問一答問題

1
□□ 支出面から見た GDP（国内総生産）を構成する需要項目のうち、最も高い割合を占めているのは、民間最終消費支出である。

2
□□ 景気動向指数における CI（コンポジット・インデックス）は、採用系列の各月の値を3ヵ月前と比べた変化の方向を合成して作成した指数であり、景気拡張の動きの各経済部門への波及度合いの測定を主な目的としている。

3
□□ 消費者物価指数は、消費者世帯が購入する商品とサービスの価格を対象とした指標であり、比較的動きが安定しているため、中長期の物価動向を判断する材料として適している。

4
□□ 日銀短観で公表される業況判断 DI は、回答時点の業況とその3ヵ月後の業況予測について、「良い」と回答した企業の社数構成比から「悪い」と回答した企業の社数構成比を差し引いて算出される。

5
□□ 日本銀行が買いオペレーションを実施することにより、マネーストックを増加させ、金利を低めに誘導する効果がある。

●問題の難易度について、**A**は難しい、**B**は普通、**C**は易しいことを示しています。

GDP（国内総生産）を支出面から見たものが GDE（国内総支出）です。その構成項目のうち、最も高い割合を占めているのは**民間最終消費支出**で、GDP 全体の50％〜60％となっています。

○

B

景気動向指数における CI（コンポジット・インデックス）は、**景気変動の大きさやテンポ（量感）の測定**を主な目的としています。景気拡張の動きの各経済部門への波及度合いの測定を主な目的とするのは、DI（ディフュージョン・インデックス）です。

×

B

消費者物価指数は、消費者世帯が購入する商品とサービスの**価格変動を時系列的に**表した指標で、比較的動きが安定しているため、中長期の物価動向を判断する材料として適している。

○

C

日銀短観とは、**日本銀行が全国の企業動向を的確に把握し金融政策の適切な運営を行うために、約1万社の企業に対し短期の業況についてアンケート調査を行うもの**で、**業況判断 DI** は、対象企業に短期の業況について「良い」、「さほど良くない」、「悪い」の3つから選択させ、「良い」と回答した企業の社数構成比から「悪い」と回答した企業の社数構成比を差し引いて算出されます。

○

B

日本銀行が行う買いオペレーションは、民間の金融機関から国債等を買い取る金融政策で、マネーストックを増加させ、金利を低めに誘導する効果があります。

📖 日銀の公開市場操作

好況時	売りオペレーション	マネーストックを減らす →金利を上げる → 景気を押さえる
不況時	買いオペレーション	マネーストックを増やす →金利を下げる → 景気を刺激する

○

B

6 経済指標に関する次の記述のうち、最も不適切なものはどれか。 **よく出る**

（1）GDP（国内総生産）は、国内で一定期間に生産されたモノやサービスの付加価値の総額を表す指標で、内閣府により年4回公表される。

（2）景気動向指数は、生産、消費、雇用などさまざまな経済活動での重要かつ景気に敏感な指標の動きを統合することによって作成された指標であり、CI（コンポジット・インデックス）を中心に公表される。

（3）全国企業短期経済観測調査（日銀短観）は、全国の企業の動向を把握し、適切な金融政策を行うために日本銀行が行う調査で、全国の約1万社の企業を対象に、四半期ごとに実施される。

（4）マネーストック統計は、金融部門から経済全体に供給されている通貨の総量を示す統計で、一般法人、金融機関、個人、中央政府、地方公共団体などの経済主体が保有する通貨量を集計したものである。

② セーフティネット

一問一答問題

1 決済用預金は、「無利息・要求払い・決済サービスを提供できる」という3つの要件をすべて満たす預金である。 **よく出る**

2 銀行で購入した投資信託は、その銀行が破綻した場合、預金保険制度の対象となる。

3 日本投資者保護基金による補償は、一般顧客1人当たり1,000万円が上限と定められている。

（1）GDP（国内総生産）は、国内で一定期間に生産されたモノやサービスの付加価値の総額を表す指標です。GDPは、内閣府が作成し、年4回公表されます。

[〇]

（2）景気動向指数の指標には、景気変動の大きさやテンポ（量感）を示すCI（コンポジット・インデックス）と、景気の各経済部門への波及度合いを把握するDI（ディフュージョン・インデックス）があり、CIを中心として公表されています。

[〇]

（3）全国企業短期経済観測調査（日銀短観）は、日本銀行によって全国約1万社の企業を対象に年4回実施される調査で、調査結果は業況判断DIの数値で公表されます。

[〇]

（4）
B

（4）マネーストック統計は、金融部門から経済全体に供給されている通貨の総量を示す統計で、対象となる経済主体は、一般法人、個人、地方公共団体です。[×]

GDPの前年に対する伸び率を経済成長率といいます。

決済用預金とは、「無利息・要求払い・決済サービスを提供できる」という3つの要件をすべて満たす預金で、金融機関の破綻に当たって、その全額が預金保険制度による保護の対象となります。

〇
C

預金保険制度に加入している金融機関で購入した場合も、投資信託は預金保険制度の対象外です。投資信託の資産は、信託銀行によって分別管理されているため、金融機関が破綻した場合でもその資産は保全されます。

×
B

日本投資者保護基金は、証券会社の破綻に当たって、顧客資産が返還されない場合の補償を行う制度で、補償額の上限は一般顧客1人当たり1,000万円と定められています。

〇
C

4 セーフティネットに関する次の記述のうち、最も不適切なものはどれか。

（1）ゆうちょ銀行に預け入れた貯金は、預金保険制度による保護の対象となる。

（2）海外に本店がある金融機関の日本支店に預けた預金は、預金保険制度による保護の対象となる。

（3）ペイオフ方式により預金保険制度で保護される金額は、1金融機関ごとに預金者1人当たり、一般預金等は元本1,000万円と破綻日までの利息である。

（4）預金保険制度の対象となる金融機関の破綻に当たって、決済用預金については、預入金額にかかわらず、その全額が保護の対象となる。

5 金融商品の取引に係る各種法令に関する次の記述のうち、最も不適切なものはどれか。 **よく出る**

（1）金融サービス提供法は、消費者保護の目的で施行された法律で、保護の対象はプロを除く事業者および個人である。

（2）預金保険制度による保護の対象となっている商品には、普通預金、当座預金のほか、定期預金、個人向け国債などがあるが、外貨預金は預金保険制度の対象となる金融機関で預け入れた場合も、預金保険制度による保護の対象外である。

（3）金融ADR制度（裁判外紛争解決制度）とは、金融商品取引業者と顧客間の紛争を裁判以外の方法で解決する制度で、手続きなどを簡素化することにより、裁判に比べて迅速に解決することができる制度である。

（4）キャッシュカードの偽造や盗難によって現金が不正に引き出される被害にあった場合、預金者に過失がなければ、預金者保護法により、金融機関が被害を受けた金額の全額を補償する。

3 預貯金・金融類似商品等

一問一答問題

1 年利率2％の半年複利の金融商品に100万円を預け入れた場合の税引き前の元利合計は、年利率2％の1年複利の金融商品に100万円を預けた場合の税引き前の元利合計より多くなる。

（1）郵政民営化後、ゆうちょ銀行も保険制度に加入が義務付けられ、破綻に当たっては預金保険制度による保護の対象となります。　　　　　　[○]

（2）海外に本店がある金融機関に預けた預金は、日本支店であっても預金保険制度による保護の対象外です。　　　　　　　　　　　　　　　[×]

（3）預金保険制度により保護される金額は、原則として、1金融機関ごとに預金者1人当たり、一般預金等は元本1,000万円と破綻日までの利息です。　[○]

（4）「無利息・要求払い・決済サービスを提供できる」という3つの要件をすべて満たす決済用預金は、預入額の全額が預金保険制度による保護の対象となります。　　　　　　　　　　　　　　　　　　　　　　　　　[○]

(2)
C

（1）金融サービス提供法は、金融商品取引業者の重要事項の説明義務違反により、損害を被った場合の損害賠償の請求と、損害額の推定に関して規定された法律で、保護の対象はプロを除く事業者と個人です。　　　　　　[○]

（2）個人向け国債は、預金保険制度による保護の対象外です。また、外貨預金も預金保険制度による保護の対象外です。　　　　　　　　　　　[×]

（3）金融ADR制度による紛争解決までの標準的な期間は2～6ヵ月と、裁判による場合よりも短くなっています。利用料は金融ADR機関により定められているが、一部を除き無料です。　　　　　　　　　　　　　　　[○]

（4）預金者保護法では、銀行、信用金庫、信用組合、農協、労働金庫などが対象となり、キャッシュカードの偽造・盗難により現金が不正に引き出された場合は、金融機関による補償を受けることができます。ただし、他人に暗証番号を知らせるなどの重過失が認められた場合は、補償されません。　[○]

(2)
B

利率や預入期間等の条件が同じ場合、元利合計は、「単利＜1年複利＜半年複利＜1ヵ月複利」の順に多くなります。

2 スーパー定期預金を総合口座に組み入れて融資を受ける場合、担保となる
□□ スーパー定期預金残高の額まで自動融資を受けることができる。

3 定額貯金は、固定金利（半年複利）であり、6ヵ月刻みの6段階で金利が
□□ 上昇し、預入期間に応じた金利が、預入時にさかのぼって適用される。

四肢択一問題

4 金融機関で取り扱う預金の一般的な商品性に関する次の記述のうち、最も
□□ **不適切なものはどれか。** よく出る

（1）期日指定定期預金は、据置期間経過後から最長預入期日までの間で、預金
　　者が指定した日が満期日となる。

（2）貯蓄預金は、クレジットカード利用代金などの自動引落口座や、給与や年
　　金などの自動受取口座として利用することができない。

（3）スーパー定期預金は、市場金利を基準として各金融機関が金利を設定する。

（4）為替先物予約を締結していない外貨定期預金において、満期時の為替レー
　　トが預入時の為替レートに比べて円安に推移した場合、当該外貨定期預金
　　に係る円換算の利回りは低下する。

❹ 債券投資

一問一答問題

1 新規に発行される新発債は、必ず額面100円当たり100円の発行価格で発
□□ 行される。

2 表面利率1.5％、残存期間10年の長期国債を額面100円当たり100円50
□□ 銭で買い付け、5年後に額面100円当たり101円で売却した場合の所有期
間利回りは次のように計算される。 よく出る

$$所有期間利回り（\%）＝\frac{1.5＋\dfrac{100－100.50}{5}}{100.50}×100$$

スーパー定期預金を総合口座に組み入れて自動融資を受ける場合の融資残高は、担保となるスーパー定期預金の**預入残高の90％**まで、かつ**最高200万円**とする銀行が一般的です。

定額貯金は、預入期間に応じた**段階金利**が、預入時にさかのぼって適用される金融商品です。6ヵ月据え置けばいつでも解約でき、預入期間は最長10年です。

○
C

（1）期日指定定期預金は、預入時に満期日を定めるのではなく、**預入後に満期期日を指定して引出し**ができます。ただし、預入後1年間は据置期間があります。
[○]

（2）貯蓄預金は、一定額以上の残高がある場合、一般に、普通預金と比べて高い金利が付されますが、**決済性が制限**されており、クレジットカード利用代金の自動引落口座や、給与や年金などの自動受取口座として利用することはできません。
[○]

（3）スーパー定期預金の適用利率は一律ではなく、**市場金利を基準として各金融機関**が設定します。
[○]

（4）満期時の為替レートが預入時の為替レートに比べて円安に推移すれば円換算した額は増えるので、当該外貨定期預金に係る**円換算の利回りは高く**なります。円高に推移した場合は、円換算の利回りは低くなります。
[✕]

（4）
B

3
金融資産運用

学科

債券は発行の際に**発行価格**が決められて、その価格で発行されます。必ず額面100円当たり100円の発行価格で発行されるわけではありません。

✕
C

所有期間利回りは、以下の計算式で求められます。

$$所有期間利回り（\%）＝\dfrac{表面利率＋\dfrac{売付価格－買付価格}{所有期間}}{買付価格}×100$$

$$＝\dfrac{1.5＋\dfrac{101－100.50}{5}}{100.50}×100$$

≒1.592%（小数点以下第4位四捨五入）

✕
B

3 個人向け国債（10年・変動金利型）の利率は、半年ごとに見直される変動金利で、0.05％が下限となっている。

四肢択一問題

4 固定利付債券の一般的な特徴に関する次の記述のうち、最も適切なものはどれか。

（1）利付債を中途で購入する場合は、売却した者に対して、経過利子として前回利払い日の翌日から次回利払い日までの利子相当額を支払う。

（2）国内景気が好況で物価が継続的に上昇傾向にある局面では、債券価格は下落する。

（3）表面利率など他の条件が同じであれば、一般的に、残存期間が長い債券ほど、金利変動による債券価格の変化率は小さくなる。

（4）残存期間など他の条件が同じであれば、一般的に、表面利率の低い債券のほうが、金利変動による債券価格の変化率は小さくなる。

5 表面利率が0.5％、残存期間が3年の固定利付債券を額面100円当たり101円で購入した場合の最終利回りとして正しいものはどれか。なお、手数料、経過利子、税金等は考慮しないものとし、解答は表示単位の小数点以下第4位を四捨五入することとする。また「▲」はマイナスを意味する。

（1）▲0.115％ **よく出る**

（2）　0.151％

（3）　0.165％

（4）　0.174％

❺ 株式投資

一問一答問題

1 株価800円、1株当たり純利益40円、1株当たり純資産400円のB社のPER（株価収益率）は20倍である。

2 配当利回りは、会社の当期純利益から配当金として株主に還元した割合を表す指標で、配当性向は、株価に対する配当金の割合を表す指標である。

よく出る

個人向け国債（10年・変動金利型）の利率は半年ごとに見直される**変動金利**ですが、0.05％の下限金利が定められている点に特徴があります。

○
C

（1）経過利子は、前回利払い日の翌日から売買の受渡日までの日数に応じた利子相当額で、その利付債を買う者が売却する者に支払います。 ［×］

（2）物価が上昇局面にあるとき、金利は上昇傾向になります。**債券価格は金利が上昇すると下落する**ため、物価が上昇する局面では債券価格は下落します。
［○］

（3）**残存期間が長いほど**、将来の見通しが不透明になるため、**債券価格の変化率は大きく**なります。 ［×］

（4）表面利率の高い債券よりも、**表面利率の低い債券のほうが**、金利の変化による**債券価格の変化率は大きく**なります。 ［×］

（2）
B

3
金融資産運用

学科

固定利付債の最終利回りとは、既発債を購入して満期まで保有した場合の利回りで、以下の算式により計算することができます。

$$最終利回り（\%）=\cfrac{表面利率+\cfrac{売付価格-買付価格}{残存年限}}{買付価格}\times100$$

$$=\cfrac{0.5+\cfrac{100-101}{3}}{101}\times100$$

≒0.165％（小数点以下第4位四捨五入）

（3）
B

PER（株価収益率）は、株価が1株当たり利益の何倍の値段となっているのかを表す指標で、**株価を1株当たり純利益で割って**求めることができます。株価が800円、1株当たり純利益が40円のとき、PERは20倍です。

○
B

配当利回りは、株価に対する年間配当金の割合を示す指標で、「1株当たり年間配当金÷株価×100」で計算できます。配当性向は、当期純利益に対する年間配当金の割合を示す指標で「配当金総額÷当期純利益×100」で計算できます。

×
B

3 下記〈資料〉から求められるA社株式とB社株式の株価の比較評価に関する次の記述のうち、最も適切なものはどれか。 **よく出る**

〈資料〉

	A社	B社
株価	600円	800円
当期純利益	10億円	15億円
自己資本（＝純資産）	60億円	90億円
総資産	150億円	240億円
発行済株式総数	2,000万株	3,000万株
配当金総額（年間）	3億円	3億円

（1）配当利回りで比較すると、B社よりもA社のほうが低い。

（2）ROE（自己資本当期純利益率）で比較すると、B社よりもA社のほうが低い。

（3）PER（株価収益率）で比較すると、A社よりもB社のほうが割高である。

（4）自己資本比率で比較すると、B社よりもA社のほうが低い。

（1）配当利回りは、1株当たり年配当金を株価で除して計算します。A社は、1株当たり年配当金が15円（3億円÷2,000万株）、株価が600円なので、配当利回りは2.5％（15円÷600円×100）、B社は1株当たり年配当金が10円（3億円÷3,000万株）、株価が800円なので、配当利回りは1.25％（10円÷800円×100）となり、配当利回りで比較すると、A社のほうが高くなります。　　　　　　　　　　　　　　　　　　　　　　　　　　　[×]

（2）ROE（自己資本当期純利益率）は、**当期純利益を自己資本で除して計算**します。A社のROEは約16.7％（10億円÷60億円×100）、B社のROEは約16.7％（15億円÷90億円×100）で、ROEは等しくなります。　　[×]

（3）PER（株価収益率）は、株価が利益の何倍まで買われているかを測る指標で、**株価を1株当たり純利益で除して計算**します。A社は1株当たり純利益が50円（10億円÷2,000万株）、株価が600円なので、PERは12倍（600円÷50円）、B社は1株当たり純利益が50円（15億円÷3,000万株）、株価が800円なので、PERは16倍（800円÷50円）となり、B社のほうが株価が割高であるといえます。　　　　　　　　　　　　　　　[○]

（4）**自己資本比率**とは、**総資産に対する自己資本の割合**を測る指標で、自己資本比率の数値が高いほど、財務面の安定性が高いと判断できます。自己資本比率は、自己資本を総資産で除して計算します。A社の自己資本比率は40％（60億円÷150億円×100）、B社の自己資本比率は37.5％（90億円÷240億円×100）なので、自己資本比率はB社のほうが低くなります。　　[×]

（3）

A

4 株式の信用取引に関する次の記述のうち、**最も不適切なものはどれか。**

（1）信用取引では、通常の取引とは異なり、現物株式を所有していなくてもその株式の売りから取引を開始することができる。

（2）制度信用取引の建株を一般信用取引の建株に変更することはできるが、一般信用取引の建株を制度信用取引の建株に変更することはできない。

（3）信用取引の委託保証金は、現金で差し入れることが原則であるが、国債や上場株式など一定の有価証券で代用することもできる。

（4）信用取引において、委託保証金率が30％である場合、既存の建玉のない状態で30万円の委託保証金を金銭で差し入れているときは、約定金額100万円まで新規建てすることができる。

6 投資信託

一問一答問題

1 株式を組み入れず公社債のみで運用する投資信託を公社債投資信託といい、公社債を組み入れず、株式のみで運用する投資信託を株式投資信託という。

よく出る

2 目論見書には、投資信託の具体的な内容として、ファンドの目的、投資方針、投資リスク、手数料等および税金などが説明されている。

（1）信用取引は通常の取引（現物取引）と異なり、現物を有していなくても、株式を借りることで売りからの取引も可能です。信用取引には**信用買い**と**信用売り**があり、信用売りは、証券会社から株式を借りて株式を売る取引で、株価が下がると利益が得られます。一方、信用買いとは、株式購入の資金を借りて取引をする方法です。　　　　　　　　　　　　　　　　　　[○]

（2）信用取引には、証券取引所が統一して行う**制度信用取引**と、証券会社が独自のルールで行う**一般信用取引**があります。保有建株（新規に信用取引で売買した株式）は、新規建約定時の信用区分を**変更すること**は**できません**。したがって、制度信用取引から一般信用取引への変更、一般信用取引から制度信用取引への変更は、どちらも**できません**。　　　　　　　　　　　　[×]

（3）委託保証金は、原則として**金銭**で差し入れますが、上場株式や国債等の有価証券で**代用**することも可能です。また、2009年7月16日以降は、委託保証金として差し入れる金銭に米ドルが加えられ、代用有価証券にも米国の金融商品取引所に上場している外国株券等が加えられました。　　　　[○]

（4）委託保証金率が30％の場合、委託保証金を30万円差し入れた場合の新規建て可能な約定金額は、**100万円**です。委託保証金とは、証券会社が取引の安全を図るために顧客から預かる金銭のことで、顧客は、取引日（約定日）から起算して3営業日目までに約定価額の**30％以上**の委託保証金（最低**30万円**）を証券会社に差し入れなければなりません。　　　　　　　　[○]

公社債投資信託は、約款上、運用対象に株式を組み入れることができない投資信託です。一方、**株式投資信託**は、**公社債投資信託以外**の投資信託を指すため、株式のみでなく公社債を組み入れているものも株式投資信託に区分されます。

目論見書には、投資信託の具体的な内容として、ファンドの目的、投資方針、投資リスク、手数料等および税金などが説明されています。交付目論見書と請求目論見書があり、金融商品取引法では、**契約前に交付目論見書を交付する**ことが定められています。

3 パッシブ運用とは、ベンチマーク（例えば日経平均株価や TOPIX など）を上回る収益の獲得を目指す運用を行うものである。

4 投資信託の一般的な特徴に関する次の記述のうち、最も適切なものはどれか。 よく出る

（1）投資信託では、成行注文や指値注文はできるが、信用取引はできない。

（2）債券の組入比率が50％以上の投資信託を公社債投資信託、50％未満の投資信託を株式投資信託という。

（3）投資信託を購入する際に支払う購入時手数料は、投資信託委託会社によって決められるため、同じ投資信託であれば、どの販売会社で購入しても同一の購入時手数料が徴収される。

（4）投資信託の分配金には、普通分配金と元本払戻金（特別分配金）があり、税務上、普通分配金は課税の対象となり、元本払戻金（特別分配金）は非課税となる。

パッシブ運用とは、あらかじめ定められた株価指数などのベンチマークにできる限り連動し、同等の運用収益を獲得することを目標とする運用スタイルで、インデックスファンドがその代表例です。

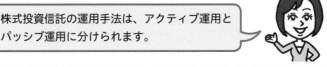

株式投資信託の運用手法は、アクティブ運用とパッシブ運用に分けられます。

（1）投資信託は、さまざまな銘柄が組み入れられているため、1日に1回基準価額が更新されます。ETF（上場投資信託）のように**成行注文**や**指値注文**による売買はできません。また、**信用取引**の対象にすることもできません。　　［×］

（2）公社債投資信託は、約款上、株式を組み入れることができない投資信託です。したがって、株式よりも債券の組入比率のほうが高ければ公社債投資信託ということではありません。　　　　　　　　　　　　　　　　　　　　　　［×］

（3）投資信託の購入時手数料は、投資信託委託会社が一定の幅を持って定めるため、同じ投資信託でも**販売会社**によって購入時手数料が異なる場合があります。

　　　　　　　　　　　　　　　　　　　　　　　　　　　　　　　　　　　　［×］

（4）普通分配金は課税の対象となりますが、**元本払戻金**（特別分配金）は、実質的には投資元本の戻りに当たり、**非課税**です。　　　　　　　　　　　　［○］

5 投資信託の運用手法に関する次の記述のうち、最も不適切なものはどれか。

〔よく出る〕

（1）アクティブ運用とは、ベンチマークを上回るリターンを目指してポートフォリオを構築する運用手法である。

（2）バリュー運用とは、PER や PBR などの指標から企業価値が株式市場で高く評価され、適正価格を上回る株価を維持していると判断した銘柄へ投資を行う運用スタイルのことである。

（3）ボトムアップ・アプローチとは、各銘柄の投資指標の分析や企業業績などのリサーチによって個別銘柄を選定し、その積上げによりポートフォリオを構築する手法である。

（4）トップダウン・アプローチは、投資環境などのマクロ的な分析によって国別組入比率や業種別組入比率などを決定し、その比率の範囲内で組み入れる銘柄を決めていく手法である。

6 ETF（上場投資信託）の一般的な特徴に関する次の記述のうち、最も適切なものはどれか。

（1）ETF を証券取引所の立会時間中に売買する場合、指値注文はできるが、信用取引はできない。

（2）ETF は、売買の際に上場株式と同様に売買委託手数料が必要となり、運用管理費用（信託報酬）は、インデックスファンドより相対的に高い。

（3）リンク債型ETF とは、所定の指標に連動した投資成果を目的とする債券（リンク債）に投資することにより、ETF の 1 口当たり純資産額の変動率を対象指標の変動率に一致させる運用手法を採る ETF である。

（4）ETF には、日経平均株価などの指標の日々の変動率に一定の正の倍数を乗じて算出される指数に連動した運用成果を目指して運用されるインバース型や、当該指標の日々の変動率に一定の負の倍数を乗じて算出される指数に連動した運用成果を目指して運用されるレバレッジ型がある。

（1）アクティブ運用は、ベンチマークの値動きを上回ることを目指して運用する手法です。ベンチマークの値動きに連動するパフォーマンスを目指す手法はパッシブ運用といいます。　　　　　　　　　　　　　　　　　　　[○]

（2）バリュー運用は、企業価値に比べて株価が割安に放置されている銘柄を集めて積み上げていく運用手法です。　　　　　　　　　　　　　　　　　　[×]

（3）ボトムアップ・アプローチとは、ファンドマネジャーやアナリストなどが会社訪問などによって企業を分析・選定し、その積上げによってポートフォリオを構築する手法です。　　　　　　　　　　　　　　　　　　　　　　[○]

(2)

B

（4）トップダウン・アプローチとは、あらかじめマクロ分析などによって、どの国、どの業種にどれだけ配分するかを決め、その枠組みの中で最終的な銘柄の絞込みを行う手法です。　　　　　　　　　　　　　　　　　　　　[○]

（1）ETF は、証券市場に上場しているため、普通株式と同じように取引を行うことができ、普通株式と同様、指値注文や成行注文により取引を行い、信用取引の対象にすることもできます。　　　　　　　　　　　　　　　　　[×]

（2）ETF には、売買のコストである売買委託手数料と保有コストである運用管理費用（信託報酬）がかかります。運用管理費用（信託報酬）は、信託財産のなかから日々徴収されており、インデックスファンドと比較すると、相対的に低いのが一般的です。　　　　　　　　　　　　　　　　　　[×]

（3）リンク債とは所定の指標に価格が連動して成果が出るよう設計された債券であり、リンク債型 ETF は、リンク債に投資をすることにより ETF とリンク債の変動率を一致させる運用手法です。リンク債が指標に連動するので、結果的に ETF も指標に連動する仕組みとなっています。　　　　　　[○]

(3)

A

（4）ETF には、市場株価に連動するインデックス型のほかに、インバース型やレバレッジ型があります。インバース型は、日経平均株価など指標の日々の変動率に一定の負の倍数を乗じて算出される指数に連動した運用成果を目指して運用され、レバレッジ型は、日経平均株価などの指標の日々の変動率に一定の正の倍数を乗じて算出される指数に連動した運用成果を目指して運用されます。　　　　　　　　　　　　　　　　　　　　　　　[×]

❼ 外貨建て商品

1 外貨建て金融商品に投資するに当たって、円を外貨に換える場合には TTB が、外貨を円に換える場合には TTS が適用される。 **よく出る**

2 外貨預金に預け入れた場合、預入時と比べて払出し時の為替レートが円安に推移すると為替差益を得られる。

四肢択一問題

3 日本円・米ドル間の為替相場の変動要因等に関する次の記述のうち、最も不適切なものはどれか。

（1）購買力平価説によれば、同じ財を米国では 4 米ドル、日本では 440 円で買える場合、為替レートは 1 米ドル＝110 円になると考えられる。

（2）米国の物価が日本と比較して相対的に上昇することは、一般に、米ドル安／円高の要因となる。

（3）日本の対米貿易黒字の拡大は、一般的に、米ドル高／円安の要因となる。

（4）米国が政策金利を引き上げ、日本との金利差が拡大することは、一般的に、米ドル高／円安の要因となる。

4 個人（居住者）が国内の金融機関等を通じて行う外貨建て金融商品の取引等に関する次の記述のうち、最も不適切なものはどれか。 **よく出る**

（1）国外の証券取引所に上場している外国株式を国内店頭取引により売買する場合には、外国証券取引口座を開設しなければならない。

（2）米ドル建て債券を保有している場合、為替レートが円高／米ドル安に変動することは、当該債券に係る円換算の投資利回りの下落要因となる。

（3）外貨建て終身保険は、円建ての終身保険と異なり、生命保険料控除や死亡保険金の非課税の適用を受けることができない。

（4）外貨定期預金の預入時に、満期日の円貨での受取額を確定するために為替先物予約を締結した場合、満期時に生じた為替差益は外貨預金の利子とともに源泉分離課税の対象となる。

円を外貨に換える場合には TTS（対顧客電信売相場）、外貨を円に換える場合には TTB（対顧客電信買相場）が適用されます。

米ドル建て商品を例にとると、預入時の為替レートが1米ドル＝95円で、その後、1米ドル＝100円（円安）に推移すると、1米ドル当たり5円の為替差益を得ることができます。

（1）**購買力平価説**とは、為替レートは2国間の通貨の購買力や物価上昇率の比で決定されるという説です。同じ財を買うために必要な通貨の価値は同じであると考えられるため、1米ドル＝110円となります。　　　　　[O]

（2）米国の物価が日本と比較して相対的に上昇することは、米ドルの価値が下がることになり、米ドル安／円高の要因となります。　　　　　[O]

（3）日本の対米貿易黒字の拡大は、貿易で得たドル資金を円転する需要が多いということであり、円が買われるため、一般的に米ドル安／円高の要因となります。　　　　　　　　　　　　　　　　　　　　　　　　[×]

（4）米国が政策金利を引き上げ、日本との金利差が拡大すると、金利が高い米ドルへ資金がシフトするため、一般的に、米ドル高／円安の要因となります。[O]

(3)

（1）国外で上場している外国株式を売買する場合、**外国証券取引口座の開設**が必要です。　　　　　　　　　　　　　　　　　　　　　　　　[O]

（2）たとえば、買付け時に、1ドル＝110円だった為替レートが円高に推移して1ドル＝100円になった場合、円に換算すると1ドル当たり10円評価額が少なくなり、**円換算の投資利回りは下落**します。　　　　　　　[O]

（3）外貨建て終身保険も、円建ての終身保険と同じように、**生命保険料控除や死亡保険金の非課税**の適用を受けることができます。　　　　　[×]

（4）外貨定期預金の預入時に為替先物予約を締結した場合、満期時に生じた**為替差益**は外貨預金の利子とともに**源泉分離課税**の対象となります。　　　　　　　　　　　　　　　　　　　　　　　　　　　　　　[O]

(3)

外貨建て商品では、為替レートが円安に推移すると為替差益が、円高に推移すると為替差損が発生します。

8 ポートフォリオ運用

一問一答問題

1 一般的に、ポートフォリオとは複数の資産への分散投資をいい、アセットアロケーションとは複数の銘柄への分散投資をいう。

2 ポートフォリオのリスクとは、一般的に、期待収益率からのばらつきの度合いをいう。

3 相関係数が1である2つの資産を組み合わせてポートフォリオを組成すると、リスク軽減の効果が大きくなる。

4 A証券とB証券を組み合わせたポートフォリオの期待収益率は、A証券、B証券の期待収益率をその投資比率で加重平均したものになり、ポートフォリオのリスクもA証券、B証券のリスクの加重平均となる。**よく出る**

四肢択一問題

5 ポートフォリオ理論等に関する次の記述のうち、最も適切なものはどれか。**よく出る**

（1）ポートフォリオの期待収益率は、ポートフォリオに組み入れた各資産の期待収益率を組み入れた資産の数で単純平均した値となる。

（2）シャープレシオは、ポートフォリオ全体の収益率から無リスク資産収益率を減じた超過収益率を、標準偏差で除することにより求められる。

（3）株式のポートフォリオにおいて、組み入れる銘柄数を増やすことにより、システマティック・リスクを低減することができる。

（4）異なる2資産で構成されるポートフォリオにおいて、2資産間の相関係数が−1となる場合、ポートフォリオを組成することによるリスク低減は得られない。

一般的に、ポートフォリオとは複数の銘柄への分散投資をいい、アセットアロケーションとは複数の資産への分散投資をいいます。

✕

C

ポートフォリオのリスクは、一般的に、ポートフォリオの期待収益率からのばらつきの度合いのことをいい、標準偏差の値で表されます。

〇

B

相関係数が1である2つの資産は完全に同じ方向に値動きするため、リスクの軽減効果はありません。相関係数が－1である2資産の値動きは完全に相反するため、リスク軽減効果が最も大きくなります。

✕

C

証券を組み合わせたポートフォリオの期待収益率は、各証券の期待収益率をその投資比率で加重平均した数値になります。これに対して、ポートフォリオのリスクは、個別の証券のリスクの加重平均になるわけではありません。

✕

C

3
金融資産運用

学科

（1）ポートフォリオの期待収益率は、ポートフォリオに組み入れた各資産の期待収益率を組入比率で加重平均した値となります。　　　　　　［×］

（2）シャープレシオとは、リスクをとったことによりどれだけ効率よく収益を上げられたかを見る指標で、ポートフォリオ全体の収益率から無リスク資産収益率を減じた超過収益率を標準偏差で除することにより求められます。　　［〇］

（3）システマティック・リスクとは、市場全体の動きから影響を受けるリスクで、分散投資によっても軽減することはできません。　　　　　　　　　［×］

（4）異なる2資産からなるポートフォリオにおいて、2資産間の相関係数が－1となる場合は2つの資産が全く逆方向に値動きしているので、リスク低減効果は最大となります。　　　　　　　　　　　　　　　　　　　　　　　　［×］

(2)

A

6 　ポートフォリオのパフォーマンス評価に関する次の記述のうち、最も適切
□□　なものはどれか。

〈資料：ファンドAとファンドBの運用パフォーマンスに関する情報〉

ファンド名	実績収益率	実績収益率の標準偏差
ファンドA	4.0％	2.0％
ファンドB	3.0％	1.2％

　無リスク資産利子率を0.3％として〈資料〉の数値からシャープレシ
オの値を算出すると、ファンドAについては（　ア　）となり、ファン
ドBでは（　イ　）となる。したがって、ファンド（　ウ　）のほうが
効率的な運用であったと判断することができる。

(1)（ア）1.85　（イ）2.00　（ウ）B
(2)（ア）1.85　（イ）2.25　（ウ）B
(3)（ア）6.66　（イ）2.25　（ウ）A
(4)（ア）6.66　（イ）6.00　（ウ）A

❾ 金融商品と税金

一問一答問題

1 　特定公社債等の利子に対する税金は、預貯金と同様に20.315％の源泉分
□□　離課税となる。

2 　源泉徴収ありの特定口座（源泉徴収選択口座）を選択している場合でも、
□□　複数の特定口座間の年間の損益を通算する場合などは、確定申告をする必
　　要がある。 よく出る

3 　外貨預金の利子は一律20.315％の源泉分離課税で、為替先物予約を付さ
□□　ない場合、元金部分の為替差損益は雑所得である。

4 　NISA口座で発生した譲渡損失は、特定口座で発生した譲渡益と損益通算
□□　できるが、損益通算してもなお損失がある場合の譲渡損失の繰越控除は認
　　められていない。 よく出る

シャープレシオは、リスクをとることによって、どれだけ**効率的に**リターンをあげることができたかを表す指標で、この数値が大きいほどパフォーマンスが優れていると判断できます。シャープレシオは、以下の算式で求めることができます。

$$シャープレシオ = \frac{ポートフォリオの収益率 - 無リスク資産利子率}{標準偏差}$$

$$ファンドAのシャープレシオ = \frac{4.0 - 0.3}{2.0} = 1.85$$

$$ファンドBのシャープレシオ = \frac{3.0 - 0.3}{1.2} = 2.25$$

したがって、ファンドBのほうがシャープレシオの値が高いため、効率的な運用だと判断できます。

(2)

A

> シャープレシオの計算問題は、公式が与えられることもありますが、公式が与えられなくても解けるようにしておきましょう。

特定公社債の利子に対する税金は、利子所得として**20.315％の申告分離課税**となります。利子の支払い時に税金相当分が源泉徴収されるため、確定申告不要とすることができます。

×

B

源泉徴収選択口座を選択している場合、その口座の年間の損益を通算して口座内で源泉徴収されますが、**複数の特定口座間の損益の通算**をする場合や、**上場株式等の譲渡損失を翌年以降に繰り越す**ためには、確定申告をする必要があります。

○

B

外貨預金の利子および為替差益の税金については、設問のとおりです。満期時の為替レートを予約する為替先物予約付き外貨預金は、利子と為替差損益を合わせて20.315％の源泉分離課税となります。

○

B

NISA口座で受け入れた上場株式等を売却した際に譲渡損失が生じた場合は、その譲渡損失についてはなかったものとみなされます。そのため、他の特定口座や一般口座の譲渡益と**損益通算**をすることや、**繰越控除**をすることはできません。

×

B

5 2024年1月1日から開始した新NISAでは、生涯の非課税限度枠は1,800万円となり、非課税期間は無期限とされている。

6 財形年金貯蓄の非課税限度額は、貯蓄型の場合は元利合計で550万円以内、保険型の場合は払込保険料累計額で385万円以内である。

四肢択一問題

7 上場株式の配当および譲渡にかかる税金に関する次の記述のうち、最も不適切なものはどれか。

(1) 上場株式の配当金について申告分離課税を選択して確定申告をした場合、配当控除の適用を受けることができる。

(2) 外貨定期預金の預入時に為替先物予約を締結した場合、満期時に生じた為替差益は源泉分離課税の対象となる。

(3) 上場株式等の譲渡損失の金額は、特定公社債等の利子等にかかる利子所得と損益通算することができる。

(4) 特定公社債等の譲渡所得については、申告分離課税の対象とされている。

8 NISA（少額投資非課税制度）に関する次の記述のうち、最も適切なものはどれか。なお、本問においては、NISAにより投資収益が非課税になる口座をNISA口座という。 **よく出る**

(1) NISA口座で保有する金融商品を売却することで生じた譲渡損失の金額は、確定申告を行うことにより、同一年中に特定口座や一般口座で保有する金融商品を売却することで生じた譲渡益の金額と通算することができる。

(2) NISA口座で保有する上場株式の配当金を非課税扱いにするためには、配当金の受取方法として登録配当金受領口座方式を選択しなければならない。

(3) 2024年1月1日に開始した新NISA制度では、年間の非課税投資枠は、つみたて投資枠が120万円、成長投資枠が240万円である。

(4) NISA口座を開設できるのは、国内に住所を有する者のうち、その年の1月1日現在で20歳以上の者に限られる。

2024年1月1日から開始した新NISAでは、生涯の投資枠は1,800万円とされ、つみたて投資枠（年間120万円）と成長投資枠（年間240万円）の併用が可能となっています。

財形年金貯蓄の非課税限度額は、貯蓄型では元利合計550万円、保険型では払込保険料累計額385万円までです。

3
金融資産運用

学科

（1）上場株式の配当金は、原則、総合課税ですが、申告分離課税や確定申告不要を選択することができます。申告分離課税や確定申告不要を選択した場合、20.315％の税率で課税され、配当控除の適用は受けられません。　　　[×]

（2）満期時の為替レートを予約した外貨定期預金を為替先物予約付外貨定期預金といい、利子と元本部分の為替差益を合わせて20.315％の税率で源泉分離課税となります。　　　[〇]

（3）国債、地方債、公募公社債、公募公社債投資信託など特定公社債の利子は、原則として、申告分離課税となり、確定申告をすることで上場株式等の譲渡損失と損益通算できます。　　　[〇]

（4）特定公社債等の譲渡所得は申告分離課税です。なお、割引債も特定公社債等に該当し、償還差益は、原則として申告分離課税の対象となります。　　　[〇]

(1)
B

（1）NISA口座で保有する金融商品を売却することで生じた譲渡損失の金額はなかったものとみなされるため、特定口座や一般口座で保有する金融商品の譲渡益と通算することはできません。　　　[×]

（2）NISA口座で保有する上場株式の配当金を非課税扱いにするためには、株式数比例配分方式を選択しなければなりません。株式数比例配分方式とは、口座ごとの保有株数に応じて口座内に配当金を受け入れる方法です。　　　[×]

(3)
A

（3）2024年以降、NISA制度の抜本的拡充・恒久化が図られ、新NISA制度が導入されました。新NISAでは、つみたて投資枠と成長投資枠が併用できるようになり、年間の非課税投資枠はつみたて投資枠が120万円、成長投資枠が240万円となっています。　　　[〇]

（4）2022年4月から成年年齢が18歳に引き下げられたため、2023年以降は、その年の1月1日現在で18歳以上の者がNISA口座を開設することができます。　　　[×]

⑩ 関連法規

1
☐☐ 金融商品取引法における適合性の原則とは、「顧客の知識、経験、財産の状況及び契約締結の目的に照らして、不適当な勧誘を行い、投資者保護に欠けることのないようにしなければならない」というものである。 **よく出る**

2
☐☐ 金融サービス提供法では、金融商品販売業者等が、顧客に対し重要事項についての説明をしなかったことによって顧客に損害が生じた場合、顧客は金融商品の売買契約を取り消すことができる。

3
☐☐ 消費者契約法では、事業者の一定の行為により消費者が誤認または困惑した場合、消費者契約の申込み、または承諾の意思表示を取り消すことができる。

四肢択一問題

4
☐☐ **金融商品の取引に係る各種法令に関する次の記述のうち、最も不適切なものはどれか。なお、本問においては「犯罪による収益の移転防止に関する法律」を犯罪収益移転防止法という。**

（1）金融商品取引法の適用対象には、金利スワップ取引や天候デリバティブ取引も含まれる。

（2）犯罪収益移転防止法において、銀行等の特定事業者が顧客と預金契約等の特定取引を行う際、顧客が代理人を通じて取引する場合には、特定事業者は顧客および代理人双方の本人確認を行うことが義務付けられている。

（3）消費者契約法では、銀行等の事業者が重要事項について消費者の不利益となる事実を告げようとしたにもかかわらず消費者がそれを拒み契約の申込みをした場合、消費者は不利益事実の不告知を理由としてその契約を取り消すことはできない。

（4）消費者契約法では、事業者の不当な勧誘により消費者契約の締結に至った場合、消費者は同法に基づく損害賠償を請求することができるとされている。

適合性の原則とは、「顧客の知識、経験、財産の状況及び契約締結の目的に照らして、不適当な勧誘を行い、投資者保護に欠けることのないようにしなければならない」というもので、顧客が望まない高リスク商品などを勧誘することも禁じられています。

C

顧客に対し重要事項の説明を怠った場合は、金融サービス提供法によって、顧客が損害賠償を請求することができます。契約の取消しに関しては、消費者契約法に定められています。

C

消費者契約法では、事業者の一定の行為で消費者が誤認、または困惑した場合、契約の申込み、または承諾の意思表示を取り消すことができます。また、過量な契約についても取消しの対象となります。

C

3
金融資産運用

学科

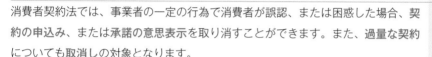

（1）金融商品取引法の規制対象は投資性のある金融商品（債券・株式・投資信託・デリバティブ等）であり、有価証券関連のデリバティブ取引だけでなく、FXや通貨・金利スワップ取引、天候デリバティブなどの幅広いデリバティブ取引が規制対象となります。　　　　　　　　　　　　　　　　[O]

（2）犯罪収益移転防止法では、預金口座の開設や、窓口で10万円を超える現金を振り込む場合、200万円を超える現金取引を行うなどの特定取引を行う場合には、本人確認を行うことが定められています。さらに代理人による取引の場合には、代理人と本人の両方の本人確認が義務付けられています。　　[O]

（4）
B

（3）事業者が重要事項について消費者に不利益な事実を故意に説明せず、消費者が不利益な事実はないと誤認して締結した契約は取り消すことが可能ですが、事業者が消費者に不利益な事実を説明しようとしたにもかかわらず消費者が自ら説明を拒んで契約を締結した場合には取り消すことはできません。　[O]

（4）事業者の行為によって消費者が誤認・困惑した上で行った契約は消費者契約法により取消しが可能ですが、事業者に対する損害賠償の請求については、金融サービス提供法で規定されています。　　　　　　　　　　　　　[×]

実技試験対策

株式の計算問題は
得点源にしましょう。

協会｜資産 は日本FP協会の資産設計提案業務に、金財｜個人 は金財の個人資産相談業務に
対応した問題を示しています。

第1問 下記の 1 に答えなさい。

協会｜資産　金財｜個人

1 経済指標について説明した下表の空欄①～③にあてはまる語句の組合せと
して、正しいものはどれか。

経済指標	内容
（ ① ）	生産・労働・消費などの分野で代表的な30系列の指標を選定し、先行系列、一致系列、遅行系列の3系列に分類した上で、DIやCIといった指数の値を公表するもの。景気の山や谷といった景気基準日付は一致DIをもとに作成されるヒストリカルDIに基づいて設定される。
（ ② ）	全国の消費世帯が購入する財とサービスの価格を時系列的に測定するもので、家計に要する費用が物価の変動によってどう変化するかを数値で示す指標である。総務省が毎月、作成・公表する。
（ ③ ）	毎月第一金曜日に米国労働省労働統計局が発表する。非農業部門に属する事業者の給与支払帳簿をもとに集計された就業者数を表し、特に製造業の就業者数が注目される。

(1) ① 景気動向指数　　　　　② 消費者物価指数　③ 雇用統計
(2) ① 景気動向指数　　　　　② 家計調査　　　　③ 完全失業率
(3) ① 景気ウォッチャー指数　② 家計調査　　　　③ 雇用統計
(4) ① 景気ウォッチャー指数　② 消費者物価指数　③ 完全失業率

第1問の解答と解説

1 正解（1） C

① 景気動向指数は、生産・労働・消費などの分野で代表的かつ景気に敏感な指標を選定し、**先行系列、一致系列、遅行系列**の3系列に分類した上で、景気DIや景気CIの数値が公表されます。景気動向指数の作成に用いられる指標は定期的に見直され、現在は先行系列11、一致系列10、遅行系列9の合計30個の指標が使われています。

② 消費者物価指数は、全国の家計が購入する財とサービスの価格の変動を時系列的に捉えたものです。対象となる財やサービスは家計の消費にかかわるもので、直接税や社会保険料（非消費支出）、有価証券、土地・住宅の購入（蓄財および財産購入のための支出）は対象に含まれません。

③ 雇用統計は米国の主要な経済指標で、労働省労働統計局が公表しています。非農業部門の事業者の給与支払帳簿をもとに集計された就業者数を表し、米国の景気を判断する材料に使われる指標です。

> 景気指標ではGDP、景気動向指数、日銀短観を、物価指数では企業物価指数と消費者物価指数を押さえましょう。

2　下記〈資料〉の、XZ銀行（国内に本店がある普通銀行）が行っている円
□□　定期預金と外貨定期預金をセットにしたキャンペーンを利用して、円定期
預金と米ドル建て外貨定期預金にそれぞれ100万円の預け入れを行った
場合、次の記述のうち最も適切なものはどれか。なお、円定期預金と外貨
定期預金の受取利息の計算に当たっては、日割りではなく月単位で計算し、
復興特別所得税は考慮せず、計算結果については円未満を切り捨てること。

〈資料〉

「円定期預金」＆「外貨定期預金」Wキャンペーン

円定期預金（3ヵ月物）と外貨定期預金（3ヵ月物）をセットで、それぞれに
同額お預け入れいただくと、円定期預金にキャンペーン金利が適用されます。

円定期預金	米ドル建て外貨定期預金
期間：3ヵ月	期間：3ヵ月
キャンペーン金利：年3.0％	金利：年1.5％
（税引後：年2.4％）	為替手数料：片道1.0円

※円定期預金にお預け入れいただく金額と同額の米ドル建て外貨定期預金にお
　預け入れいただきます。
※初回お預け入れの満期日までキャンペーン金利を適用し、満期日以降は店頭表
　示金利を適用します。
※初回満期日までにお申出がない場合、自動継続とさせていただきます。

取扱金融機関：XZ銀行

（1）預入時の為替レート（TTM）が1米ドル＝99.0円の場合、円貨で100万
　　円を米ドル建て外貨定期預金に預け入れを行う金額は、米ドルに換算する
　　と10,101ドルである。

（2）このキャンペーンを利用して、円定期預金と米ドル建て定期預金にそれぞ
　　れ100万円ずつ預け入れをした場合、元本200万円とその利息が預金保険
　　制度による保護の対象となる。

（3）円定期預金の満期時の税引後の受取利息は24,000円である。

（4）預入時と満期時の為替レート（TTM）が1米ドル＝99.0円だった場合、
　　満期時の円定期預金と米ドル建て外貨定期預金の税引後の元利合計を足し
　　た額は1,988,940円である。

2 　**正解（4）**　B

（1）不適切。円貨を米ドルに替える際の**為替手数料**は1.0円なので、為替レート（TTM）が1米ドル＝99.0円のときの**TTS**は1米ドル＝100.0円となります。円貨で100万円預け入れる際の米ドル換算した金額は10,000米ドルです。

（2）不適切。円定期預金は預金保険制度による保護の対象ですが、外貨定期預金は、国内に本店のある銀行で預け入れを行った場合でも、**預金保険制度の対象外**であるため、預金保険制度による保護の対象となるのは、円定期預金の元本100万円とその利息です。

（3）不適切。円定期預金の税引後の金利は年2.4％、預入期間は3ヵ月なので、満期時の税引後の受取利息は以下のようになります。

$$100万円 \times \frac{2.4}{100} \times \frac{3ヵ月}{12ヵ月} = 6,000円$$

（4）適切。円定期預金と米ドル建て外貨定期預金の満期時の税引後元利合計は、それぞれ以下のようになります。

○円定期預金：

$$100万円 + 100万円 \times \frac{2.4}{100} \times \frac{3ヵ月}{12ヵ月} = 1,006,000円$$

○米ドル建て外貨定期預金：

預入元本は、10,000米ドル（100万円÷100.0円）となるので、税引後元利合計は以下のようになります。

$$10,000米ドル + 10,000米ドル \times \frac{1.5}{100} \times \frac{3ヵ月}{12ヵ月} \times 0.8 = 10,030米ドル$$

$$10,030米ドル \times 98.0円（満期時 TTB）= 982,940円$$

したがって、円定期預金と米ドル建て外貨定期預金の合計額は1,988,940円となります。

3
金融資産運用

実技

下記の ③ に答えなさい。

③ 下記〈資料〉の債券を取得日から6年後に売却した場合における所有期間
□□ 利回り（単利・年率）を計算しなさい。なお、手数料や税金等については
考慮しないものとし、計算結果については小数点以下第4位を切り捨てる
こと。 よく出る

〈資料〉

表面利率：年1.2％ 額面　　：100万円 購入価格：額面100円につき100.00円 売却価格：額面100円につき102.00円 所有期間：6年

第3問の解答と解説

③ **正解** 1.533％ **B**

債券の所有期間利回りは、以下の計算式で求められます。

$$所有期間利回り（％）= \frac{表面利率 + \dfrac{売付価格 - 買付価格}{所有期間}}{買付価格} \times 100$$

$$= \frac{1.2 + \dfrac{102 - 100}{6}}{100} \times 100 = 1.5333 \cdots$$

$$\fallingdotseq 1.533％（小数点以下第4位切捨て）$$

協会 | 資産 | 金財 | 個人

4　下記〈資料〉をもとに、X社株式とY社株式の株価指標に関する次の記述
　　のうち、最も適切なものはどれか。なお、計算に当たっては、小数点以下
　　第2位を四捨五入することとする。 よく出る

〈資料〉

	X株式会社	Y株式会社
株　価	3,000円	750円
1株当たり配当金	45円	9円
1株当たり純利益	200円	＊＊
1株当たり純資産	2,500円	＊＊
PER（株価収益率）	＊＊	15.0倍
PBR（株価純資産倍率）	＊＊	1.1倍

（注）＊＊は各自計算すること。

3
金融資産運用

実技

（1）1株当たり純利益をもとにX社株式とY社株式を比較した場合、X株式会
　　社の株価のほうが割安であり、投資価値があると考えられる。
（2）1株当たり純資産をもとにX社株式とY社株式を比較した場合、Y株式会
　　社の株価のほうが割安であり、投資価値があると考えられる。
（3）今後株価が変わらないと仮定した場合、配当利回りで比較すると、Y社株
　　式のほうがその数値が高いため、投資価値があると考えられる。
（4）Y株式会社の配当性向は、60.0％である。

４ **正解（２）** **B**

（１）不適切。１株当たり純利益をもとに株価の割安性を比較する株価指標は、PER（株価収益率）です。

$$PER（倍）= \frac{株価}{1株当たり純利益} \rightarrow \frac{X株式会社の}{PER} = \frac{3,000円}{200円} = 15.0倍$$

X株式会社とY株式会社のPERはどちらも15.0倍であるため、株価の割安性は同じと考えられます。

（２）適切。１株当たり純資産をもとに株価の割安性を比較する株価指標は、PBR（株価純資産倍率）です。

$$PBR（倍）= \frac{株価}{1株当たり純資産} \rightarrow \frac{X株式会社の}{PBR} = \frac{3,000円}{2,500円} = 1.2倍$$

Y株式会社のPBRは1.1倍なので、Y株式会社のほうが株価が割安で、投資価値があると考えられます。

（３）不適切。配当利回りは、投資金額（株価）に対する年配当金の割合を表すもので、以下の算式で求めることができます。

$$配当利回り（\%）= \frac{1株当たり配当金}{株価} \times 100$$

$$\rightarrow X株式会社の配当利回り = \frac{45円}{3,000円} \times 100 = 1.5\%$$

$$\rightarrow Y株式会社の配当利回り = \frac{9円}{750円} \times 100 = 1.2\%$$

配当金の受取りを目的として株式投資をする場合、配当利回りが高いほど魅力的であるため、X社株式のほうが投資価値があると考えられます。

（４）不適切。配当性向は、税引後純利益に対する配当金の割合を見るもので、以下の算式で求めることができます。

$$配当性向（\%）= \frac{1株当たり配当金}{1株当たり純利益} \times 100$$

Y株式会社の株価は750円、PERは15.0倍なので、１株当たり純利益は50円となる。したがって、Y株式会社の配当性向は以下のようになります。

$$\rightarrow Y株式会社の配当性向 = \frac{9円}{50円} \times 100 = 18.0\%$$

協会｜資産　金財｜個人

5　三浦さんは、追加型株式投資信託である国際バランス型オープンを保有している。下記〈資料〉の国際バランス型オープンの概要と収益分配金の受取り状況に基づいて、次の（1）～（4）の記述について、適切なものには○、不適切なものには×をつけなさい。なお、三浦さんは国際バランス型オープンを源泉徴収選択口座で保有している。

〈資料〉

〔国際バランス型オープンの概要〕
○主な投資対象　　：国内外の株式、公社債
○当初基準価額　　：10,000円（1万口当たり）
○購入時基準価額：12,000円
○購入口数　　　　：100万口
○購入後の収益分配金実績および収益分配前基準価額（1万口当たりの金額）

	第1回	第2回
収益分配金実績	1,000円	1,000円
収益分配前基準価額	12,000円	12,800円

（1）三浦さんが受け取った第1回の収益分配金（税引前）の額は100,000円である。

（2）三浦さんが受け取った第1回の収益分配金は、全額が元本払戻金（特別分配金）として非課税の扱いになる。

（3）三浦さんが受け取った第2回の収益分配金において、源泉徴収される所得税および復興特別所得税、住民税の合計額は20,315円である。

（4）第2回の収益分配金を受け取った後の三浦さんの個別元本は11,500円である。

3
金融資産運用

実技

5 **正解（1）○（2）○（3）○（4）×** **A**

（1）第1回の収益分配金は1万口当たり1,000円で、三浦さんは当ファンドを100万口保有しているので、受け取った収益分配金の額は、以下のようになります。

$$\frac{1,000円}{10,000口} \times 100万口 = 100,000円$$

（2）株式投資信託の収益分配金は普通分配金と元本払戻金（特別分配金）に分けられます。普通分配金は投資家の収益であるため課税の対象となりますが、**元本払戻金（特別分配金）は、投資元本の戻しとみなされ非課税**です。

三浦さんの当初の**個別元本**は購入時の基準価額の12,000円で、その後収益分配前基準価額が12,000円になったときに収益分配金を1,000円受け取っているため、その1,000円の収益分配金はすべて元本払戻金（特別分配金）となり、全額非課税です。

（3）第1回の収益分配金はすべて特別分配金なので、収益分配後の三浦さんの個別元本は**11,000円**になります。第2回の収益分配前基準価額は12,800円なので、1,000円はすべて普通分配金になります。

三浦さんは当ファンドを100万口保有しているので、受け取った普通分配金の額は以下のとおりです。

$$\frac{1,000円}{10,000口} \times 100万口 = 100,000円$$

三浦さんが源泉徴収される税額は以下のように計算できます。

100,000円 × 20.315％ ＝ 20,315円

（4）第2回の収益分配金はすべて普通分配金なので、第2回の収益分配後の三浦さんの個別元本は11,000円のままで変わりません。

第6問 下記の各問（ 6 ～ 7 ）に答えなさい。

6
□□ 下記〈資料〉の新規に発行される外国債券に関する次の（1）～（4）の説明について、正しいものには〇、誤っているものには×をつけなさい。なお、為替手数料については考慮しないものとする。

〈資料〉

発行体	GD 銀行
起債通貨	豪ドル
額面	5,000豪ドル
発行価格	額面価格の102.00％
利率（税引前）	年5.00％（豪ドルベース）
利払い日	毎年1月15日、7月15日（年2回）
償還日	2026年1月15日
格付け	BBB

（1）為替レートが1豪ドル＝80円の場合、この外国債券を購入するために必要な最低資金は40万円である。

（2）為替レートが購入時よりも豪ドル高／円安に推移した場合、償還前に売却すると為替差損が発生する。

（3）この外国債券を満期償還前に売却することによって生じた売却益は、譲渡所得として所得税および復興特別所得税、住民税の合計で20.315％の申告分離課税の対象となる。

（4）この外国債券は、格付けにより投資適格債と判断される。

7 下記〈資料〉の米ドル建て外貨定期預金に10,000米ドルを預け入れた
場合、この外貨定期預金を満期時に円転する際の損益分岐点となる為替
レート（円ベースの税引後の受取金額がマイナスとならない為替レート）
を求めなさい。なお、解答に当たっては、算出された為替レートの小数点
以下第3位を切り上げ、実際に適用される為替レート（TTB）を記入す
ること。また、利子に係る税金は、便宜上、米ドルベースの利子の20％
が控除されるものとする。**よく出る**

〈資料〉

商品の種類	米ドル建て外貨定期預金
預入期間	1年
利率	1.5％
預入時TTM	129円
為替手数料	片道1円（1ドル当たり）

6 正解（1）× （2）× （3）○ （4）○ Ｂ

（1）この外国債券の額面は5,000豪ドルですが、**発行価格は額面価格の102.00％なので、購入するためには5,100豪ドル必要です**。1豪ドル＝80円の場合、最低でも408,000円が必要となります。

（2）外貨建て商品を購入する場合、為替レートが購入時よりも外貨高／円安になると為替差益を得ることができます。なお、この外国債券は額面価格よりも高い金額で発行されているため、購入時と償還時の為替レートが同じ場合、償還差損が発生します。

（3）国内で売り出された外国債券も含めた特定公社債等の譲渡益については、20.315％の申告分離課税の対象となっています。

（4）格付けは AAA（トリプルＡ）や BB（ダブルＢ）などの簡単な記号で債券の信用力を表すもので、一般的には BBB（トリプルＢ）以上が投資適格債とされます。

7 正解 128.46（円） Ａ

・円ベースの預入元本を求める

預入時 TTM が1ドル＝129円、為替手数料は片道1円なので、預入時の TTS は130円となります。円ベースの預入元本は以下のようになります。

10,000米ドル×130円＝1,300,000円

・米ドルでの元利合計を求める

$$10,000 \text{米ドル} + 10,000 \times \frac{1.5}{100} \times (1 - 0.2) = 10,120 \text{ドル}$$

・損益分岐点となる為替レートを求める

満期時の為替レート（TTB）をＸとした場合、損益分岐点となる為替レートは以下の算式を満たす値です。

10,120米ドル×Ｘ ≧ 1,300,000円

Ｘ ≧ 128.458…

したがって、損益分岐点となる為替レート（TTB）は128.46円（小数点以下第3位切上げ）となります。

3
金融資産運用

実技

第7問 下記の **8** に答えなさい。

協会｜資産

8 ポートフォリオの期待収益率は、各資産の期待収益率をポートフォリオの
□□ 組入比率で加重平均することにより求められる。以下のポートフォリオの
期待収益率として、正しいものはどれか。

	期待収益率	ポートフォリオの組入比率
預　　金	0.3%	30%
債　　券	1.0%	30%
株　　式	6.0%	20%
REIT	5.0%	20%
計	－	100%

（1）1.85％

（2）2.59％

（3）3.25％

（4）13.00％

第7問の解答と解説

8 **正解（2）** **B**

　ポートフォリオの期待収益率は、各資産の期待収益率をポートフォリオの組入
比率で加重平均することにより求められます。設問のポートフォリオの期待収益
率は、以下のとおりです。

　$0.3\% \times 0.3 + 1.0\% \times 0.3 + 6.0\% \times 0.2 + 5.0\% \times 0.2 = 2.59\%$

第8問 下記の **9** に答えなさい。

協会｜資産｜金財｜個人

9
☐☐
下表は、柴田さんが2024年中に行った上場株式の取引である。これらの取引における課税に関する以下の記述の空欄①～③にあてはまる語句の組合せとして、正しいものはどれか。

〈XA証券会社　特定口座（源泉徴収選択口座）〉

銘柄		株数	単価
A株式	買付	1,000株	800円
A株式	売却	1,000株	1,000円

〈XB証券会社　NISA口座〉

銘柄		株数	単価
B株式	買付	500株	1,500円
B株式	配当	500株	25円
B株式	売却	500株	1,300円

※売買手数料、消費税は考慮しないものとする。

・柴田さんが、XA証券会社の特定口座でA株式を売却した場合に源泉徴収される税額は、所得税および復興特別所得税、住民税の合計で（　①　）となる。

・柴田さんが、XB証券会社のNISA口座で受け取ったB株式の配当金は（　②　）となる。また、NISA口座で売却した上場株式等の譲渡損は、確定申告をすることで、他の一般口座や特定口座における上場株式等の譲渡益と損益通算することが（　③　）。

（1）① 40,630円　② 非課税　　③ できない
（2）① 40,630円　② 課税扱い　③ できる
（3）① 20,315円　② 非課税　　③ できる
（4）① 20,315円　② 課税扱い　③ できない

9 **正解（1）** A

　特定口座（源泉徴収選択口座）で上場株式等を売却した場合、譲渡益に対して所得税および復興特別所得税、住民税の合計で20.315％の税率で源泉徴収されます。柴田さんがXA証券会社で保有しているA株式を1,000円で1,000株売却した場合、源泉徴収される税額は以下のとおりです。

　1,000株×（1,000円－800円）×20.315％＝40,630円…①

　NISA（少額投資非課税制度）は、限度額までの上場株式等への新規投資による配当、分配金、譲渡益が②非課税になる制度です。

　ただし、NISA口座で譲渡損が発生した場合、その損失はなかったものとみなされ、他の一般口座や特定口座で保有している上場株式等の配当等や譲渡益と損益通算することは③できません。

> NISA口座で発生した譲渡損は「なかったもの」とみなされるため、特定口座や一般口座で譲渡益が発生しても損益通算することはできません。

第9問 次の設例に基づいて、下記の各問（ 10 ～ 12 ）に答えなさい。

設例

　会社員のAさん（40歳）は、X社株式またはY社株式（2社は同業種、東京証券取引所プライム市場上場）のいずれかを購入したいと考えている。そこで、Aさんは、ファイナンシャル・プランナーのMさんに相談することにした。

〈X社株式およびY社株式の情報〉
X社：株価1,500円、発行済株式総数3,000万株
　　　　1株当たり配当金10円（年間）
Y社：株価2,000円、発行済株式総数2,100万株
　　　　1株当たり配当金15円（年間）
※次回の決算期は、X社およびY社ともに、2024年9月30日（月）である。

〈X社およびY社の財務データ〉　　　（単位：百万円）

	X社	Y社
資産の部合計	44,000	25,000
負債の部合計	27,000	11,000
純資産の部合計	17,000	14,000
売上高	55,000	40,000
営業利益	1,100	1,000
経常利益	1,000	1,200
当期純利益	900	1,100
配当金総額	300	315

※純資産の金額と自己資本の金額は同じである。

※上記以外の条件は考慮せず、各問に従うこと。

10 《設例》の〈X社株式およびY社株式の情報〉および〈X社およびY社の財務データ〉に基づいて算出される次の①、②を求めなさい（計算過程の記載は不要）。〈答〉は表示単位の小数点以下第3位を四捨五入し、小数点以下第2位までを解答すること。**よく出る**

① X社およびY社のROE
② X社およびY社のPBR

Mさんは、Aさんに対して、設例データに基づいて株式の投資指標等について説明した。Mさんが説明した次の記述（1）～（3）について、適切なものには〇印を、不適切なものには×印を解答用紙に記入しなさい。

よく出る

（1）「一般に、PERが高い銘柄ほど、株価は割高とみられますが、業態や時期によって異なる場合もあります。PERは、Y社のほうがX社よりも高くなっています」

（2）「株主への利益還元の大きさに着目した指標として、配当性向があります。配当性向は、X社の方がY社よりも高くなっています」

（3）「一般に、自己資本比率が高いほど、経営の安定性が高いと考えられています。自己資本比率は、X社のほうがY社よりも高くなっています」

12

Mさんが、Aさんに対して、X社株式の購入について説明した以下の文章の空欄①～③に入る最も適切な語句または数値を、下記の〈語句群〉のイ～リのなかから選び、その記号を解答用紙に記入しなさい。

I 「Aさんが特定口座（源泉徴収あり）において、X社株式を購入し、その配当金を特定口座に受け入れた場合、所得税および復興特別所得税と住民税の合計で、配当金額の（　①　）％相当額が源泉徴収等されます。AさんがX社株式の次回の配当金を受け取るためには、権利付き最終日である9月（　②　）までにX社株式を購入する必要があります」

II 「Aさんが特定口座（源泉徴収あり）において、仮にX社株式を株価4,000円で100株購入し、同年中に株価4,500円で全株売却した場合、所得税および復興特別所得税、住民税の合計で、譲渡益に対して（　①　）％相当額が源泉徴収等されます。他方、譲渡損失が生じ、同年中にX社株式の配当金を特定口座に受け入れた場合、譲渡損失の金額と配当金額は特定口座内で損益通算されます。なお、控除しきれない上場株式等の譲渡損失の金額は、確定申告をすることにより、翌年以降（　③　）年間の繰越控除が可能です」

〈語句群〉

イ．1　　ロ．3　　ハ．5　　ニ．18.315　　ホ．20.315
ヘ．20.42　　ト．26日（木）　チ．27日（金）　リ．28日（土）

10 **正解** ①X社のROE：5.29％　Y社のROE：7.86％

　　　②X社のPBR：2.65倍　Y社のPBR：3.00倍　**A**

　ROE（自己資本利益率）は、自己資本を使ってどれだけ利益を上げたかを示す指標です。

$$\text{ROE}（\%）＝\frac{\text{当期純利益}}{\text{自己資本}}×100$$

$$\text{X社のROE}＝\frac{900\text{百万円}}{17000\text{百万円}}×100≒5.29\%（\text{小数点以下第3位四捨五入}）$$

$$\text{Y社のROE}＝\frac{1100\text{百万円}}{14000\text{百万円}}×100≒7.86\%（\text{小数点以下第3位四捨五入}）$$

　PBR（株価純資産倍率）は、現在の株価が1株当たりの純資産の何倍かを示す指標です。

$$\text{PBR}（\text{倍}）＝\frac{\text{株価}}{1\text{株当たり純資産}}＝\frac{\text{株価}}{\text{純資産÷発行済株式数}}$$

$$\text{X社のPBR}＝\frac{1500\text{円}}{17000\text{百万円÷}3000\text{万株}}$$

$$≒2.65\text{倍}（\text{小数点以下第3位四捨五入}）$$

$$\text{Y社のPBR}＝\frac{2000\text{円}}{14000\text{百万円÷}2100\text{万株}}＝3.00\text{倍}$$

11 **正解** ①× ②○ ③×　**A**

①PER（株価収益率）は、現在の株価が1株当たり当期純利益の何倍かを示すものです。PERが高いほど株価が割高と考えることができます。

$$\text{PER}（\text{倍}）＝\frac{\text{株価}}{1\text{株当たり利益}}＝\frac{\text{株価}}{\text{当期純利益÷発行済株式数}}$$

$$\text{X社のPER}＝\frac{1500\text{円}}{900\text{百万円÷}3000\text{万株}}＝50.00\text{倍}$$

$$\text{Y社のPER}＝\frac{2000\text{円}}{1100\text{百万円÷}2100\text{万株}}$$

$$≒38.18\text{倍}（\text{小数点以下第3位四捨五入}）$$

　したがって、PERはX社のほうがY社よりも高く、株価が割高であるといえます。

②配当性向は、当期純利益のうちどれだけ配当に充てられたかを示す指標です。

$$配当性向（\%）＝\frac{年間配当金}{当期純利益}×100$$

$$X社の配当性向＝\frac{300百万円}{900百万円}×100$$

$$≒33.33\%（小数点以下第3位四捨五入）$$

$$Y社の配当性向＝\frac{315百万円}{1100百万円}×100$$

$$≒28.64\%（小数点以下第3位四捨五入）$$

したがって、配当性向はX社がY社を上回っており、X社の方が株主への利益還元度合いが高いといえます。

③自己資本比率は、総資産に対する自己資本の割合のことです。自己資本比率が高い方が負債の割合が低く、財務の健全性が高いと判断されます。

$$自己資本比率（\%）＝\frac{自己資本}{総資産}×100$$

$$X社の自己資本比率＝\frac{17000百万円}{44000百万円}×100$$

$$≒38.64\%（小数点以下第3位四捨五入）$$

$$Y社の自己資本比率＝\frac{14000百万円}{25000百万円}×100＝56.00\%$$

したがって、X社よりもY社のほうが自己資本比率が高く、経営の安定性が高いといえます。

---

12 **正解** ① ホ ② ト ③ ロ **B**

Ⅰ 源泉徴収ありの特定口座で取引する場合、株式の売却益や配当金から、所得税および復興特別所得税、住民税の合計で①20.315％が源泉徴収等される。配当や株主優待の権利を得るためには、権利確定日（配当や株主優待を取得する権利を保有する株主として登録される日）の2営業日前（権利付き最終日）に約定していなければなりません。X社の最終約定日（権利付き最終日）は2営業日前の②26日（木）となります。

Ⅱ 上場株式の譲渡損失は、同一年の上場株式の譲渡所得や申告分離課税を選択した配当所得と損益通算でき、それでも損失が上回る場合は、確定申告することで翌年以降③3年間その損失額を繰り越すことができます。

第4章

タックスプランニング

 重要ポイント

学科	・所得税の計算手順に従って問題が出題されます。各種所得の求め方、損益通算、所得控除などの計算手順をしっかり理解しましょう。
	・法人税に関する問題も出題されます。法人税における交際費の考え方、法人と役員の取引などをチェックしておきましょう。
実技	・資産設計提案業務では、扶養控除や配偶者控除、生命保険料控除など所得控除に関する計算問題がよく出題されます。また、損益通算の計算問題も定番の問題です。
	・個人資産相談業務では、事例形式に従って、その年の所得税額を計算できるようにしておきましょう。事業所得などの求め方、所得控除の種類や金額などは必須の知識です。

▶過去5回分の出題傾向

	学科	実技	
	共通	資産	個人
所得税の仕組み	A		
所得の計算	A	A	B
損益通算	A	B	C
所得控除	A	A	A
所得税額の計算			B
税額控除	B	C	B
所得税の納付・青色申告制度	A	C	
法人税	B		
法人の決算書	B		
住民税			
消費税	B		

Aは必修、
Bはよく出る、
Cはたまに出る
テーマだよ！

※「資産」は日本FP協会の資産設計提案業務、「個人」は金財の個人資産相談業務を示しています。

次の各文章について、一問一答問題では適切なものに〇を、不適切なものに×をつけましょう。また、四肢択一問題では、最も適切または不適切な選択肢を(1)～(4)のなかから選びましょう。

❶ 所得税の仕組み

一問一答問題

1 日本の税金を大別すると、国税と地方税、直接税と間接税に分けられるが、所得税と法人税は、国税であり、直接税である。

2 所得税は、1月1日から翌年の3月15日までの期間に生じた所得に対して課される。

3 従業員が職務上必要な交通費、宿泊費、通勤手当などは、その額にかかわらず非課税である。

四肢択一問題

4 わが国の税制に関する次の記述のうち、最も適切なものはどれか。

（1）所得税は、納税者の申告により、税務署長が所得や納付すべき税額を決定する賦課課税方式を採用している。

（2）個人事業主の所得税の計算期間については、国や地方公共団体の会計年度と同様、毎年4月1日から翌年3月31日までの期間を単位として課される。

（3）課税総所得金額に対する所得税額は、課税総所得金額の多寡にかかわらず、一律の税率により計算する。

（4）税金を負担する者と税金を納める者が異なる税金を間接税といい、消費税は間接税に該当する。

❷ 各種所得の内容

一問一答問題

1 不動産収入の敷金や保証金は、不動産所得の収入金額に算入しなければならない。

●問題の難易度について、**A**は難しい、**B**は普通、**C**は易しいことを示しています。

正解

所得税と法人税は、ともに**国税**に分類されます。また、どちらも税金を実質的に負担する人と納める人が同一の**直接税**です。

○
C

所得税は、1月1日から12月31日までの期間に生じた所得に対して課される**暦年単位課税方式**を採っています。

×
C

通勤手当は、交通機関の利用による運賃等が1ヵ月当たり**15万円**までは非課税ですが、15万円を超えた場合は、超えた部分が課税扱いとなります。

×
C

 4 タックスプランニング

学科

（1）所得税は、納税者が税額を計算し納税する**申告納税方式**が採用されています。 ［×］

（2）個人事業主の所得税は、1月1日から12月31日までを計算期間とします。［×］

（3）所得税は、課税所得が一定額を超えると、その一定額を超えた分に、より高い税率が適用される**超過累進税率**によって課されます。 ［×］

（4）税金の徴収方法には、**直接税**と**間接税**の2種類があります。間接税とは納税義務者（税金を納める義務がある人）と担税者（税金を負担する人）が異なるもので、**消費税は間接税**に該当します。 ［○］

（4）
C

敷金や保証金は、**返還を要しない部分のみ**を不動産所得の金額の計算上、収入金額に算入します。返還を要する部分は預り金として計上するため、不動産所得の収入金額には計上しません。

×
B

2 給与所得は、その年中の給与等の収入金額からその額に応じた給与所得控除額（最低55万円）を引いて求められる。 **よく出る**

3 一時所得の金額は、「総収入金額－その収入を得るために支出した金額－特別控除（最高50万円）」の算式により求めることができる。 **よく出る**

四肢択一問題

4 所得税の各種所得に関する次の記述のうち、**最も不適切なもの**はどれか。

(1) 事業的規模で不動産の貸付を行い、賃貸料を受け取ったことによる所得は、事業所得となる。

(2) 個人事業主が事業資金で購入した株式の配当金を受け取ったことによる所得は、配当所得となる。

(3) 定年退職時に退職手当として一時金を受け取ったことによる所得は、退職所得となる。

(4) 会社員が勤務先から無利息で金銭を借り入れたことによる経済的利益は、給与所得となる。

5 所得税における各種所得の計算に関する次の記述のうち、**最も適切なもの**はどれか。

(1) 給与所得の金額は、「収入金額－必要経費」で求めることができる。

(2) 退職所得の金額は、「収入金額－退職所得控除額」で求めることができる。

(3) 一時所得の金額は、「総収入金額－収入を得るために支出した金額」で求めることができる。

(4) 公的年金等の雑所得の金額は、「公的年金等の収入金額－公的年金等控除額」で求めることができる。

給与所得は、その年の給与等の収入金額から給与所得控除額を差し引いて計算します。給与所得控除額は、給与等の額によって異なり、最低55万円です。

〇
C

一時所得の金額は、「総収入金額－その収入を得るために支出した金額－特別控除（最高50万円）」で計算することができます。総所得金額に算入する額は一時所得の額に2分の1を乗じた額です。

〇
B

（1）マンションやアパートの家賃収入等の、不動産賃貸に係る所得は事業的規模かどうかにかかわらず、不動産所得となります。　　　　　　　　[×]

（2）法人からの利益や剰余金の分配・配当等は、株式の購入資金が事業資金であるかどうかにかかわらず配当所得となります。　　　　　　　　[〇]

（3）定年退職時に受け取る退職手当は、一括（一時金）で受け取る場合は退職所得となり、年金形式で受け取る場合は公的年金等の雑所得となります。　[〇]

（4）会社が、福利厚生の一環として無利息・低利で従業員に資金を貸す場合、経済的利益があるとみなされ、給与所得として課税されます。　　　　[〇]

(1)
B

4
タックス
プランニング

学科

（1）給与所得の金額は、給料と賞与等の合計金額である収入金額から給与所得控除額を差し引くことで求めます。　　　　　　　　　　　　　　[×]

（2）退職所得の金額は、「（収入金額－退職所得控除額）×1/2」の額です。　[×]

（3）一時所得の金額は、「総収入金額－収入を得るために支出した金額－特別控除（最高50万円）」の計算式で求めます。　　　　　　　　　　[×]

（4）設問のとおり。なお、公的年金以外の雑所得の金額は、「公的年金等以外の総収入－必要経費」で計算します。　　　　　　　　　　　　　　[〇]

(4)
C

❸ 損益通算

一問一答問題

1 ゴルフの会員権の譲渡により生じた損失は、他の所得と損益通算できる。
よく出る

2 不動産所得の損失の額に、土地・建物の取得に要した負債の利子が含まれている場合には、その負債の利子の金額は損益通算できる。 よく出る

四肢択一問題

3 Aさんの2024年分の所得の金額が下記のとおりであった場合の所得税における総所得金額として、最も適切なものはどれか。なお、▲が付された所得の金額は、その所得に損失が発生していることを意味するものとする。

給与所得の金額	800万	―
不動産所得の金額	▲60万	不動産所得に係る土地の取得に要した借入金の利子20万円を必要経費に算入している。
雑所得の金額	▲30万	副業の物販で生じたものである。

（1）800万円　（2）760万円　（3）740万円　（4）710万円

❹ 所得控除

一問一答問題

1 控除対象配偶者ではない妻の医療費を夫が支払った場合、夫の医療費控除の対象とはならない。

2 生命保険料控除には、一般の生命保険料控除と個人年金保険料控除および介護医療保険料控除がある。

3 扶養親族のうち、特定扶養親族とは、年齢が16歳以上23歳未満である扶養親族をいう。 よく出る

4 所得税は、所得が多くなるに従って、段階的に税率が高くなる超過累進税率が採用されている。

5 所得税では、課税対象となる所得を14種類に区分して、それぞれの所得ごとに定められた計算方法で所得の金額を計算する。

ゴルフ会員権の譲渡により生じた損失は、他の所得との損益通算は認められません。

不動産所得の必要経費に算入した借入金の利子のうち、**土地の取得に係る部分の借入金の利子**は損益通算の対象外ですが、建物の取得に係る部分については、損益通算の対象となります。

不動産所得の損失は損益通算の対象となるため、給与所得から控除できますが、土地取得に要した負債の利子は、損益通算の対象となりません。また、雑所得は損益通算の対象ではありません。

以上から、総所得金額を求める計算では、不動産所得の▲60万円から20万円分を除外して▲40万円が損益通算の対象となります。したがって、総所得金額は以下のとおりです。

　総所得金額＝800万円－40万円＝**760万円**

(2)

A

不動産所得の損失は損益通算の対象ですが、土地の取得のために要した借入金の利子は損益通算できません。

医療費控除は、配偶者に関する要件はなく、自己または自己と生計を一にする配偶者、その他の親族のために支払った医療費は、医療費控除の対象となります。

生命保険料控除は、2012年以降、一般の生命保険料控除、個人年金保険料控除、介護医療保険料控除の3種類になりました。

特定扶養親族とは、12月31日現在で年齢が**19歳以上23歳未満**である者です。

所得税は、所得額が大きくなるほど税率が高くなる超過累進税率が採用されています。

所得税では、課税対象となる所得を10種類に区分して、それぞれの所得ごとに定められた方法で所得の金額を計算します。

6 所得税における所得控除に関する次の記述のうち、最も不適切なものはどれか。

（1）雑損控除は、災害等による生活困窮に備えるものとして設けられており、給与所得者が適用を受けるためには確定申告を行う必要がある。

（2）社会保険料控除は、納税者本人がその年に支払った社会保険料の金額の全額が、その年の所得金額から控除される。

（3）小規模企業共済等掛金控除は、納税者本人がその年に支払った掛金のうちの一定の金額が、その年の所得金額から控除される。

（4）配偶者控除は、納税者本人のその年の合計所得金額に応じて、その控除額が異なっている。

7 所得税における医療費控除に関する次の記述のうち、最も適切なものはどれか。なお、「特定一般用医薬品等購入費を支払った場合の医療費控除の特例」は考慮しないものとする。 よく出る

（1）風邪の治療のための医薬品の購入費は、医師の処方がない場合は、医療費控除の対象とならない。

（2）医療費控除の控除額は、その年中に支払った医療費の金額の合計額（保険金等により補てんされる部分の金額を除く）から、その年分の総所得金額等の10％相当額または10万円のいずれか低いほうの金額を控除して算出され、最高200万円である。

（3）健康診断により重大な疾病が発見され、かつ当該診断に引き続きその疾病の治療をした場合の健康診断の費用は、医療費控除の対象とならない。

（4）医師等による診療等を受けるために自家用車を利用した場合、その際に支払った駐車場代は、医療費控除の対象とならない。

⑤ 税額控除

1 税額控除は、課税所得金額に税率を乗じて算出した税額からその額を控除できるものである。

（1）雑損控除、医療費控除、寄附金控除の適用を受けるには、確定申告の必要の
　　　ない給与所得者であっても、確定申告をする必要があります。　　　［○］

（2）社会保険料控除は、納税者が本人や生計を一にする親族等が負担すべき保険
　　　料を支払った場合に、その**社会保険料の金額の全額**が、その年の所得金額か
　　　ら控除されます。　　　［○］

（3）小規模企業共済等掛金控除には控除額の上限は設けられていないため、**支払っ
　　　た掛金の全額（年額）**を、所得金額から控除することができます。　　　［×］

（4）配偶者控除は、納税者本人のその年の合計所得金額に応じてその控除額が異
　　　なります。さらに、納税者本人の合計所得金額が1,000万円を超えると配偶
　　　者控除の適用は受けられません。　　　［○］

(3)
B

（1）医薬品の購入費用は、治療や療養に必要なものであり、かつその症状に応じ
　　　て一般的に支出される水準を著しく超えない部分の金額であれば、医療費控
　　　除の対象となります。風邪の治療のための医薬品の購入費は、医師の処方や
　　　指示がなくても医療費控除の対象です。　　　［×］

（2）医療費控除の金額は、実際に支払った医療費の合計額から保険金等で補てん
　　　された金額を差し引き、さらに「**10万円**」か「**総所得金額の5%**」のいずれ
　　　か少ない金額を差し引いて計算します。　　　［×］

（3）健康診断の費用は、原則として、医療費控除の対象外です。ただし、健康診
　　　断の結果、**重大な疾病**が発見され、かつ引き続き**その疾病の治療**を行った場
　　　合には、その健康診断等のための費用も医療費控除の対象とすることができ
　　　ます。　　　［×］

（4）公共交通機関（バス、電車等）の運賃は、医療費控除の対象となりますが、
　　　自家用車で通院する場合の**ガソリン代、駐車場利用料、有料道路利用料**は、
　　　医療費控除の対象となりません。　　　［○］

(4)
B

税額控除は、課税所得金額に税率を乗じて算出した税額から税額控除の金額そのも
のが控除できるので、所得控除に比べて節税効果が高くなります。

○
B

2 上場株式等に係る配当控除の額は、配当所得を含む課税総所得金額が1,000万円以下の場合、配当所得の5％である。

3 住宅ローン控除の適用を受けるためには、借入金の返済期間が10年以上であることが要件となっている。 よく出る

4 所得税における住宅借入金等特別控除（以下、「住宅ローン控除」という）に関する次の記述のうち、最も適切なものはどれか。

（1）住宅ローン控除は、納税者が給与所得者である場合、所定の書類を勤務先に提出することにより、住宅を取得し居住の用に供した年分から年末調整により適用を受けることができる。

（2）住宅ローン控除の適用を受けようとする場合、償還期間10年以上の住宅ローン等で年末残高があることが適用の要件となる。

（3）納税者が、転勤等のやむを得ない事由により家族とともに転居した場合、再入居に際しては、住宅ローン控除の適用の対象外となる。

（4）敷地である土地を居住用の建物と共に取得した場合、土地に係る借入金額については住宅ローン控除の適用の対象外となる。

❻ 所得税の申告と納付

1 1年間の給与収入の額が2,000万円を超える給与所得者は、確定申告を行う必要がある。 よく出る

2 源泉徴収された給与にかかる税額は、納期の特例の届けを提出していない場合、翌月10日までに納付することになる。

3 青色申告を選択できるのは、不動産所得、事業所得、山林所得に限られ、不動産所得については事業的規模でなければならない。 よく出る

上場株式の配当所得を、総合課税を選択して確定申告した場合、配当控除の適用を受けることができます。控除額は、**課税総所得金額が1,000万円以下**の部分は配当所得の**10%**、**1,000万円超**の部分は**5%**です。

✕ A

住宅ローン控除は、償還期間が**10年以上**の住宅ローンで他の要件を満たしたときに適用を受けることができます。

◯ B

（1）給与所得者が住宅ローン控除の適用を受ける最初の年は確定申告が必要です。翌年分からは必要書類を勤務先に提出することで年末調整により適用を受けることができます。　　　　　　　　　　　　　　　　　　　　　　　　［×］

（2）記述のとおり。ただし、繰上げ返済を行ったことで住宅ローンの返済期間が10年未満となった場合は、その年以降、住宅ローン控除の適用を受けることはできなくなります。　　　　　　　　　　　　　　　　　　　　　　［◯］

（3）転勤等のやむを得ない事由によって、家族とともに転居した場合でも、再入居に際して、要件をすべて満たすときには、住宅ローン控除の適用の対象となります。　　　　　　　　　　　　　　　　　　　　　　　　　　　　［×］

（4）住宅用建物とともにその敷地である土地を取得した場合には、その土地の取得に係る借入金額は、住宅ローン控除の対象となる借入金に含めることができます。　　　　　　　　　　　　　　　　　　　　　　　　　　　　　［×］

(2) B

年間の給与収入の額が**2,000万円**を超えた場合、年末調整が行われないため、確定申告をしなければなりません。

◯ B

「源泉所得税の納期の特例の承認に関する申請書」を提出していない場合は、**翌月10日**までに納付します。申請書を提出している場合は、**1月〜6月分**の徴収税額を**7月10日**までに、**7月〜12月分**の徴収税額を**翌年1月20日**までに納めることができます。

◯ A

青色申告は、**不動産所得、事業所得、山林所得**に限られ、不動産所得は、事業的規模であるかどうかにかかわらず適用を受けることができます。

✕ B

4 源泉徴収票の社会保険料等の金額の欄には、健康保険、厚生年金保険、雇用保険などの合計額が記入される。

5 扶養親族が年の途中で死亡した場合は、扶養控除を受けることはできない。

6 基礎控除は、納税者本人の所得に関係なく一律48万円を控除することができる。

四肢択一問題

7 所得税の申告に関する次の記述のうち、最も不適切なものはどれか。

（1）1月16日以後新たに業務を開始した者が、その年分から青色申告の適用を受けようとする場合には、その業務を開始した日から3ヵ月以内に、「青色申告承認申請書」を納税地の所轄税務署長に提出し、その承認を受けなければならない。

（2）不動産所得、事業所得または山林所得を生ずべき業務を行う居住者は、納税地の所轄税務署長の承認を受けることにより、青色申告書を提出することができる。

（3）確定申告を要する者は、原則として、所得が生じた年の翌年2月16日から3月15日までの間に納税地の所轄税務署長に対して確定申告書を提出しなければならない。

（4）老齢基礎年金および老齢厚生年金を合計で年額300万円受給し、かつ、公的年金以外の所得が原稿料に係る雑所得の金額の15万円のみである者は、確定申告を行う必要はない。

❼ 個人住民税

一問一答問題

1 個人住民税は、前年の所得に対して課される前年所得課税方式である。

2 個人住民税は、所得税と異なり、賦課課税方式を採用している。

源泉徴収票の社会保険料の金額には、社会保険料控除額として健康保険料・厚生年金保険料・雇用保険料などの合計額が入ります。その他に小規模企業共済等掛金の額も含めることができます。

扶養親族に該当するかどうかは、原則として、その年の12月31日の現況で判断されますが、年の途中で死亡した場合は、死亡した時点で年収などの要件を満たしていれば、扶養控除の対象とすることができます。

基礎控除は、合計所得金額が2,400万円以下の場合は48万円控除でき、合計所得金額が増えるに従って控除できる額が逓減し、2,500万円を超えると控除を受けることができません。

（1）その年の1月16日以後新たに業務を開始し青色申告を行う場合は、その業務を開始した日から2ヵ月以内に青色申告承認申請書を納税地の所轄税務署長に提出する必要があります。　　　　　　　　　　　　　　　　　[×]

（2）不動産所得・事業所得・山林所得については、一定の帳簿で記帳すること等の要件を満たすことで、所得税の青色申告をすることができます。　　[○]

（3）所得税の確定申告の期限は、所得の生じた年の翌年の2月16日から3月15日までで、申告書の提出先は住所地の所轄税務署です。　　　　　　[○]

（4）公的年金の年収400万円以下、かつ、公的年金の雑所得以外のその他の所得金額が20万円以下の場合は、確定申告不要となります。　　　　　[○]

(1)
B

個人住民税はその年の1月1日現在の住所地の市町村で、前年の所得に対して課されます。

個人住民税は、申告納税方式の所得税と異なり、市町村が税額を計算して確定する、賦課課税方式を採用しています。

⑧ 法人税

1 決算書の損益計算書は、企業の一定時点における財政状態を表している。
☐☐

2 資本金が1億円以下の中小法人が支出した交際費は、一定の金額を損金算
☐☐ 入することができる。

3 内国普通法人の法人税の税率は、大法人、中小法人を問わず一律である。
☐☐

4 **決算書の分析に関する次の記述のうち、最も不適切なものはどれか。**
☐☐

（1）法人の決算書には、貸借対照表や損益計算書、株主資本等変動計算書など
がある。
（2）貸借対照表は、運用している資金の調達源泉と運用の形態を1つにまとめ
たもので、企業の一時点の財務状態を示している。
（3）損益計算書は、貸借対照表と一対をなすもので、企業の一定期間の経営成
績を明らかにしている。
（4）法人税額は、当期純利益の額に税率を乗じて算出し、これに基づいて法人
税の申告・納税が行われる。

5 **会社と役員間の取引に係る所得税・法人税に関する次の記述のうち、最も**
☐☐ **適切なものはどれか。** よく出る

（1）会社が所有する資産を役員に譲渡し、その譲渡対価が適正な時価より低額
であった場合、適正な時価相当額がその役員の給与所得の収入金額となる。
（2）役員が会社に無利息で金銭の貸付を行った場合、原則として、通常収受す
べき利息に相当する金額が、その役員の雑所得の収入金額となる。
（3）役員が所有する土地を会社に無償で譲渡した場合、会社は、適正な時価を
受贈益として益金の額に算入する。
（4）役員が会社の所有する社宅に無償で居住している場合、通常の賃貸料相当
額について、その役員の給与所得の収入金額に算入されない。

決算書のうち、損益計算書は企業の**一定期間における経営成績**を表しています。企業の一定時点における財政状態を表しているのは貸借対照表です。

正解

資本金が1億円以下の中小法人では、支出した交際費のうち**800万円**までは、その全額を損金算入することができます。

期末の資本金または出資金1億円超の大法人は本来の税率ですが、その他の中小法人は、**800万円以下**の所得に対して、**軽減税率**が適用されます。

（1）法人の決算書には、**貸借対照表、損益計算書、株主資本等変動計算書**などがあります。また、上場企業には、**キャッシュ・フロー計算書**の作成も義務付けられています。　　　　　　　　　　　　　　　　　　　　　　　　　　　　[○]

（2）貸借対照表は、企業の**一時点**における**資産と負債、純資産**の構成を表したものです。　　　　　　　　　　　　　　　　　　　　　　　　　　　　　　　　　[○]

（3）損益計算書は、**一会計期間**において企業の**収益と費用**を集計して**当期純利益**を計算するものです。　　　　　　　　　　　　　　　　　　　　　　　　　　　[○]

（4）法人税は、決算書の当期純利益をもとに、**法人税法による一定の加算・減算**を行った所得に対して課されます。　　　　　　　　　　　　　　　　　　　[×]

（4）

B

（1）会社が所有する資産を役員に**低額譲渡**した場合、役員側では適正時価と売買価額との差額は、**給与所得**として課税されます。なお、法人側では時価で譲渡したものとされ、時価と売買価額の差額が役員給与として損金不算入となります。　　　　　　　　　　　　　　　　　　　　　　　　　　　　　　[×]

（2）役員が会社に対して無利息で金銭の貸付を行った場合、役員については、原則として課税されません。　　　　　　　　　　　　　　　　　　　　　　[×]

（3）役員が所有する土地を**会社に無償で譲渡**した場合、法人側では時価が取得価額となり、**時価と売買価額の差額を受贈益**として益金に算入します。　　[○]

（4）会社が所有する社宅に**役員が無償で居住**している場合、役員に対する経済的利益として、所定の方法により計算した賃貸料に相当する金額が役員の**給与所得**の収入金額に算入されます。　　　　　　　　　　　　　　　　　　　[×]

（3）

A

4
タックスプランニング

学科

6 法人税の交際費に関する次の記述のうち、最も適切なものはどれか。
□□ 〈よく出る〉

（1）得意先・仕入先に対する接待費や従業員の慰安旅行の費用などは法人の交際費として計算する。

（2）期末資本金の額が1億円以下の中小法人は、原則として交際費のうち一定金額までを損金の額に算入することができる。

（3）期末資本金の額が1億円超の法人は、支出交際費の額にかかわらず、その全額が損金不算入となる。

（4）交際費の損金不算入額の計算においては、1人当たり10,000円以上の飲食費は除いて計算する。

---

7 法人の決算書および申告書等に関する次の記述のうち、最も不適切なものはどれか。
□□

（1）法人税申告書別表四は、損益計算書に掲げた当期利益の額または当期欠損の額を基として、加算・減算による申告調整を行うことによって所得金額または欠損金額を計算する表である。

（2）損益計算書は、一時点における企業資本の運用形態である資産と、その調達源泉である負債および純資産の構成を示す計算書類である。

（3）個別注記表は、重要な会計方針に関する注記、貸借対照表に関する注記、損益計算書に関する注記等、各計算書類に記載されている注記を一覧にして表示する計算書類である。

（4）株主資本等変動計算書は、貸借対照表の純資産の部の一会計期間における変動額のうち、主として、株主に帰属する部分である株主資本の各項目の変動事由を報告するために作成される計算書類である。

---

9 消費税

〈一問一答問題〉

1 土地の譲渡および貸付は、原則として、消費税の非課税取引となる。
□□

2 居住用の住宅の貸付は、消費税の非課税取引となる。
□□

（1）得意先・仕入先に対する接待費は交際費となるが、従業員の慰安旅行の費用は、原則として、福利厚生費となります。　　　　　　　　　　　　　［×］

（2）期末資本金の額等が1億円以下の中小法人は、原則として、交際費のうち800万円までを損金の額に算入することができます。　　　　　　　［○］

（3）期末資本金の額が100億円未満の法人については、支出交際費の額のうち、飲食のために支出する費用の額の50％を超える部分の金額が損金不算入となります。　　　　　　　　　　　　　　　　　　　　　　　　　　　　　［×］

（4）交際費の損金不算入額の計算においては、1人当たり10,000円以下の飲食費は交際費に含めません。　　　　　　　　　　　　　　　　　　　［×］

(2)

A

（1）企業会計上は利益でも法人税法上は益金とならなかったり、企業会計上は費用でも法人税法上は損金とならなかったりする場合があります。このため、法人税申告書別表四では、決算書の純利益・純損失に法人税法上の加算・減算を行い、所得金額・欠損金額を算出します。　　　　　　　　　　［○］

（2）損益計算書は、企業の一会計期間における収益と費用を示したもので、損益の大きさとその発生源泉を示し企業の経営成績を表す財務諸表の1つです。企業の一時点の資産と負債が記載され、企業の財政状態を示すものは貸借対照表です。　　　　　　　　　　　　　　　　　　　　　　　　　　　［×］

（3）個別注記表は、重要な会計方針や貸借対照表・損益計算書等の各計算書類に記載された注記を一覧表示した会社法上の計算書類で、会計方針の変更や、各計算書類がどのような基準で作成されているかがわかります。　　　［○］

（4）株主資本等変動計算書は、貸借対照表の純資産の変動状況を表す財務諸表で、株主資本の変動額については変動事由ごとに区分して表示されます。　［○］

4 タックスプランニング

(2)

A

学科

土地（土地の上に存する権利を含む）の譲渡および貸付（一時的に使用させる場合を除く）は、消費税の非課税取引です。

○

B

居住用の住宅の貸付は、消費税の非課税取引です。これに対して、住宅の譲渡は、原則として消費税の課税取引となります。

○

B

3 基準期間における課税売上高が1,000万円以下の事業者は、原則として、消費税の納税義務が免除される。

4 消費税の取引に関する次の記述のうち、最も不適切なものはどれか。

（1）土地の譲渡は、消費税の非課税取引とされる。

（2）会社の従業員に対する社宅の貸付は、消費税の非課税取引とされる。

（3）会社の従業員に支払う給料は、消費税の不課税取引とされる。

（4）事業者が国外へ資産を輸出する取引は、消費税の課税取引とされる。

5 消費税に関する次の記述のうち、最も不適切なものはどれか。

（1）消費税の免税事業者が「消費税課税事業者選択届出書」を提出して消費税の課税事業者となったときは、事業を廃止した場合を除き、原則として3年間は消費税の免税事業者に戻ることができない。

（2）特定期間（前事業年度の前半6ヵ月間）の給与等支払額の合計額および課税売上高がいずれも1,000万円を超える法人は、消費税の免税事業者となることができない。

（3）その事業年度の基準期間がなく、その事業年度開始の日における資本金の額が1,000万円以上である新設法人は、消費税の免税事業者となることができない。

（4）法人の消費税の確定申告書は、原則として、課税期間の終了後2ヵ月以内に提出しなければならない。

基準期間における**課税売上高**が**1,000万円以下**の事業者は、原則として、**免税事業者**となります。

（1）消費税の課税対象としてなじまないものは、消費税が課されない非課税取引となります。 [○]

（2）**建物を住宅として貸し付けた場合、消費税の非課税取引となります。** [○]

（3）消費税の課税対象でない不課税取引には、他に税金の還付金、利益の配当、保険金の受払い、寄付金、見舞金等があります。 [○]

（4）課税事業者が行う国外への資産の譲渡や貸付は、輸出免税取引とされます。輸出免税取引には国内と国外との間の通信や郵便も含まれます。 [×]

（1）消費税課税事業者選択届出書とは、基準期間となる前々事業年度の課税売上高が1,000万円以下でも、消費税の課税事業者となることを選択するための届出書であり、原則として提出後2年間は免税事業者に戻ることができません。 [×]

（2）特定期間（前事業年度開始から6ヵ月間）における給与の支払合計額、および課税売上高がいずれも1,000万円を超える場合、基準期間における課税売上高が1,000万円以下であっても、消費税の免税事業者となることはできません。 [○]

（3）新たに設立された資本金1,000万円以上の法人については、設立後1期目・2期目の事業年度は課税事業者となります。 [○]

（4）設問のとおり。原則として法人の消費税の確定申告書は、課税期間終了後2ヵ月以内に納税地の税務署長に提出しなければなりません。 [○]

実技試験対策

所得控除の種類は
整理しておきましょう。

協会｜資産 は日本FP協会の資産設計提案業務に、 金財｜個人 は金財の個人資産相談業務に
対応した問題を示しています。

第1問 下記の各問（ 1 ～ 2 ）に答えなさい。

協会｜資産 金財｜個人

1
□□ 会社員の北山さんは、2024年12月に勤務先を退職する予定である。北
山さんの退職に係るデータが下記〈資料〉のとおりである場合、北山さん
の退職一時金から源泉徴収される所得税額として、正しいものはどれか。
なお、北山さんは、退職所得の受給に関する申告書を適正に提出しており、
復興特別所得税については考慮しないこととする。

〈資料：北山さんの退職に係るデータ〉

・退職一時金：4,000万円
・勤続期間：29年3ヵ月
・北山さんの退職は障害者になったことに起因するものではなく、また、北山さんは
　役員であったことはない。

〈所得税の速算表〉

課税される所得金額		税率	控除額
	1,950,000円未満	5％	0円
1,950,000円以上	3,300,000円未満	10％	97,500円
3,300,000円以上	6,950,000円未満	20％	427,500円
6,950,000円以上	9,000,000円未満	23％	636,000円
9,000,000円以上	18,000,000円未満	33％	1,536,000円
18,000,000円以上	40,000,000円未満	40％	2,796,000円
40,000,000円以上		45％	4,796,000円

※課税される所得金額の1,000円未満の端数は切捨て

（1）1,542,000円

（2）2,589,000円

（3）3,084,000円

（4）5,178,000円

湯本さんの毎年の収入は、年間95万円のパート収入のみであるが、2024年は、湯本さんが契約（＝保険料負担者）していた養老保険（保険期間20年）の満期保険金500万円を受け取った。湯本さんの2024年の総所得金額として、正しいものはどれか。

〈2024年分の収入〉

内容	金額
給与収入（パート勤務）	95万円
養老保険の満期保険金	500万円

※養老保険の既払込保険料は380万円である。
※養老保険の配当金については考慮しないものとする。

〈給与所得控除額の速算表・一部抜粋〉

給与等の収入金額		給与所得控除額
	162.5万円以下	55万円
162.5万円超	180万円以下	収入金額×40％－10万円
180万円超	360万円以下	収入金額×30％＋8万円
360万円超	660万円以下	収入金額×20％＋44万円

（1） 725,000円

（2） 750,000円

（3） 1,100,000円

（4） 1,600,000円

4 タックスプランニング

実技

175

1 　**正解（2）** 　**C**

　勤続年数は29年3ヵ月ですが、1年未満の端数は切り上げて30年として計算することができます。

　退職所得控除額：800万円＋70万円×（30年－20年）＝1,500万円

　退職所得の金額：（4,000万円－1,500万円）×1/2＝1,250万円

　所得税額：12,500,000円×33％－1,536,000＝**2,589,000**円

> 退職所得は分離課税ですが、所得税を計算する際には超過累進税率が適用されます。

2 　**正解（2）** 　**A**

　湯本さんの2024年分の収入は、**給与所得**と養老保険の満期保険金の**一時所得**です。給与所得は、給与収入が95万円であり、給与所得控除額の速算表から給与所得控除額は55万円なので、40万円（95万円－55万円）となります。

　養老保険の満期保険金の一時所得は、以下の計算式で求められます。

　（満期保険金－既払込保険料）－50万円

　（500万円－380万円）－50万円＝70万円

　一時所得を総所得金額に算入する場合、**一時所得の1/2の額を算入**します。

　したがって、湯本さんの2024年の総所得金額は、以下のようになります。

　40万円＋70万円×1/2＝**75万円**

協会｜資産　金財｜個人

3　宮田さんの2024年の収入等は下記のとおりである。宮田さんの2024
年分の所得税における総所得金額として正しいものはどれか。なお、計算
に当たって、記載のない事項については考慮しないこととする。 よく出る

〈宮田さんの2024年の収入等〉

所得の種類	収入（売上高）	内容
不動産所得	700万円	必要経費：800万円（土地の取得に要した負債の利子は含まれていない）。
事業所得	850万円	必要経費：350万円
譲渡所得	600万円	上場株式の譲渡によるもので、取得費は680万円である。

※宮田さんは、青色申告者であり、65万円の青色申告特別控除の適用を受けるための要件をすべて満たしている。

（1）255万円
（2）335万円
（3）385万円
（4）400万円

4
タックスプランニング

実技

3　正解（2）　A

　上場株式の譲渡損失（赤字）の金額は、損益通算の対象外です。青色申告特別控除は、不動産所得と事業所得がある場合は、まず、不動産所得から控除しますが、不動産所得が赤字のときは、事業所得から青色申告特別控除額65万円を控除することになります。

　不動産所得：700万円 − 800万円 ＝ ▲100万円…①

　事業所得：850万円 − 350万円 − 65万円 ＝ 435万円…②

　総所得金額：① ＋ ② ＝ 335万円

青色申告の特典

青色申告 特別控除	不動産所得（事業的規模）、事業所得 　正規の簿記により記帳し、貸借対照表、損益計算書を作成して確定申告書に添付している場合、55万円（ただし、e-Tax による申告の場合65万円）を控除できる。 不動産所得（事業的規模以外）、山林所得 　上記の所得や期限後申告の場合は10万円の控除となる。
純損失の 繰越控除	純損失の金額を翌年以降3年間にわたって繰越控除できる。
青色事業 専従者給与	青色申告者の親族がその事業に従事している場合、一定の要件を満たせば、その親族に支払った給与を必要経費に算入できる。 〈親族の要件〉 　・年齢が15歳以上の生計を一にする親族 　・もっぱら（6ヵ月以上）その事業に従事すること 　・給与の額が労務の対価として相当であること

※不動産所得が事業的規模かどうかの判定は、5棟10室基準で行う。

協会 | 資産 | 金財 | 個人

4
□□
渋谷さんの家族のデータに基づき、渋谷さんの2024年分の所得税における配偶者控除および扶養控除の控除額として正しいものはどれか。なお、家族は全員同居、生計を一にしており、年齢は2024年12月31日現在の年齢であるものとする。**よく出る**

渋谷さん（48歳）	給与所得460万円
渋谷さんの妻（43歳）	給与所得38万円
渋谷さんの長男（15歳）	所得なし
渋谷さんの母（75歳）	雑所得（公的年金等）15万円

（1）38万円　（2）58万円　（3）96万円　（4）134万円

5
□□
森下さんが2024年中に支払った医療費等の内訳は以下のとおりである。森下さんの2024年分の所得税の金額の計算上、確定申告により控除できる医療費控除の金額として正しいものはどれか。なお、森下さんの2024年分の総所得金額等は680万円である。

治療を受けた者	内容	支払日	支払額	備考
森下さん	歯科治療費	1月31日	12万円	歯の治療による金歯の費用
妻	美容整形費用	3月26日	25万円	同一生計の妻の美容のための肌治療によるもの
長女	扁桃腺の治療費	7月9日	7万円	同一生計だった長女は2024年7月25日に結婚し、結婚後は別生計となった
長男	骨折の治療費	10月9日	4万円	大学生で、森下さんの仕送りで生活している

※上記治療に際して、保険金等で補てんされた金額はない。

（1）60,000円　（2）65,000円　（3）130,000円　（4）380,000円

4
タックスプランニング

実技

4　**正解（3）** B

　渋谷さんの妻は合計所得金額48万円以下であるので、配偶者控除の対象となります。渋谷さんの長男（15歳）は、16歳未満の年少扶養親族であるので、扶養控除の対象となりません。渋谷さんの母（75歳）は、70歳以上の同居老親等に該当し、扶養控除の額は58万円です。

　38万円＋58万円＝96万円

5　**正解（3）** B

　医療費控除の対象となる医療費は、納税者本人が、自己または生計を一にする親族のためにその年中に実際に支出した医師または歯科医師による診療・治療の対価、通院費等で、一定額（10万円または総所得金額等の合計額×5％のうち少ないほうの金額）を超える部分の金額が医療費控除の額となります。

　長女の扁桃腺の治療費は、結婚後は別生計となっていますが、支出時点では同一生計であったため7万円が医療費の控除対象となります。さらに、長男は大学生で森下さんの仕送りで生活していることから、骨折の治療費4万円も医療費控除の対象となります。

　一方、妻の美容整形費用は医療費控除の対象とはなりません。

　よって、医療費控除の額は、以下のとおりです。

　（120,000円＋70,000円＋40,000円）－100,000円（※）＝130,000円

　※総所得金額680万円×5％＝34万円＞10万円　∴10万円

> 納税者本人の医療費だけでなく、生計を一にする親族のために支払った医療費も医療費控除の対象です。

協会 | 資産 | 金財 | 個人

6 大里さんは個人商店を開業しようと考えており、所得税の事業所得の青色
□□ 申告を考えている。2024年分の所得税における青色申告に関する次の
（1）～（3）の記述について、正しいものには〇、誤っているものには
×をつけなさい。

（1）大里さんが、2024年1月16日以降に事業を開始した場合、2024年分から
青色申告の適用を受けようとするときには、事業開始の日から3ヵ月以内
に青色申告承認申請書を提出しなければならない。

（2）大里さんは、2024年分の売上等の内容を正規の簿記の原則に従って記録
し、貸借対照表や損益計算書等を添付した確定申告書を法定期限内に提出
するなど一定の要件を満たすことで、最大65万円の青色申告特別控除の
適用を受けることができる。

（3）大里さんの妻が青色事業専従者として事業に専ら従事した場合は、事前に
提出した届け出の範囲内で労働の対価として適正な金額であれば、事業所
得の必要経費として計上できる。

7 所得税の確定申告に関する以下の（1）～（3）の記述について、適切な
□□ ものには〇、不適切なものには×をつけなさい。 よく出る

（1）公的年金の支給を受けている者が、支給される公的年金から個人住民税の
特別徴収をされている場合、原則として、所得税の確定申告の必要はない。

（2）会社員で住宅借入金等特別控除の適用を受けている者が、年末調整におい
て住宅借入金等特別控除の適用を受けている場合は、原則として、確定申
告の必要はない。

（3）勤務先を退職することにより退職一時金を受け取った者が、勤務先に「退
職所得の受給に関する申告書」を提出し、源泉徴収されている場合は、原
則として確定申告の必要はない。

4
タックス
プランニング

実技

181

6 正解（1）× （2）○ （3）○ **B**

（1）その年の1月16日以降に新規に事業を開始した場合は、事業を開始した日から2ヵ月以内に納税地の所轄税務署長に青色申告承認申請書を提出しなければなりません。

（2）2021年分以降、青色申告特別控除額は、原則として、最高55万円となりましたが、電子申告（e-Tax）による場合など一定の要件を満たすことで65万円の控除を受けることができます。

（3）設問のとおり。なお、青色事業専従者となっている人は、控除対象配偶者や扶養親族にはなれません。

> 青色申告承認申請書の提出期限や青色申告の特典について、しっかり理解しましょう！

7 正解（1）○ （2）○ （3）○ **B**

（1）公的年金から個人住民税が特別徴収されるのは、65歳以上の公的年金から所得税および国民健康保険料などの社会保険料が特別徴収されている場合で、原則として、所得税の確定申告の必要はありません。

（2）住宅借入金等特別控除は、初年度は確定申告の必要がありますが、次年度以降は年末調整で適用を受けることができ、毎年確定申告をする必要はありません。

（3）退職一時金の受給に当たって勤務先に「退職所得の受給に関する申告書」を提出した場合は、勤続年数に応じた退職所得控除を適用した源泉徴収がなされるため、確定申告の必要はありません。

第5問 次の設例に基づいて、下記の各問（ 8 ～ 10 ）に答えなさい。

協会 資産 金財 個人

設例

　Aさん（53歳）は、小売店（中規模スーパーマーケット）を営む個人事業主である。小売店は地産地消を掲げる地域密着型で、経済環境が厳しい中でも経営は安定している。

　Aさんの家族構成等に関する資料は、以下のとおりである。

〈Aさんの家族構成〉

　Aさん　　　（53歳）：個人事業主（青色申告者）

　妻Bさん　　（51歳）：Aさんの事業における青色事業専従者

　長男Cさん（21歳）：会社員（Aさんの小売店とは関係がない）

　　　　　　　　　　年収350万円

〈Aさんの2024年分の収入等〉

　事業所得の金額　　　　　　：5,000,000円

　上場株式の譲渡損失の金額：　500,000円

　生命保険の解約返戻金額　　：4,500,000円

〈Aさんが2024年中に解約した生命保険の契約内容〉

　保険の種類　　　　　　　　：一時払養老保険（15年満期）

　契約年月日　　　　　　　　：2017年4月1日

　契約者（＝保険料負担者）：Aさん

　被保険者　　　　　　　　　：Aさん

　死亡保険金受取人　　　　　：妻Bさん

　解約返戻金額　　　　　　　：4,500,000円

　一時払保険料　　　　　　　：5,000,000円

〈妻Bさんの2024年分の収入に関する資料〉

　小売店に係る青色事業専従者給与：960,000円

※妻Bさんおよび長男Cさんは、Aさんと同居し、生計を一にしている。
※全員、障害者または特別障害者には該当しない。

4
タックスプランニング

実技

8 青色申告制度に関する以下の文章の空欄①～④に入る最も適切な語句を、下記の語群のなかから選びなさい。

　不動産所得、事業所得または（　①　）所得を生ずべき業務を行う者が、一定の帳簿書類を備え付け、所轄税務署長に対して青色申告の承認申請を行い、その承認を受けた場合、所得税について青色申告書を提出することができる。青色申告承認申請書の提出期限は、原則として、青色申告をしようとする年の（　②　）まで（その年1月16日以後新たに業務を開始した場合、その業務を開始した日から2ヵ月以内）である。

　青色申告者のみが受けられる税務上の特典として、青色申告特別控除の適用、青色事業専従者給与の必要経費算入、純損失の繰戻還付などが挙げられる。65万円の青色申告特別控除の適用を受けるためには、(a) その年分の事業に係る仕訳帳及び総勘定元帳について、電子帳簿保存を行っていること、または、(b) その年分の所得税の確定申告書、貸借対照表及び損益計算書等の提出を、確定申告書の提出期限までに（　③　）して行うことが必要となる。なお、青色申告者が備え付けるべき帳簿書類は、原則として（　④　）間保存しなければならない。

〈語群〉

イ．譲渡	ロ．配当	ハ．山林	ニ．2月15日
ホ．3月15日	ヘ．3月31日	ト．郵送送付	チ．e-Taxを利用
リ．3年	ヌ．5年	ル．7年	

9 Aさんの2024年分の所得税の計算に関する次の記述（1）～（3）について、適切なものには〇、不適切なものには×をつけなさい。

（1）Aさんは、妻Bさんについて配偶者控除の適用を受けることはできないが、配偶者特別控除の適用を受けることはできる。

（2）Aさんは、長男Cさんと生計を一にし、かつ、同居していることから、長男Cさんは特定扶養親族に該当し、扶養控除として63万円の控除を受けることができる。

（3）上場株式の譲渡損失の金額は、一定の要件を満たせば、その翌年以降3年間にわたり、上場株式等に係る譲渡所得等の金額および上場株式等に係る配当所得の金額（申告分離課税を選択したものに限る）から繰越控除することができる。

10 Aさんの2024年分の所得税の算出税額を計算した下記の表の空欄①～③に入る最も適切な数値を求めなさい（マイナスの場合には、金額の前に△をつけること）。なお、予定納税額は考慮しないものとし、Aさんの2024年分の所得税に係る所得控除の額の合計額は180万円とする。また、問題の性質上、明らかにできない部分は「□□□」で示してある。

よく出る

	事業所得の金額：	□□□円
	一時所得の金額：	（ ① ）円
（a）	総所得金額	□□□円
（b）	所得控除の額の合計額	1,800,000円
（c）	課税総所得金額（1,000円未満切捨て）	（ ② ）円
（d）	算出税額（cに対する所得税額）	（ ③ ）円

〈所得税の速算表〉（一部抜粋）

課税総所得金額		税率	控除額
	195万円未満	5％	―
195万円以上	330万円未満	10％	97,500円
330万円以上	695万円未満	20％	427,500円
695万円以上	900万円未満	23％	636,000円

第5問の解答と解説

8 正解 ①ハ ②ホ ③チ ④ル B

不動産所得、事業所得または①山林所得を生ずべき業務を行う者が、一定の帳簿書類を備え付け、所轄税務署長に対して青色申告の承認申請を行い、その承認を受けた場合、所得税について青色申告書を提出することができます。

青色申告承認申請書の提出期限は、原則として、青色申告をしようとする年の②3月15日まで（その年1月16日以後新たに業務を開始した場合、その業務を開始した日から2ヵ月以内）です。青色申告者のみが受けられる税務上の特典として、青色事業専従者給与の必要経費算入、青色申告特別控除の適用、純損失の繰越控除、純損失の繰戻還付などが挙げられます。

65万円の青色申告特別控除の適用を受けるためには（a）その年分の事業に係る仕訳帳及び総勘定元帳について、電子帳簿保存を行っていること、または、（b）その年分の所得税の確定申告書、貸借対照表及び損益計算書等の提出を、確定申告書の提出期限までに③e-Tax（国税電子申告・納税システム）を利用して行うことが必要となっています。

なお、青色申告者が備え付けるべき帳簿書類は、原則として④7年間保存しなければなりませんが、その他書類は5年間となります。

9 正解 （1）× （2）× （3）○ B

（1）妻Bさんは青色事業専従者であり、妻Bさんの合計所得金額に関係なく、Aさんは配偶者控除、配偶者特別控除の適用を受けることができません。

（2）長男Cさんの2024年分の合計所得金額は48万円を超えることから扶養控除の適用を受けることはできません。

（3）記述のとおり。なお、2016年分からは、上場株式等と特定公社債等の損益通算も可能となっています。

10 正解 ①△500,000（円） ②3,200,000（円） ③222,500（円） A

事業所得の金額：5,000,000円（設問より）

一時所得の金額：4,500,000円－5,000,000円＝①△500,000円

総所得金額：5,000,000円（一時所得の損失金額は切り捨てとなります）

所得控除の額の合計：1,800,000円（設問より）

課税総所得金額：5,000,000円－1,800,000円＝②3,200,000円

算出税額：3,200,000円×10％－97,500円＝③222,500円

第5章

不動産

ココが出る！

重要ポイント

学科	・借地借家法と建築基準法の問題が毎回出題されています。不動産の売買契約における危険負担、契約不適合責任に関する問題も頻出です。
	・不動産の税金に関する問題は、取得・保有・譲渡の際にどんな税金がかかるかを押さえましょう。
実技	・資産設計提案業務では、建蔽率、容積率の計算問題が毎回出題されます。建蔽率と容積率の違いを押さえましょう。建蔽率では角地や防火地域、準防火地域の建蔽率の緩和、容積率では前面道路の幅員による容積率の制限がポイントです。
	・個人資産相談業務では、〈土地の概要〉を読み取って、建蔽率、容積率の計算ができるようにしましょう。概算取得費を使った譲渡所得の計算も頻出です。

▶過去5回分の出題傾向

	学科	実技	
	共通	資産	個人
不動産の仕組み	B	B	
不動産の登記と調査	A	B	
不動産の売買契約	B	C	
宅地建物取引業法	C		
借地借家法	A	C	C
区分所有法	B		
都市計画法	C		
建築基準法	A	A	A
不動産の税金	A	A	B
不動産の有効活用	A	C	A

Aは必修、
Bはよく出る、
Cはたまに出る
テーマだよ！

※「資産」は日本FP協会の資産設計提案業務、「個人」は金財の個人資産相談業務を示しています。

次の各文章について、一問一答問題では適切なものに〇を、不適切なものに×をつけましょう。また、四肢択一問題では、最も適切または不適切な選択肢を(1)〜(4)のなかから選びましょう。

❶ 不動産の見方

一問一答問題

1 □□ 公示価格は、毎年1月1日時点における標準地の正常な価格を官報に公示するが、地価が急激に変動した場合は年2回公示する場合がある。 **よく出る**

2 □□ 収益還元法では、対象となる不動産が将来生み出すであろう純収益を還元利回りで還元して価格を求める手法で、採用する還元利回りが高いほど、収益価格も高くなる。

3 □□ 建物を新築した場合、所有者は取得の日から1年以内に表題登記の申請をしなければならない。

4 □□ 仮登記は、実体上ないし手続上の理由から、本登記をすることができない場合などになされる予備登記であり、仮登記のままでは対抗力を有しない。

5 □□ 登記には公信力があるので、登記簿の記載内容を正しいと信じて取引した者は、法律により保護される。

四肢択一問題

6 □□ **不動産の価格と調査に関する次の記述のうち、最も不適切なものはどれか。** **よく出る**

（1）地価公示の公示価格は毎年1月1日を、都道府県地価調査の基準地の標準価格は毎年7月1日を価格判定の基準日としている。

（2）相続税路線価は地価公示の公示価格の80％を、固定資産税評価額は公示価格の70％を価格水準の目安として設定されている。

（3）不動産の登記事項証明書は、法務局などにおいて手数料を納付すれば、誰でも交付の請求をすることができる。

（4）不動産の登記記録の権利関係が真実であると信じて取引した者は、その登記記録の権利関係が真実と異なっていても法的に保護される。

● 問題の難易度について、**A** は難しい、**B** は普通、**C** は易しいことを示しています。

	正解

公示価格は、国土交通省の土地鑑定委員会が**毎年1月1日**時点の標準地の価格を3月下旬頃に官報に公示するもので、年2回公示されることはありません。

 ×
C

収益還元法による収益価格は、採用する還元利回りが高いほど低くなります。

 ×
B

不動産登記法では、**建物を新築したときは取得の日から1ヵ月以内に表題登記の申**請をすることが義務付けられています。

 ×
B

仮登記は、本登記をする実体上、手続き上の要件が備わっていない場合などに、将来の登記の順位を**保全するために**事前に行う登記です。仮登記のままでは、本登記のような対抗力はありません。

 ○
B

登記には**公信力**がありません。登記簿を信頼して無権利者と不動産取引をした場合、法律による保護はなく、取引の相手方はその不動産に関する権利を取得することができません。

 ×
B

5
不動産

学科

（1）国土交通省が所管する地価公示の公示価格は、毎年1月1日を価格判定の基準日としています。都道府県地価調査の基準地の標準価格は、毎年7月1日が価格判定の基準日です。　　　　　　　　　　　　　　　　　　　[○]

（2）国税庁が所管する相続税路線価は、公示価格の評価割合の**80%**程度です。固定資産税評価額は、公示価格の**70%**程度を価格水準の目安としています。[○]

（3）登記事項証明書は、誰でも法務局で手数料を納付して交付を請求することができます。　　　　　　　　　　　　　　　　　　　　　　　　　[○]

（4）不動産登記には対抗力が認められていますが、**公信力**は認められていません。登記記録を信じて取引した者は、その登記記録の権利関係が真実と異なっていても、その不動産に対する権利は保護されません。　　　　　　　[×]

（4）
B

7 不動産の登記や調査に関する次の記述のうち、最も適切なものはどれか。
☐☐

（1）不動産登記には公信力があるため、登記記録を確認し、その登記記録の内容が真実であると信じて取引した場合、その登記記録の内容が真実と異なっていても法的な保護を受けることができる。

（2）区分建物を除く建物に係る登記記録において、床面積は、壁その他の区画の内側線で囲まれた部分の水平投影面積（内法面積）により算出される。

（3）不動産の売買契約を締結した当事者は、当該契約締結後6ヵ月以内に、所有権移転の登記をすることが義務付けられている。

（4）抵当権の設定を目的とする登記では、債権額や抵当権者の氏名または名称は、不動産の登記記録の権利部乙区に記載される。

❷ 不動産の取引

一問一答問題

1 宅地建物取引業者と専任媒介契約を締結した場合は、他の業者に重ねて媒介契約を依頼することはできない。
☐☐

2 不動産売買契約において、買主から手付金を受領した場合には、売主は、自らが契約の履行に着手するまでは、手付金の倍額を償還することにより、その契約を解除することができる。 **よく出る**
☐☐

3 民法の規定によれば、建物の売買契約締結後、その引渡し前に自然災害等により当該家屋が滅失した場合、買主は売主に対して代金を支払わなくてはならない。 **よく出る**
☐☐

4 建物の所有を目的として設定した普通借地契約は、地主と借地人が合意すれば、借地権の最初の存続期間を40年とすることができる。
☐☐

5 定期借地権には一般定期借地権、建物譲渡特約付借地権、事業用定期借地権の3種類があり、いずれも書面により契約を締結する必要がある。
☐☐

（1）不動産登記には**公信力がない**ため、登記記録を確認し、その登記記録の内容が真実であると信じて取引しても、その登記記録の内容が真実と異なっていた場合、法的に保護されないことがあります。　　　　　　　　　　　　［×］

（2）区分建物を除く建物に係る登記記録において、床面積は、壁その他の区画の**中心線で囲まれた部分の水平投影面積（壁芯面積）**により記録されます。なお、区分建物の各部屋の床面積は、壁その他の区画の内側線で囲まれた部分の水平投影面積（内法面積）により算出されます。　　　　　　　　　　　　［×］

（3）不動産登記法では、建物を新築したとき等に、取得の日から**1ヵ月以内**に表題登記の申請をすることを所有者に義務付けていますが、権利に関する登記についての申請は任意です。　　　　　　　　　　　　　　　　　　　　　　　［×］

（4）権利部乙区には、抵当権設定、地上権設定、賃借権設定など**所有権以外の権利に関する事項**が記載されます。　　　　　　　　　　　　　　　　　　　［○］

（4）

専任媒介契約では、契約期間中に**他の業者**に媒介契約を重ねて依頼することはできません。

○

買主が手付金を交付したときは、売主は、**契約の相手方が契約の履行に着手する**までは、**手付金の倍額を提供**することにより、その契約を解除することができます。

×

売買契約締結後、売主にも買主にも過失がなく、建物が滅失した場合、**売主が危険を負担**することになり、買主は**代金の支払いを拒絶**することができます。

×

普通借地権の最初の**存続期間は30年**ですが、当事者が契約でこれより長い期間を定めた場合には、その期間にすることができます。

○

建物譲渡特約付借地権の契約締結は、法律上、書面によることは定められていません。一方、事業用定期借地権の契約は、必ず公正証書によらなければなりません。

×

5
不動産

学科

6 定期借家契約について、期間の満了時に賃借人から更新の請求があった場合、賃貸人は正当事由がなければ契約を更新しなければならない。

四肢択一問題

7 宅地建物取引業法に関する次の記述のうち、最も適切なものはどれか。なお、本問においては、買主は宅地建物取引業者ではないものとする。

（1）専属専任媒介契約の有効期間は、2ヵ月を超えることができず、これより長い期間を定めたときは、その期間は2ヵ月とされる。

（2）宅地建物取引業者は、専属専任媒介契約を締結したときは、契約の相手方を探索するため、専属専任媒介契約締結日から7日以内に当該専属専任媒介契約の目的物である宅地または建物に関する一定の事項を指定流通機構に登録しなければならない。

（3）専任媒介契約は、依頼した宅地建物取引業者以外の業者に、同時に媒介を依頼することはできず、依頼者への1週間に1回以上の報告義務がある。

（4）宅地建物取引業者は、自ら売主となる宅地の売買契約の締結に際して、代金の額の10分の2を超える額の手付を受領することができない。

8 不動産の売買契約上の留意点に関する次の記述のうち、最も適切なものはどれか。

（1）土地の売買に当たって、登記記録の面積を基準とした価額で売買契約を締結し、契約から引渡しまでの間に土地の実測を行い、実測面積と登記記録の面積が相違した場合は、あらかじめ売主・買主間で定めた単価で売買代金を増減する方法がある。

（2）民法では、買主が売主に解約手付を交付した場合、買主が売買代金の一部を支払った後でも、売主は、受領した代金を返還し、かつ手付金の倍額を償還することにより、契約を解除することができる。

（3）民法では、売買の目的物に契約の内容に適合しない不適合があり、買主が売主の契約不適合責任に基づく損害賠償の請求をする場合、買主は、その不適合がある事実を知ったときから2年以内にしなければならない。

（4）売買契約を締結した後、代金決済および引渡しの前に、売買契約の対象となる物件が天災等の不可抗力で破損した場合、民法においては、原則として、買主が危険を負担すると定めている。

定期借家契約は期間の満了と共に終了するので、期間満了後の更新はありません。

（1）**専任媒介契約や専属専任媒介契約**において、３ヵ月を超える期間の契約を締結した場合でも直ちに無効とはならず、**契約期間３ヵ月の契約を締結したもの**とされます。　　　　　　　　　　　　　　　　　　　　　　　　［×］

（2）宅地建物取引業者は、専属専任媒介契約を締結したときは、契約の相手方を探索するため、専属専任媒介契約締結日から**５日以内**に指定流通機構（レインズ）に登録しなければなりません。　　　　　　　　　　　　　［×］

（3）**専任媒介契約**では、依頼した宅地建物取引業者以外の業者に、同時に媒介を依頼することはできませんが、**自己発見取引は可能**です。また、依頼者に対して２週間に１回以上の報告義務があります。　　　　　　　　　　［×］

（4）宅地建物取引業者が手付を受領したときは、その手付は**解約手付**とみなされます。また、宅地建物取引業者は、**代金の10分の２**を超える額の手付を受領することができず、受領した場合は、10分の２を超える額が無効となります。
　　　　　　　　　　　　　　　　　　　　　　　　　　　　　　　　　　　　［○］

（1）土地の売買では、登記記録の面積を基準とした価額で売買契約を締結し、契約から引渡しまでの間に土地の実測を行い、実測面積と登記記録の面積が相違した場合、あらかじめ売主・買主間で定めた単価で売買代金を増減する方法があります。　　　　　　　　　　　　　　　　　　　　　　　　　　　　［○］

（2）相手方が契約の履行に着手するまでは、売主は手付金の倍額を償還して契約を解除することができますが、買主が**売買代金の一部を支払うことは履行の着手**に当たるため、契約を解除することはできません。　　　　　　　［×］

（3）民法では、**契約不適合責任**に基づく損害賠償の請求は、その不適合がある事実を知ったときから**１年以内**にしなければなりません。　　　　　　　［×］

（4）売買契約の締結後、代金決済および引渡しの前に、対象となる物件が天災等の不可抗力で破損した場合、民法では、原則として、**売主が危険を負担する**と定めています。　　　　　　　　　　　　　　　　　　　　　　　　　［×］

9 借地借家法に関する次の記述のうち、最も適切なものはどれか。なお、本問においては、同法第22条の借地権を一般定期借地権、第23条の借地権を事業用定期借地権等といい、第22条から第24条の定期借地権等以外の借地権を普通借地権という。 **よく出る**

（1）一般定期借地権とは、公正証書等の書面により借地権の存続期間を30年以上として設定される借地権で、存続期間の満了により契約は終了するというものである。

（2）事業用定期借地権等においては、法人が従業員向けの社宅として利用する建物の所有を目的として設定することができる。

（3）普通借地権の設定契約の方法に制限はないため、書面によらなくてもよい。

（4）普通借地権の設定契約において、居住以外の用に供する建物の所有を目的とする場合、期間の定めがないときは、存続期間は30年となるので、契約で期間を40年と定めることはできない。

10 借地借家法に関する次の記述のうち、最も不適切なものはどれか。なお、本問においては、同法第38条による定期建物賃貸借契約を定期借家契約といい、それ以外の建物賃貸借契約を普通借家契約という。また、記載のない事項については考慮しないものとする。 **よく出る**

（1）定期借家契約は、公正証書等の書面によって契約しなければならない。

（2）居住用建物で床面積が120m^{2}未満の定期借家契約において、賃借人は転勤・療養・親族の介護その他のやむを得ない事情により、その建物を生活の本拠として使用することが困難となった場合、定期借家契約の解約を申し入れることができる。

（3）定期借家契約を締結するときは、賃貸人は、契約前に、契約の更新がなく期間満了により賃貸借が終了する旨を記載した書面を賃借人に交付して説明しなければならない。

（4）普通借家契約において、存続期間を6ヵ月と定めた場合、期間の定めがない建物の賃貸借とみなされる。

（1）一般定期借地権とは、公正証書等の書面により借地権の存続期間を50年以上
として設定される借地権で、存続期間の満了により契約は終了します。　［×］

（2）事業用定期借地権等においては、法人が従業員向けの社宅として利用する建
物の所有を目的として設定することはできません。建物の用途は事業用に限
られ、貸家、社宅、寮など居住用建物や、居住用部分が一部でもある建物に
は設定できません。　　　　　　　　　　　　　　　　　　　　　　　［×］

（3）普通借地権の設定契約の方法には制限はなく、特別な定めはありません。［○］

（4）普通借地権の存続期間は30年であり、これより短い期間を定めた場合でも
30年とされます。ただし、当事者が契約でこれより長い期間を定めた場合は、
その期間が存続期間となります。　　　　　　　　　　　　　　　　　［×］

(3)

B

（1）定期借家契約は、公正証書等の書面によって契約しなければならず、書面で
の契約であれば必ずしも公正証書である必要はありません。　　　　　［○］

（2）居住用建物で床面積が200m² 未満の定期借家契約において、賃借人は転勤・
療養・親族の介護その他のやむを得ない事情により、その建物を生活の本拠
として使用することが困難となった場合、定期借家契約の解約を申し入れる
ことができます。この場合には解約申し入れの日から1ヵ月を経過すること
により契約は終了します。　　　　　　　　　　　　　　　　　　　　［×］

（3）定期借家契約を締結するときは、賃貸人は、契約前に、契約の更新がなく期
間満了により賃貸借が終了する旨を記載した書面を賃借人に交付して説明し
なければなりません。これを怠ると契約の更新がない旨の定めは無効となり、
普通借家契約を締結したことになります。　　　　　　　　　　　　　［○］

（4）普通借家契約の存続期間は最短で1年であり、最長期間の制限はありません。
1年未満の契約は、期間の定めのない契約とみなされます。　　　　　［○］

(2)

B

❸ 不動産に関する法令上の規制

1 区分所有建物における規約または集会の決議の効力は、すべての事項について、区分所有者、包括承継人、特定承継人および占有者に及ぶ。

2 区分所有建物における規約の設定・変更・廃止は、区分所有者および議決権の各5分の4以上の多数による集会の決議が必要である。

3 市街化区域とは、都市計画区域内ですでに市街地を形成している区域および、おおむね10年以内に優先的かつ計画的に市街化を図るべき区域である。

4 市街化区域内で行う開発行為のうち、医療施設や社会福祉施設の建築を目的とするものについては、公益上必要な建築物として開発許可が不要である。

5 都市計画区域内および準都市計画区域内の建築物の敷地は、原則として、建築基準法上の道路（自動車専用道路を除く）に2m以上接しなければならない。 **よく出る**

6 建蔽率とは、建築物の延べ面積の敷地面積に対する割合をいい、建築基準法で定められている。

7 建築物の敷地が防火地域と準防火地域にまたがる場合には、原則として、その過半の属する地域の規制が適用される。

区分所有建物の規約または集会の決議のうち、賃借人等の占有者に及ぶのは、建物の管理・使用に関する事項に限られます。

× C

区分所有建物の規約の設定・変更・廃止には、区分所有者および議決権の各4分の3以上の多数による集会の決議が必要です。

× B

市街化区域とは、すでに市街化されている区域および市街化を図るべき区域のことで、市街化調整区域は、市街化を抑制すべき区域です。

〇 C

社会福祉施設、医療施設、小中高校の建築は公益性がありますが、開発許可が不要とされる開発行為には該当せず、開発許可が必要です。

× C

建築基準法で、都市計画区域内および準都市計画区域内の建築物の敷地は、原則として、建築基準法上の道路（自動車専用道路を除く）に2m以上接しなければならないと定められています。

〇 C

建蔽率とは、建築物の延べ面積ではなく、建築面積の敷地面積に対する割合のことをいいます。

建蔽率と容積率の違いを、しっかり理解できていますか？

× C

建築物の敷地が防火地域と準防火地域にまたがる場合には、原則として、厳しいほうの規制地域である防火地域の規制が適用されます。

× B

5
不動産

学科

8 建物の区分所有等に関する法律に関する次の記述のうち、最も適切なものはどれか。

(1) 区分所有建物の管理者は、少なくとも毎年1回集会を招集することとされ、規約で別段の定めをしない限り、開催日の1週間前までに、各区分所有者に集会の招集通知を発しなければならない。

(2) 専有部分の占有者（賃借人）は、建物またはその敷地もしくは付属施設の使用方法について、区分所有者が規約または集会の決議に基づいて負う義務と同一の義務を負うため、集会の目的事項に利害関係がある場合には、集会の決議に参加することができる。

(3) 規約を設定または変更するためには、区分所有者および議決権の各過半数以上の多数による集会の決議が必要となる。

(4) 区分所有建物の建替えは、区分所有者および議決権の各4分の3以上の多数による集会の決議が必要となる。

9 建物の区分所有等に関する法律に関する次の記述のうち、最も適切なものはどれか。 **よく出る**

(1) 区分所有者は、全員で、区分所有建物ならびにその敷地および付属施設の管理を行うための団体である管理組合を構成することとされているが、区分所有者が希望すれば脱退することができる。

(2) 共用部分に対する各区分所有者の共有持分は、各共有者が有する専有部分の床面積の割合によるものであるが、規約で別段の定めをすることができる。

(3) 管理者の専任・解任は、集会において、区分所有者および議決権の各3分の2以上の多数による集会の決議によって行うことができる。

(4) 区分所有建物の共用部分の管理に関する事項は、集会において、区分所有者および議決権の各4分の3以上の多数により、その旨の決議をすることができる。

（1）管理者は、年1回以上集会を招集することとされ、集会の招集通知は、規約で別段の定めをしない限り、遅くとも開催日の1週間前までに、集会の日時、場所、会議の目的となる事項（議題）を示して各区分所有者に発することが定められています。　　　　　　　　　　　　　　　　　　　[〇]

（2）区分所有者以外の専有部分の占有者（賃借人）は、建物または敷地もしくは付属施設の使用方法について、**区分所有者が規約または集会の決議に基づいて負う義務と同一の義務**を負います。集会の目的事項に利害関係がある占有者は、集会に参加して意見を述べることはできますが、決議に参加することはできません。　　　　　　　　　　　　　　　　　　　　[×]

（3）管理規約の設定・変更・廃止には、集会において、区分所有者および議決権の各4分の3以上の多数により決議をすることが必要です。　　[×]

（4）区分所有建物の建替えは、集会において、区分所有者および議決権の各5分の4以上の多数により決議をすることができます。　　　　[×]

(1)
B

（1）区分所有者は、全員で、区分所有建物ならびにその敷地および付属施設の管理を行うための団体である管理組合を構成することとされており、**区分所有者が任意で加入や脱退をすることはできません**。　　　　　　　[×]

（2）共用部分に対する各区分所有者の共有持分は、原則として、**各共有者が有する専有部分の床面積の割合**によりますが、規約で別段の定めをすることができます。　　　　　　　　　　　　　　　　　　　　　　　[〇]

（3）管理者の専任・解任は普通決議事項に該当し、区分所有者および議決権の各過半数により決議することができます。　　　　　　　　　　　[×]

（4）共用部分の管理に関する事項は、集会において、区分所有者および議決権の各過半数により決議することができます。　　　　　　　　　　[×]

(2)
B

10 都市計画法に関する次の記述のうち、最も不適切なものはどれか。

（1）市街化調整区域は、すでに市街地を形成している区域およびおおむね10年以内に優先的かつ計画的に市街化を図るべき区域とされている。

（2）用途地域は、住居系8種類、商業系2種類、工業系3種類の計13種類に分けられる。

（3）市街化区域については、少なくとも用途地域を定めるものとし、市街化調整区域については、原則として用途地域を定めない。

（4）建築物の建築、特定工作物の建設を目的としない造成工事は、開発行為には該当しないため、都道府県知事等の許可は不要である。

11 建築基準法に関する次の記述のうち、最も適切なものはどれか。 よく出る

（1）建築基準法は、建築物の敷地、構造、設備および用途に関する最高基準を定めることにより、国民の生命、健康および財産の保護を図り、公共の福祉の増進に資することを目的としている。

（2）第一種低層住居専用地域、第二種低層住居専用地域および田園住居地域内の建築物の高さは、原則として、12mまたは20mのうち土地計画において定められた限度を超えることはできない。

（3）建築物の敷地は、原則として建築基準法上の道路に2m以上接しなければならない。

（4）敷地の前面道路の幅員が12m未満である建築物の容積率は、原則として、「都市計画で定められた容積率」と「前面道路の幅員に一定の数値を乗じて得たもの」とのいずれか大きい方が上限となる。

（1）**市街化区域**は、すでに市街地を形成している区域およびおおむね10年以内に優先的かつ計画的に市街化を図るべき区域とされています。**市街化調整区域**は、市街化を抑制すべき区域です。　　　　　　　　　　　　　　［×］

（2）用途地域は住居系8種類、商業系2種類、工業系3種類があり、合計13種類の用途地域があります。　　　　　　　　　　　　　　　　　　　　　［○］

（3）市街化区域については**用途地域**を定め、市街化調整区域については原則として用途地域を**定めない**ものとされています。　　　　　　　　　　　　［○］

（4）開発行為とは、主として**建築物の建築**または特定工作物の建設の用に供する目的で行う土地の区画形質の変更をいいます。建築物の建築、特定工作物の建設を目的としない造成工事は、開発行為には**該当しない**ため、都道府県知事等の許可は**不要**です。　　　　　　　　　　　　　　　　　　　　［○］

(1)
B

（1）**建築基準法**は、建築物の敷地、構造、設備および用途に関する最低基準を定めることにより、国民の生命、健康および財産の保護を図り、公共の福祉の増進に資することを目的としています。　　　　　　　　　　　　　　［×］

（2）**第一種低層住居専用地域、第二種低層住居専用地域および田園住居地域**内の建築物の高さは、原則として、**10m**または**12m**のうち土地計画において定められた限度を超えることはできません。　　　　　　　　　　　　　　［×］

（3）建築基準法において、建築物の敷地は、**建築基準法上の道路**（自動車専用道路等を除く）に間口**2m以上**接しなければなりません（接道義務）。　［○］

（4）敷地の前面道路の幅員が12m未満である建築物の容積率は、原則として、「都市計画で定められた容積率」と「前面道路の幅員に一定の数値を乗じて得たもの」とのいずれか**小さい方**が上限となります。　　　　　　　　　［×］

(3)
A

12 都市計画区域および準都市計画区域内における建築基準法の規定に関する次の記述のうち、最も不適切なものはどれか。

（1）建築物の敷地が異なる2つの用途地域にわたる場合の建築物の建蔽率および容積率は、その敷地の全部について、敷地の過半の属する用途地域の規制が適用される。

（2）建築物の敷地が接する道の幅員が4m未満であっても、建築基準法第42条第2項により特定行政庁が指定したものは、建築基準法上の道路とみなされる。

（3）建築基準法第42条第2項の道路に面している敷地のうち、道路と道路境界線とみなされる線までの間の敷地部分（セットバック部分）は、建蔽率および容積率を算定する際の敷地面積に算入することができない。

（4）指定建蔽率が80％以外の地域で、準防火地域に準耐火建築物を建築する場合、建蔽率が10％緩和される。

❹ 不動産の取得・保有に係る税金

一問一答問題

1 不動産取得税は、相続や贈与による取得に対しても課される。

2 不動産取得税は、固定資産を等価で交換したときのように、経済的利益が発生しない場合には課されない。

3 登録免許税は、贈与による所有権移転登記には課されるが、相続による所有権移転登記には課されない。

4 住宅1戸当たり200m²までの小規模住宅用地については、課税標準を固定資産課税台帳登録価格の6分の1とする特例がある。 よく出る

5 都市計画税の課税対象とされるのは、都市計画区域内にある土地と建物である。

（1）建築物の敷地が異なる2つの用途地域にまたがる場合、建蔽率および容積率は、それぞれの地域の建蔽率および容積率を敷地面積で加重平均した値が、その敷地全体の最高限度になります。　　　　　　　　　　　　　　[×]

（2）建築基準法が適用されたとき、現に建築物が建ち並んでいる幅員4m未満の道路で特定行政庁が指定したものは、**2項道路として建築基準法上の道路と**みなされます。　　　　　　　　　　　　　　　　　　　　　[○]

（3）**セットバック部分は敷地に含まれず、建築物等を建築することはできません。**また、建蔽率や容積率の算定上、敷地面積に算入することもできません。[○]

（4）指定建蔽率が80％以外の地域で、防火地域内に耐火建築物等を建築する場合や、準防火地域に耐火建築物、準耐火建築物等を建築する場合は、建蔽率が10％緩和されます。　　　　　　　　　　　　　　　　　　　[○]

(1)

指定建蔽率が**80％の地域で防火地域内に耐火建築物等を**建築する場合は、**建蔽率の制限は適用されません。**

不動産取得税は、土地・建物の取得（増改築含む）に対して課される税金です。贈与による取得には課税されますが、**相続や法人の合併等の形式的な所有権の移転等**の場合は課税されません。

不動産取得税は、固定資産を等価で交換したときのように、**経済的利益が発生しない場合でも課税の対象**となります。

登録免許税は、**登記申請時に課され、相続による所有権移転登記の場合も課されま**す。

住宅1戸当たり**200㎡までの小規模住宅用地**は、特例により、課税標準が**固定資産課税台帳登録価格の6分の1**となります。なお、200㎡を超える部分（一般住宅用地）は、課税標準が固定資産課税台帳登録価格の3分の1となります。

都市計画税は、毎年**1月1日現在において、原則として、市街化区域内に土地、建物を所有する者**に課されます。

6 年の途中に不動産の売買が行われた場合、その不動産の固定資産税は、当事者間で精算しなければならない。

7 不動産の取得および保有に係る税金に関する次の記述のうち、最も不適切なものはどれか。 **よく出る**

（1）不動産取得税は、贈与により不動産を取得した場合には課されるが、相続により不動産を取得した場合には課されない。

（2）所有権移転登記に係る登録免許税の税率は、登記原因が相続により取得した場合と比べて、贈与により取得した場合のほうが高くなる。

（3）土地および家屋に係る固定資産税の標準税率は1.4％とされているが、各市町村は条例によってこの1.4％と異なる税率を定めることができる。

（4）都市計画税は、都市計画区域内の市街化区域および市街化調整区域内に所在する土地および家屋の所有者に対して、市町村が課税する税金である。

⑤ 不動産の譲渡に係る税金

1 譲渡による収入金額の5％とする概算取得費は、取得費が不明である場合に限られ、取得費が明らかな場合は適用できない。

2 土地建物等を譲渡した日の属する年の1月1日において所有期間が5年超の場合は、長期譲渡所得に区分され、所得税率は15％（復興特別所得税は除く）となる。 **よく出る**

3 居住用財産を譲渡した場合の「3,000万円特別控除」は、その譲渡による所得が長期譲渡所得に該当する場合にのみ適用される。

固定資産税は、賦課期日（1月1日）において、固定資産を所有している者に対して、固定資産の所在地の市町村が課税する税金です。不動産の売買では、その年分の固定資産税を日数等で按分して精算する慣行がありますが、法的な義務ではありません。

× B

（1）不動産取得税は、不動産の取得が有償か無償かにかかわらず課されますが、相続による取得の場合には非課税となります。　　　　　　　　　　[○]

（2）登録免許税の税率は、登記の種類・原因によって異なり、相続による所有権移転登記の場合は1,000分の4、贈与による所有権移転登記の場合は、1,000分の20です。　　　　　　　　　　　　　　　　　　　　　　[○]

（3）固定資産税の標準税率は1.4％ですが、各市町村は条例によってこれと異なる税率を定めることができます。　　　　　　　　　　　　　　　[○]

（4）都市計画税は、原則として、**市街化区域内の土地や家屋の所有者**に課されます。税率は市町村の条例で定めることができますが、0.3％を超えてはならないことが定められています（制限税率）。　　　　　　　　　　　[×]

(4)
B

概算取得費（譲渡収入金額の5％）は、取得費が不明な場合のほか、実際の取得費より概算取得費のほうが大きく有利なときにも適用することができます。

× B

不動産を譲渡した場合の長期・短期譲渡所得の区分は、譲渡した日の属する年の1月1日における所有期間が5年超か5年以内かで判定されます。長期譲渡所得に対する所得税率は15％（住民税5％）です。

○ B

居住用財産を譲渡した場合の「3,000万円特別控除」は、**所有期間についての要件がなく**、短期譲渡所得に該当する場合でも適用を受けることができます。

× B

4 個人が土地建物等を譲渡した場合の譲渡所得に関する次の記述のうち、最も不適切なものはどれか。 **よく出る**

（1）土地建物等の譲渡所得の金額の計算上、取得費が不明な場合には、譲渡収入金額の5％相当額を取得費とすることができる。

（2）土地建物等を譲渡した日の属する年の1月1日における所有期間が5年以下の場合には短期譲渡所得に区分され、5年を超える場合には長期譲渡所得に区分される。

（3）主たる居住用財産である土地建物等を譲渡した場合、譲渡所得金額の計算において譲渡益から3,000万円が特別控除されるが、短期譲渡所得に該当する場合にはその適用を受けることができない。

（4）譲渡した居住用財産の所有期間が、譲渡した日の属する年の1月1日において10年を超えている場合には、長期譲渡所得の課税の特例（軽減税率の特例）と3,000万円特別控除の両方の適用を受けることができる。

6 不動産の有効活用

1 不動産販売業者の広告等で用いられる表面利回りは、年間総収入から諸経費を差し引いて求めた純収益を総投下資本で除したものである。

2 等価交換方式は、一般的に事業リスクが低く、土地所有者は借入金や自己資金の負担が不要であるが、デベロッパーに土地の一部または全部を譲渡することとなる。 **よく出る**

3 土地信託方式では、土地所有者は、信託期間中は信託銀行から信託配当を受け取り、信託期間が満了すると土地を更地で返還される。

（1）土地建物等の譲渡所得の金額の計算上、取得費が不明な場合や実際の取得費が少額なときは、譲渡収入金額の5％相当額を取得費（概算取得費）とすることができます。　　　　　　　　　　　　　　　　　　　　　　［〇］

（2）土地建物等を譲渡した場合、譲渡した日の属する年の1月1日において所有期間が5年以下のものについては短期譲渡所得に、5年を超えるものについては長期譲渡所得に区分されます。　　　　　　　　　　　　　　［〇］

（3）3,000万円特別控除は、譲渡した居住用財産の所有期間や居住期間にかかわらず適用を受けることができます。　　　　　　　　　　　　　　　［×］

（4）長期譲渡所得の課税の特例（軽減税率の特例）は、譲渡した日の属する年の1月1日において所有期間が10年を超える居住用財産を譲渡した場合に適用を受けることができます。軽減税率の特例と3,000万円特別控除は、重複して適用を受けることができます。　　　　　　　　　　　　　　　　［〇］

(3)
A

表面利回り（総投下資本総収益利回り）は、年間総収入を総投下資本（自己資金＋借入金）で除して計算する最も簡略化された指標です。

B

等価交換方式は、土地所有者の土地上にデベロッパーが建物を建築し、土地代と建築費用の割合に応じて、土地所有者とデベロッパーが土地と建物を交換する手法です。土地所有者は、一般的に事業リスクが低く、借入金や自己資金の負担がほとんど不要ですが、デベロッパーに土地の一部または全部を譲渡することになります。

B

土地信託方式は、土地の所有権を形式的に信託銀行等に移転し、信託銀行等が主体となって事業を営む方式であり、信託期間中は土地所有者に信託配当が交付されます。信託期間の満了後、信託銀行等は信託財産をその時点での現状のまま引き渡します。

B

4 不動産の有効活用の手法等の一般的な特徴に関する次の記述のうち、最も不適切なものはどれか。 **よく出る**

(1) 事業受託方式を活用すれば、受託者であるデベロッパー等に建物等の建築計画の策定から完成後の管理運営までの事業に必要な業務を任せることができるため、土地所有者の当該業務の負担が軽減される。

(2) 土地信託方式は、土地所有者が土地の有効活用を目的に、土地を信託銀行等に信託し、所有権も形式上信託銀行に移転させる手法であり、信託による配当は不動産所得となる。

(3) 等価交換方式では、土地所有者は建物の建設資金を負担する必要はないが、土地の所有権の一部を手放すことにより、当該土地上に建設された建物の全部を取得することができる。

(4) 定期借地権方式では、土地所有者は、土地を一定期間貸し付けることによる地代収入を得ることができ、当該土地上に建設する建物の資金調達をする必要がない。

（1）事業受託方式は、事業資金は土地所有者自身が調達しますが、デベロッパーなどが事業パートナーとなり、土地有効活用のための調査・企画から、建物の設計・施工・完成後の管理までを請け負う方式です。 [○]

（2）土地信託方式による配当は、配当所得ではなく、**不動産所得**となります。[○]

（3）等価交換方式において、土地所有者は、土地の評価額に相当する建物の一部を取得することができます。 [×]

（4）定期借地権方式とは、借地借家法に定められた**一般定期借地権**、**建物譲渡特約付借地権**、**事業用定期借地権**等を活用して事業を行う方式です。 [○]

📖 定期借地権の種類

(3)

B

	一般定期借地権	建物譲渡特約付借地権	事業用定期借地権等
存続期間	50年以上	30年以上	10年以上50年未満
用途	制限なし	制限なし	事業用に限る
契約方式	書面（電磁的方法を含む）	定めなし	公正証書に限る
内容	次の事項は、特約にて定める。 ・契約の更新がないこと ・建物再築による期間延長がないこと ・建物買取請求権がないこと	30年以降に、地主に建物を相当の対価で譲渡する特約をつけて設定。	期間が30年以上の場合、公正証書で次の規定を排除できる。 ・契約の更新 ・再築による期間延長 ・建物買取請求権
契約期間終了後	原則、更地で返還	建物は地主に帰属	原則、更地で返還

5
不動産

学科

❼ 不動産の証券化

一問一答問題

1 J-REIT（上場不動産投資信託）は、不特定の投資家から集めた資金で、オフィスビルやショッピングセンターなどの不動産を取得・保有・運用し、その運用収益を分配する仕組みである。

2 J-REIT（上場不動産投資信託）は不動産をその投資の対象とするが、個人投資家が受けた配当金は、税務上、配当所得となる。

四肢択一問題

3 不動産鑑定評価基準における不動産の価格を求める鑑定評価の手法に関する次の記述のうち、最も適切なものはどれか。 よく出る

（1）収益還元法のうち直接還元法は、連続する複数の期間に発生する純収益および復帰価格を、その発生時期に応じて現在価値に割り引き、それぞれを合計して対象不動産の価格を求める手法である。

（2）収益還元法のうちDCF法は、対象不動産の一期間の純収益を還元利回りで還元して対象不動産の価格を求める手法である。

（3）原価法は、価格時点における対象不動産の再調達原価を求め、この再調達原価について増価修正を行って対象不動産の価格を求める手法である。

（4）取引事例比較法は、取引事例の収集・選択をし、売り急ぎや買い進みといった事情が存在する場合には事情補正を行い、取引事例の取引時点が価格時点と異なる場合には時点修正を行い、かつ、地域要因や個別的要因の比較を行って、対象不動産の価格を求める手法である。

J-REIT（上場不動産投資信託）は、投資法人が投資家から資金を集めて不動産を購入し、外部の投資信託委託業者（運用会社）に運用を委託するとともに、運用収益を投資家に分配する仕組みです。

J-REIT（上場不動産投資信託）は不動産を証券の形態で投資・運用するため、個人投資家が受け取った配当金は、配当所得となります。

（1）収益還元法のうち直接還元法は、対象不動産の一期間の純収益を還元利回りで還元して対象不動産の価格を求める手法です。　　　　　　　　［×］

（2）収益還元法のうちDCF法は、連続する複数の期間に発生する純収益および復帰価格を、その発生時期に応じて現在価値に割り引き、それぞれを合計して対象不動産の価格を求める手法です。　　　　　　　　　　　　［×］

（3）原価法は、価格時点における対象不動産の再調達原価を求め、この再調達原価について減価修正を行って対象不動産の価格を求める手法です。なお、既成市街地の土地については、再調達原価を求めることが困難であり、一般的に原価法は使えません。　　　　　　　　　　　　　　　　　　［×］

（4）取引事例比較法は、多数の取引事例を収集して、適切な事例を選択し、これらの取引価格に必要に応じて事情補正および時点修正を行い、かつ、地域要因の比較および個別的要因の比較を行って求められた価格を比較考量して、対象不動産の価格を求める手法です。　　　　　　　　　　　　　［○］

（4）

5
不動産

学科

実技試験対策

建蔽率と容積率の
計算問題が出ます！

協会｜資産 は日本 FP 協会の資産設計提案業務に、 金財｜個人 は金財の個人資産相談業務に
対応した問題を示しています。

第1問 下記の 1 に答えなさい。

協会｜資産

1 公的な土地価格に関する下表の空欄①～④に入る適切な語句を語群のなか
から選びなさい。なお、同じ語句を何度でも選んでよいこととする。

価格の種類	所管	評価時点	評価割合
公示価格	（　①　）	毎年＊月＊日	－
基準地標準価格	（　②　）	毎年＊月＊日	－
相続税路線価	国税庁	毎年（　③　）	公示価格の＊＊％程度
固定資産税評価額	市町村	原則として基準年度の前年1月1日	公示価格の（　④　）程度

※問題作成の都合上、一部を「＊」としている。

〈語群〉
ア．国土交通省　　イ．総務省　　　ウ．都道府県　　エ．日本銀行
オ．1月1日　　　カ．3月1日　　　キ．4月1日　　　ク．7月1日
ケ．80％　　　　コ．70％

1 正解 ① ア ② ウ ③ オ ④ コ **C**

価格の種類	所管	評価時点	評価割合
公示価格	（①）国土交通省	毎年1月1日	—
基準地標準価格	（②）都道府県	毎年7月1日	—
相続税路線価	国税庁	毎年 （③）1月1日	公示価格の 80％程度
固定資産税評価額	市町村	原則として基準年度の 前年1月1日	公示価格の （④）70％程度

第2問 下記の **2** に答えなさい。

協会｜資産

2 手付金に関する次の記述の空欄（ア）～（エ）にあてはまる語句の組合せ
□□ として、正しいものはどれか。

民法上、手付金は（　ア　）と解釈され、相手方が契約の履行に着手する
までは、買主は手付金を放棄することにより、売主は（　イ　）を償還する
ことにより、契約を解除することができる。
　なお、履行の着手とは、売主としては登記や引渡し、買主としては
（　ウ　）等をいう。また、宅地建物取引業者が自ら売主となり、宅地建物
取引業者ではない者が買主である場合、手付金は売買代金の（　エ　）を超
えてはならない。

（1）（ア）解約手付　　　　　　　　　（イ）手付金
　　（ウ）代金提供のための借入れ申込み　（エ）1割
（2）（ア）解約手付　　　　　　　　　（イ）手付金の倍額
　　（ウ）代金の提供　　　　　　　　　（エ）2割
（3）（ア）証約手付　　　　　　　　　（イ）手付金
　　（ウ）代金の提供　　　　　　　　　（エ）1割
（4）（ア）証約手付　　　　　　　　　（イ）手付金の倍額
　　（ウ）代金提供のための借入れ申込み　（エ）2割

5
不動産

実技

第2問の解答と解説

2　正解（2）　B

　手付金とは、契約の締結に伴い、買主等が相手方に付する金銭のことであり、一般的には（ア）**解約手付**を指します。

　解約手付の交付により、相手方が契約の履行に着手するまでは、買主は、売主に交付した手付金を放棄することによって、売主は、買主から交付された（イ）**手付金の倍額**を償還することによって、契約の解除をすることができます。

　なお、履行の着手とは、売主が行う登記や引渡し、買主が行う（ウ）**代金の提供**等をいいます。買主が行う借入れ申込みは履行の着手に該当しません。

　また、宅地建物取引業者が自ら売主となる場合には、代金の（エ）**2割**を超える手付金を受領してはならないとされています。

下記の各問（ 3 ～ 4 ）に答えなさい。

協会 資産 金財 個人

3 建築基準法の制限に従い、下記〈資料〉の宅地に耐火建築物を建築する場
□□ 合の、建物の（1）建築面積の最高限度と（2）延べ面積の最高限度を求
めなさい。 よく出る

〈資料〉

敷地面積：600m²
用途地域：商業地域
建蔽率：＊＊＊
容積率：40/10
前面道路の幅員による法定乗数：6/10
防火規制：防火地域

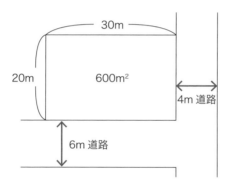

※設問の都合上、記載を省略している箇所（＊＊＊）がある。

5
不
動
産

実
技

4 建築基準法の制限に従い、下記〈資料〉の土地（400m²）を一体利用して耐火建築物を建築する場合の、（1）建築面積の最高限度、および（2）延べ面積の最高限度を求めなさい。なお、解答に当たって、下記以外の条件は考慮しないものとする。 **よく出る**

〈資料〉

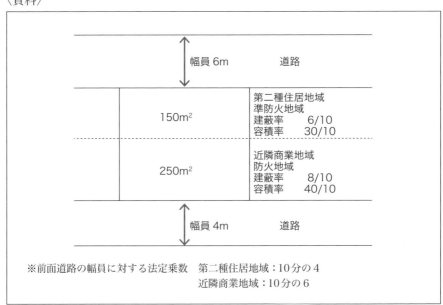

3 **正解 (1)** 600（m²）　**(2)** 2,160（m²）　B

(1) 建築面積の最高限度

　　建築面積の最高限度は、敷地面積に、その地域ごとに設定された建蔽率を掛けることにより求めることができます。

　　建蔽率には緩和措置があり、①防火地域内における耐火建築物等、または準防火地域の耐火建築物、準耐火建築物等、②街区の角にある敷地またはこれに準ずる敷地で、特定行政庁が指定するものの内にある建築物については各々10分の1を加算することができ、両方に該当する場合は10分の2を加算することができます。

　　また、③建蔽率の限度が10分の8とされている地域内で、かつ防火地域内にある耐火建築物については、建蔽率の制限がなくなります。

　　設問の宅地は、商業地域かつ防火地域に属しており、また、商業地域の指定建蔽率は10分の8のみなので、この宅地に耐火建築物を建築する場合には、上記③の要件に該当し、建蔽率の制限がなくなります。

　　したがって、建築面積の最高限度は、敷地面積の600m²となります。

(2) 延べ面積の最高限度

　　延べ面積の最高限度については、敷地面積にその地域ごとに設定された容積率を掛けることにより求めることができますが、敷地の前面道路（2つ以上あるときは、その幅員の最大のもの）の幅員が12m未満の場合には、その前面道路の幅員（m）の数値に法定乗数を乗じた容積率と、各用途地域において定められた容積率とを比較し、いずれか厳しいほうがその容積率となります。

　　設問の宅地の場合、6m×6/10＝36/10＜40/10となり、厳しいほうの10分の36が適用されます。

　　よって、延べ面積の最高限度は、600m²×36/10＝2,160m²となります。

4 **正解 (1)** 355（m²）　**(2)** 1,260（m²）　A

(1) 建築面積の最高限度

　　建築物の敷地が建蔽率の異なる地域にまたがる場合、それぞれの地域の指定建蔽率を敷地面積で加重平均して、その敷地全体の建築面積の最高限度を計算します。

　　また、防火地域と準防火地域とにまたがる敷地に耐火建築物を建築する場合、

防火規制はより厳しいほうが適用されるため、敷地全体が防火地域とみなされます。

設問の土地について、第二種住居地域に属する部分は、防火地域に耐火建築物を建築するため、建蔽率は 6/10 ＋ 1/10 ＝ 7/10 となります。

近隣商業地域に属する部分は、指定建蔽率が 80 ％の地域で防火地域に耐火建築物を建築するため、建蔽率の制限はなし（10 分の 10）となります。

よって、敷地全体の建築面積の最高限度は、

$150m^2 × 7/10 ＋ 250m^2 × 10/10 ＝ 105m^2 ＋ 250m^2 ＝ 355m^2$ となります。

（2）延べ面積の最高限度

延べ面積の最高限度については、敷地面積に、その用途地域ごとに指定された容積率を掛け、その総和によって求めることができます。

ただし、敷地の前面道路の幅員が 12 m 未満の場合には、その前面道路の幅員（m）の数値に法定乗数を乗じた容積率と、各用途地域において指定された容積率とを比較し、いずれか厳しいほうがその容積率となります。

この宅地は、前面道路が 2 つあるため、幅員の広い 6 m の道路が前面道路となります。

第二種住居地域については、6 m × 4/10 ＝ 24/10 ＜ 30/10（指定容積率）となり、厳しいほうの 10 分の 24 が、近隣商業地域については、6 m × 6/10 ＝ 36/10 ＜ 40/10（指定容積率）となり、厳しいほうの 10 分の 36 がそれぞれ容積率となります。

よって、敷地全体の延べ面積の最高限度は、

$150m^2 × 24/10 ＋ 250m^2 × 36/10 ＝ 360m^2 ＋ 900m^2 ＝ 1,260m^2$ となります。

建蔽率、容積率、防火規制の異なる地域にまたがる場合の制限	
用途地域の異なる地域にまたがる場合	敷地の過半を占める用途地域の制限を受ける。
建蔽率の異なる地域にまたがる場合	それぞれの地域の指定建蔽率を敷地面積で加重平均する。
容積率の異なる地域にまたがる場合	それぞれの地域の指定容積率を敷地面積で加重平均する。
防火規制の異なる地域にまたがる場合	最も厳しい規制が敷地全体に適用される。

5 島村さんは、7年前に相続により取得し、その後継続して居住している自
□□ 宅の土地および建物の売却を検討している。売却に係る状況が下記〈資料〉
のとおりである場合、所得税における課税長期譲渡所得の金額として、正
しいものはどれか。

〈資料〉

・売却金額（合計） ：6,300万円
・譲渡費用（合計） ：185万円
・取得費 ：土地および建物とも不明であり、概算取得費を用いる
※居住用財産を譲渡した場合の3,000万円特別控除の特例の適用を受けるものとする。
※所得控除は考慮しないものとする。

（1）2,485万円
（2）2,800万円
（3）3,115万円
（4）6,115万円

6 下記〈資料〉は、投資用マンションについての概要である。この物件の実
□□ 質利回り（年率）を求めなさい。なお、下記に記載のない事項については
一切考慮しないこととし、計算結果については小数点以下第3位を四捨五
入することとする。 よく出る

〈資料〉

購入費用総額	：3,000万円（消費税、諸費用込）
想定される賃料（月額）	：100,000円
管理費等（月額）	：10,000円
家賃代行手数料（月額）	：月額賃料の5％
想定される固定資産税（年額）	：110,000円

5
不動産

実技

5 **正解（2）** B

課税長期譲渡所得金額は、以下の式で求められます。

課税長期譲渡所得金額＝売却金額－（取得費＋譲渡費用）－3,000万円

取得費は不明なので、**概算取得費（譲渡価額の5％）** の315万円（6,300万円×5％）を用います。

よって、課税長期譲渡所得金額は、以下のようになります。

6,300万円－（315万円＋185万円）－3,000万円＝**2,800万円**

6 **正解 3.03（%）** A

不動産の実質利回りは、年間純収益を投下資本で割ったものです。

年間純収益＝｛想定される賃料（月額）－管理費等（月額）－家賃代行手数料（月額）｝×12ヵ月－想定される固定資産税（年額）

　　　　　＝（100,000円－10,000円－100,000円×5％）×12－110,000円

　　　　　＝910,000円…（①）

投下資本（購入費用総額）＝3,000万円…（②）

実質利回り＝910,000円（①）÷30,000,000円（②）×100

　　　　　＝3.0333…≒**3.03％**

金財｜個人

設例

　Aさん（64歳）は、7年前に父親の相続により取得した甲土地および乙土地を一体とした有効活用（賃貸マンションの建築等）の方法を検討している。

〈甲土地および乙土地の概要〉

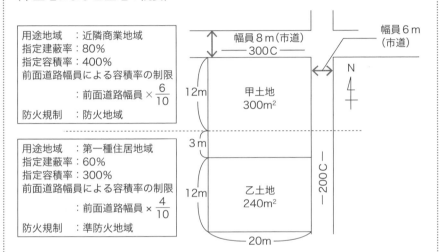

用途地域　　：近隣商業地域
指定建蔽率：80％
指定容積率：400％
前面道路幅員による容積率の制限
　　　　　：前面道路幅員 $\times \dfrac{6}{10}$
防火規制　：防火地域

用途地域　　：第一種住居地域
指定建蔽率：60％
指定容積率：300％
前面道路幅員による容積率の制限
　　　　　：前面道路幅員 $\times \dfrac{4}{10}$
防火規制　：準防火地域

幅員8m（市道）
300C

幅員6m
（市道）

N

12m

甲土地
300m²

3m

200C

12m

乙土地
240m²

20m

・甲土地のうち、近隣商業地域に属する部分は240m²、第一種住居地域に属する部分は60m²である。
・甲土地、甲土地と乙土地を一体とした土地は、建蔽率の緩和について特定行政庁が指定する角地である。
・特定行政庁が都道府県都市計画審議会の議を経て指定する区域ではない。
・甲土地および乙土地は、三大都市圏以外の地域に所在する。
※上記以外の条件は考慮せず、各問に従うこと。

7　甲土地と乙土地を一体とした土地上に耐火建築物を建築する場合における
　　次の①、②を求めなさい（計算過程の記載は不要）。　**よく出る**

①建蔽率の上限となる建築面積
②容積率の上限となる延べ面積

5
不動産

実技

8 甲土地と乙土地を一体とした土地（以下、「対象地」という）に関する以下の文章の空欄①～③に入る最も適切な語句を、下記の〈語群〉のなかから選びなさい。

I「対象地の面する道路に付された『300C』『200C』の数値は、1㎡当たりの価額を（　①　）単位で表示した相続税路線価です。数値の後に表示されている『C』の記号（アルファベット）は、借地権割合が（　②　）であることを示しています」

II「Aさんが対象地に賃貸マンションを建設した場合、相続税額の計算上、対象地は貸家建付地として評価されます。仮に、対象地の自用地価額を1億円、借地権割合（　②　）、借家権割合30％、賃貸割合100％とした場合、当該土地の相続税評価額は（　③　）となります」

〈語群〉
イ. 百円　　ロ. 千円　　　ハ. 万円　　　ニ. 60％　　　ホ. 70％
ヘ. 80％　　ト. 2,100万円　チ. 7,900万円　リ. 8,200万円

---

9 甲土地と乙土地を一体とした土地（以下、「対象地」という）の有効活用に関する次の記述（1）～（3）について、適切なものには○、不適切なものには×をつけなさい。

（1）「等価交換方式とは、土地所有者がデベロッパー等と共同で建物を建設する事業方式で、土地所有者は土地を、デベロッパー等は建設資金を出資して、土地所有者の土地の全部または一部とデベロッパーの建物の一部を交換し、双方が土地・建物を共有します」

（2）「対象地に建築物を建築する場合、用途地域による建築物の制限については、その敷地の全部について、近隣商業地域の規定が適用されます」

（3）「対象地に賃貸マンションを建築する場合、当該建築物の地階でその天井が地盤面からの高さ1m以下にあるものの住宅の用途に供する部分の床面積は、原則として、当該建築物の住宅の用途に供する部分の床面積の合計の5分の1を限度として、容積率算定上の延べ面積から除外することができます」

7 正解 ① 480（m²） ② 1,860（m²） **A**

① **建蔽率の上限となる建築面積**

近隣商業地域の部分

建蔽率の限度が80％と定められた地域内で、かつ防火地域内にある耐火建築物については、建蔽率の制限が適用されません（建蔽率100％）。

$240m^2 \times 100\% = 240m^2$

第一種住居地域の部分

建築物が防火地域または準防火地域と、未指定地域の内外にわたる場合においては、原則としてその建築物全部について**防火規制の厳しいほうの制限**を受けます。本問の場合、敷地全体に対して防火地域の規制が適用されるため、建蔽率の限度が80％とされている地域外で、かつ**防火地域内にある耐火建築物**については、**10％を加えた数値**となります。

特定行政庁が指定する**角地**などにある建築物については、**10％を加えた数値**となります。

両方に該当する場合は20％を加算します。

$300m^2 \times 80\% = 240m^2$

建蔽率の上限となる建築面積

$240m^2 + 240m^2 = 480m^2$

② **容積率の上限となる延べ面積**

容積率の上限となる延べ面積については、敷地面積×容積率の最高限度によって求めることができます。

ただし、敷地の前面道路（2つ以上あるときは、その幅員の最大のもの）の**幅員が12m未満の場合**には、その前面道路の幅員（m）の数値に法定乗数（原則として、住居系の地域の場合：4/10、住居系以外の地域の場合：6/10）を乗じた容積率と、各用途地域において指定された容積率とを比較し、いずれか厳しいほうがその容積率となります。

近隣商業地域の部分

指定容積率：400％

前面道路幅員による容積率の制限：$8m \times 6/10 = 480\%$

したがって、上限となる容積率は、400％です。

延べ面積の限度：$240m^2 \times 400\% = 960m^2$

第一種住居地域の部分

　　指定容積率：300％

　　前面道路幅員による容積率の制限：8 m × 4/10 ＝ 320％

したがって、上限となる容積率は、300％です。

　　延べ面積の限度：300m^2 × 300％ ＝ **900m^2**

容積率の上限となる延べ面積

　　960m^2 ＋ 900m^2 ＝ **1,860m^2**

8 　**正解 ①ロ　②ホ　③チ** 　B

Ⅰ　路線価においては、その道路に接する土地の 1 m^2 当たりの価額が①**千円単位**で表記されています（例：300 C → 1 m^2 当たりの路線価300千円）。アルファベットの表記は借地権の割合を表します。数値の後に表示されている『C』の記号（アルファベット）は、借地権割合が②**70％**であることを示します。

Ⅱ　貸家建付地とは、貸家の敷地に土地所有者が建物を建築し、その建物を賃貸の用に供している状態におけるその敷地のことです。貸家建付地の評価額＝自用地価額×（1 － 借地権割合×借家権割合×賃貸割合）で計算します。仮に、対象地の自用地価額を 1 億円、借地権割合②**70％**、借家権割合30％、賃貸割合100％とした場合、当該土地の相続税評価額は、1 億円×（1 － 70％×30％×100％）＝③**7,900万円**となります。

9 　**正解（1）○　（2）×　（3）×** 　B

（1）等価交換方式では、土地所有者は、建設資金を負担することなく、**出資割合に応じて、建設された建物の一部を取得**することができます。

（2）対象地に建築物を建築する場合、用途地域による建築物の制限については、その敷地の全部について、**敷地の過半の属する**第一種住居地域の建築物の用途に関する規定が適用されます。

（3）建築物の地階でその天井が地盤面からの高さ 1 m以下にあるものの住宅の用途に供する部分の床面積は、原則として、当該建築物の住宅の用途に供する部分の**床面積の合計の 3 分の 1 を限度**として、延べ面積に算入しません。

第 6 章

相続・事業承継

重要ポイント

学科	・法定相続人や遺言書、遺留分など民法における相続の問題と相続税の計算に関する問題が出題されます。相続税に関する問題では、法定相続人の数や基礎控除の求め方などをしっかり理解しましょう。
	・贈与税に関する問題も 2 ～ 3 問出題されます。
実技	・資産設計提案業務では、親族関係図の読み取り問題が毎回出題されます。法定相続人ごとの法定相続分が計算できるようにしましょう。
	・個人資産相談業務では、相続税の総額を計算する問題が頻出です。相続の放棄があった場合、法定相続人がすでに死亡している場合の代襲相続について理解しましょう。

▶過去 5 回分の出題傾向

	学科	実技	
	共通	資産	個人
親族の規定	C		
法定相続人・法定相続分	B	A	
相続の承認と放棄		C	
遺産分割	B		C
遺言と遺留分	B		A
相続税	A	A	A
贈与税	A	A	C
相続税・贈与税の申告と納付	C		
不動産の相続税評価	A	B	
その他の財産の相続税評価	C		
相続税対策	A		
中小企業の事業承継	B		B

A は必修、
B はよく出る、
C はたまに出る
テーマだよ！

※「資産」は日本 FP 協会の資産設計提案業務、「個人」は金財の個人資産相談業務を示しています。

次の各文章について、一問一答問題では適切なものに〇を、不適切なものに×をつけましょう。また、四肢択一問題では、最も適切または不適切な選択肢を(1)～(4)のなかから選びましょう。

❶ 相続と法律

一問一答問題

1 相続開始時における胎児は、すでに生まれたものとみなされるため、死産の場合を除き、相続権を有する。

2 特別養子縁組が成立した場合、養子は、実方の父母と養父母の双方の相続権を有する。

3 相続の順位において、第1順位は配偶者、第2順位は子、第3順位は直系尊属と兄弟姉妹である。 **よく出る**

4 相続人が被相続人の妻と被相続人の妹の2人の場合、被相続人の妹の法定相続分は、被相続人の財産の4分の1となる。

5 代襲相続とは、相続人となるべき者が相続開始時に死亡その他の事由により相続権を失っているとき、その者の直系卑属が、その者と同一順位で相続人になることをいう。 **よく出る**

6 相続の開始があったことを知った日から3ヵ月以内に、家庭裁判所に限定承認または放棄の申述をしなければ、単純承認したものとみなされる。

7 限定承認とは、相続によって得た財産の限度においてのみ被相続人の債務を弁済すべきことを了解して承認することをいう。

8 代償分割とは、共同相続人のうち特定の者が現物の全部または一部の遺産を取得し、その代償としてその者が他の相続人に対し自己の財産を提供する方法である。

9 意思能力のある15歳以上の者は遺言を作成することができるが、未成年者は親権者の同意を必要とし、被保佐人は保佐人の同意を必要とする。

● 問題の難易度について、 **A** は難しい、 **B** は普通、 **C** は易しいことを示しています。

	正解

相続開始時の胎児は、すでに生まれたものとみなされ、死産だった場合を除いて、相続権があります。

○ **C**

特別養子縁組では、養子は実方の父母との親族関係が終了するため、相続権はありません。

× **C**

相続の順位は、第1順位が子、第2順位が直系尊属（親や祖父母）、第3順位が兄弟姉妹です。配偶者は常に相続人となり、他に相続人がいる場合は、それらの者と同順位で相続します。

× **C**

相続人が、被相続人の妻と妹（兄弟姉妹）の場合、配偶者の法定相続分は4分の3、妹（兄弟姉妹）の法定相続分は4分の1です。

○ **B**

代襲相続とは、相続人となるべき者が相続開始時に死亡その他の事由により相続権を失っているとき、その者の直系卑属がその者と同一順位で相続人となることをいいます。

○ **C**

相続に係る手続きでは、相続の開始があったことを知った日から3ヵ月以内に、家庭裁判所に限定承認または相続の放棄の申述をしなければ、単純承認したものとみなされます。

○ **B**

限定承認とは、相続によって得た財産の限度においてのみ被相続人の債務を負担すべきことを了解して承認することをいいます。

○ **C**

代償分割とは、共同相続人の1人または数人が相続により被相続人の財産を取得し、その現物を取得した者が他の共同相続人に対し債務を負担する分割方法をいいます。

○ **B**

未成年者であっても親権者の同意を必要とせず、被保佐人も保佐人の同意を必要としません。

× **C**

10 公正証書遺言は、証人2人以上の立会いのもとで遺言者が遺言の内容を述べ、公証人がそれを聞いて遺言書を作成する。原本が公証役場で保管されるので、紛失や偽造のおそれがないメリットがある。 **よく出る**

11 遺留分権利者に認められる遺留分の割合は、相続人が、被相続人の父や母など直系尊属だけの場合は被相続人の財産の3分の1、それ以外の場合は2分の1である。

四肢択一問題

12 親族等に係る民法の規定に関する次の記述のうち、最も適切なものはどれか。

(1) 親族の範囲は、6親等内の血族、配偶者および2親等内の姻族である。

(2) 普通養子縁組が成立した場合、原則として養子と実方の父母との親族関係は終了する。

(3) 代襲相続人となる孫が被相続人の養子となっていた場合、その孫は代襲相続人と養子の二重身分を有することになり、法定相続分はそれぞれの身分の合計となる。

(4) 相続人が被相続人の子である場合、実子と養子の別なく、原則として、各自の相続分は同等であるが、嫡出でない子の相続分は、嫡出子の2分の1である。

13 民法で規定する相続人および相続分に関する次の記述のうち、最も適切なものはどれか。 **よく出る**

(1) 養子（特別養子ではない）の相続分は、実子の相続分の2分の1である。

(2) 代襲相続人の相続分は、被代襲者が受けるべきであった相続分の2分の1である。

(3) 被相続人と父母の一方のみを同じくする兄弟姉妹の相続分は、父母の双方を同じくする兄弟姉妹の相続分の2分の1である。

(4) 被相続人の弟Aさんが推定相続人である場合、Aさんが被相続人の相続開始以前に死亡していたときには、Aさんの子BさんはAさんの代襲相続人になることができない。

公正証書遺言は、証人2人以上の立会いのもとで**遺言者**が**遺言の内容を述べ**、公証人が**遺言書を作成**する方法です。原本が公証役場で保管されるため、紛失や偽造のおそれがなく、家庭裁判所の検認が不要です。

○

C

遺留分の割合は、相続人が直系尊属だけの場合は、遺留分算定の基礎となる財産の3分の1、配偶者および子は、2分の1です。兄弟姉妹には、遺留分はありません。

○

B

(1) 民法上の親族の範囲は、**6親等内の血族、配偶者および3親等内の姻族**です。血族とは血縁関係にある親族をいい、姻族とは婚姻関係による親族をいいます。 [×]

(2) 普通養子とその実方の父母、兄弟姉妹等の親族との間の親族関係は、**養子縁組後も引き続き存続**します。 [×]

(3) 二重身分による法定相続分は、それぞれの**身分の相続分の合計**となります。ただし、二重身分を有する者の法定相続人の数については1人とします。[○]

(4) 被相続人の子が相続人となる場合、**実子、養子、非嫡出子の区別なく**、法定相続分は同一です。 [×]

(3)

B

(1) 養子の相続分は実子の相続分と同一です。 [×]

(2) 代襲相続人は被代襲者の相続分を相続するため、相続分は**被代襲者の相続分と同一**です。 [×]

(3) 被相続人と父母の一方のみを同じくする兄弟姉妹の相続分は、父母の双方を同じくする兄弟姉妹の相続分の**2分の1**となります。 [○]

(4) 兄弟姉妹の子（甥、姪）にも**代襲相続**が認められます。ただし、再代襲（甥、姪の子への相続）は認められません。 [×]

(3)

B

6

相続・事業承継

学科

普通養子と実子の法定相続分に違いはなく、同一です。

14

遺産分割に関する次の記述のうち、最も不適切なものはどれか。

(1) 被相続人は、遺言によって相続開始時から5年間、遺産の分割を禁止することができる。

(2) 遺産分割の効力は、相続開始時まで遡るため、未分割期間の家賃収入は、分割確定によりその家賃収入に係る賃貸物件を相続した者の所得税の不動産所得の収入となる。

(3) 協議分割においては、共同相続人全員が合意すれば、必ずしも遺言の指定どおりに遺産を分割する必要はない。

(4) 協議分割で共同相続人全員が合意せず、相続税の申告期限までに遺産全部が未分割の場合は、原則として、配偶者の税額軽減の適用を受けることができない。

遺産分割の方法に関する次の記述のうち、最も不適切なものはどれか。

(1) 代償分割は、現物分割を困難とする事由がある場合に、共同相続人が家庭裁判所に申し立て、その審判を受けることにより認められる分割方法である。

(2) 被相続人名義の土地1区画を相続人がそれぞれの相続分に応じた登記を行い、その土地を共有する方法は、共有分割である。

(3) 被相続人名義の土地1区画を2つに分割してそれぞれ2人の相続人が相続する方法は、現物分割である。

(4) 換価分割は、共同相続人が相続によって取得した財産の全部または一部を金銭に換価し、その換価代金を共同相続人の間で分割する方法である。

（1）被相続人は、遺言により相続開始時から5年間、遺産分割を禁止することができます。また、相続人の協議により遺産分割を禁止することもできます。[○]

（2）未分割期間の家賃収入は、共同相続人がその法定相続分の割合に応じて所得税の不動産所得の収入とします。　　　　　　　　　　　　　　[×]

（3）遺言が存在する場合でも、共同相続人全員の協議によって遺言と異なる合意が成立したときは、**協議分割が優先**されます。　　　　　　　　　　[○]

（4）被相続人の配偶者が相続税の申告期限までに財産を分割により取得していなければ、**配偶者の税額軽減の適用**を受けることができません。ただし、相続税の申告書に「申告期限後3年以内の分割見込書」を添付した上で、**申告期限から3年以内に分割**したときは、**税額軽減**の対象になります。　　[○]

(2)

A

（1）代償分割とは、特定の相続人が財産を相続する代わりに他の相続人に金銭などを与える方法をいい、共同相続人が合意していれば、家庭裁判所の審判がなくても行うことができます。　　　　　　　　　　　　　　　　　[×]

（2）被相続人名義の1区画の土地を相続人が共有する方法を**共有分割**といいます。　　　　　　　　　　　　　　　　　　　　　　　　　　　　　　[○]

（3）被相続人名義の1区画の土地を分割して相続する方法は、現物分割です。[○]

（4）相続によって取得した財産を金銭に換価し、その代金を共同相続人が分割する方法を**換価分割**といいます。　　　　　　　　　　　　　　　　[○]

(1)

B

6
相続・事業承継

学科

231

16 遺言および遺留分に関する次の記述のうち、最も適切なものはどれか。

　　よく出る

（1）遺言は、満18歳以上で、かつ、遺言をする能力があれば、誰でも遺言書を作成することができる。

（2）法務局における自筆証書遺言の保管制度を利用した場合、自筆証書遺言であるため家庭裁判所での遺言の検認が必要である。

（3）遺留分を有する者が相続開始前に遺留分の放棄をする場合は、家庭裁判所の許可を受ける必要がある。

（4）被相続人の兄弟姉妹に遺留分は認められるが、兄弟姉妹の代襲相続人に遺留分は認められない。

❷ 相続と税金

一問一答問題

1 相続税は相続または遺贈（死因贈与を含む）により財産を取得した場合にかかり、贈与税は、個人から贈与により財産を取得した個人にかかる税金である。

2 相続税の課税価格の計算は、相続時精算課税制度の適用がない場合、相続または遺贈により取得した財産（本来の相続財産）から非課税財産の価額を引いて算出される。

3 相続税額の計算をする際の生命保険金の非課税限度額は、「500万円×法定相続人の数」で算出される。　**よく出る**

4 相続税額の計算をする際の債務控除の対象となるものには、アパートの預り敷金、墓地購入未払金、未払医療費等がある。

5 相続税の基礎控除額は、「3,000万円＋600万円×法定相続人の数」によって算出される。　**よく出る**

（1）遺言は、満15歳以上で、かつ、意思能力があれば、作成することができます。未成年であっても**単独で**行うことができ、法定代理人の同意は**必要ありません**。　　　　　　　　　　　　　　　　　　　　　　　　　　　[×]

（2）法務局における自筆証書遺言の保管制度を利用した場合、相続開始後に家庭裁判所での遺言の検認手続きは**不要**です。　　　　　　　　　　[×]

（3）相続開始前に遺留分を放棄するには、**家庭裁判所の許可**が必要です。また、相続発生後の遺留分の放棄は自由に行うことができます。　　　[○]

（4）兄弟姉妹に遺留分は**認められていません**。そのため、相続人が配偶者と兄弟姉妹の場合、遺言により全財産を配偶者に残すことができます。　[×]

(3)

B

相続税は相続または**遺贈**（死因贈与を含む）により**財産を取得**した場合にかかり、贈与税は、個人から贈与により財産を取得した個人にかかる税金です。

○

C

相続税の課税価格の計算は、「本来の相続財産＋みなし相続財産の価額－非課税財産の価額－債務および葬式費用の額＋被相続人からの相続開始前3年以内の贈与財産の価額」によって算出されます。

B

生命保険金の非課税限度額は、「500万円×法定相続人の数」で算出されます。

○

C

墓地購入未払金など非課税財産に関する債務は、**債務控除の対象になりません**。債務控除の対象となるのは、借入金、アパートの預り敷金、未払医療費、未払いの公租公課（所得税、住民税、固定資産税等）などです。

B

相続税の基礎控除額は、「3,000万円＋600万円×法定相続人の数」で計算します。課税価格の合計額が基礎控除額以下の場合には、相続税はかかりません。

○

B

6 相続税の総額を計算する場合、「法定相続人の数」は、①相続の放棄があった場合はなかったものとして人数に算入し、②養子の数は、実子がいる場合は1人まで、いない場合は2人まで人数に算入する。**よく出る**

7 課税遺産総額とは、課税価格の合計額から非課税財産の価額と基礎控除額を引いた価額のことである。

8 相続税の総額は、課税遺産総額を法定相続分で按分して、相続人ごとの相続税額を算出し、それを合計したものである。

9 相続税の2割加算の対象とならない相続人は、配偶者、子、直系尊属、兄弟姉妹である。

10 配偶者の税額軽減は、内縁関係にある者であっても、生計を一にしていた期間が20年以上である場合は、その適用を受けることができる。

11 贈与税額控除とは、生前に被相続人から財産の贈与を受けたすべての者を対象として、その贈与財産にかかる贈与税額を相続税額から控除する制度である。

12 相続税の申告書は、相続の開始があったことを知った日の翌日から10ヵ月以内に提出しなければならない。

13 小規模宅地等の評価減の特例を受けて相続税がゼロになった場合は、相続税の申告書を提出する必要はない。

14 相続税の物納は、延納によっても金銭で納付することが困難である場合、金銭で納付することが困難な金額を限度として認められている。

相続税の総額の計算をする際の「法定相続人の数」は、①相続の放棄があった場合はなかったものとして数え、②養子の数は、原則として実子がいた場合は1人まで、いなかった場合は2人まで人数に算入します。なお、①被相続人の配偶者の実子で被相続人の養子となった者、②代襲相続人で被相続人の養子となった者、③特別養子縁組制度により養子となった者は、実子とみなされ、養子の数の制限を受けません。

○
B

課税遺産総額とは、課税価格の合計額から遺産に係る基礎控除額を引いた価額のことです。

×
B

相続税の総額とは、課税遺産総額を法定相続分で按分して、相続人ごとの相続税額を算出し、その額を合計したものです。

○
B

相続税の2割加算の対象とならない相続人は、①配偶者、②被相続人の一親等の血族（代襲相続人を含む）です。被相続人の孫等の直系卑属が養子になっている場合は、その者が代襲相続人である場合を除き2割加算の対象となります。

×
B

配偶者の税額軽減は、内縁関係にある者には適用されません。被相続人と正式に婚姻している者が対象となります。

×
B

贈与税額控除とは、相続や遺贈により財産を取得した者が、被相続人から相続開始前3年以内に贈与を受けている場合（2024年1月1日以降に贈与を受けた財産は7年以内）、その贈与財産にかかる贈与税を、その者の相続税額から控除することができるというもので、相続税と贈与税の二重課税を防ぐための制度です。

×
B

相続税の申告書は、相続の開始があったことを知った日の翌日から10ヵ月以内に提出しなければなりません。

○
B

小規模宅地等の評価減の特例、配偶者の相続税額の軽減等の適用を受けた場合、相続税がゼロであっても申告書を提出する必要があります。

×
B

相続税の物納は、延納によっても金銭で納付することが困難な場合、金銭で納付困難な金額を限度として認められます。なお、物納する財産は国内にある相続財産に限られ、相続人が以前から所有していた財産を物納に充てることはできません。

○
B

6
相続・事業承継

学科

15 相続税の課税財産に関する次の記述のうち、最も不適切なものはどれか。
□□

(1) 契約者（＝保険料負担者）および受取人を相続人、被保険者を被相続人とする生命保険契約に基づき支払われた死亡保険金は、相続税の課税対象となる。

(2) 相続または遺贈により財産を取得した者が、相続開始前3年以内に被相続人から暦年課税による贈与にて取得した財産は、原則として、相続税の課税対象となる。

(3) 被相続人が保険料を負担しており、相続人が保険契約者および被保険者である生命保険契約に関する権利は、相続税の課税対象となる。

(4) 被相続人が相続開始時に有する仏壇や仏具であっても、被相続人が営む個人事業の棚卸資産である場合は相続税の課税対象となる。

16 相続税の非課税財産に関する次の記述のうち、最も不適切なものはどれか。
□□ よく出る

(1) 死亡退職金の非課税の規定による非課税限度額は、「500万円×法定相続人の数」の算式により計算した金額である。

(2) 被相続人の業務上の死亡により遺族が受け取った弔慰金のうち、被相続人の死亡当時の普通給与の3年分に相当する額は、相続税の対象とならない。

(3) 代襲して相続人となった孫が受け取った死亡保険金については、死亡保険金の非課税の規定の適用を受けることができない。

(4) 相続または遺贈により取得した財産で、相続税の申告期限までに国に寄付等した財産は、原則として相続税がかからない。

（1）本問の死亡保険金は、保険料負担者と受取人が同一の者であることから、所得税（一時所得）の対象になります。 [×]

（2）相続等により財産を取得した者への被相続人からの相続開始前３年以内（2024年１月１日以降に贈与を受けた財産は７年以内）の暦年課税に係る贈与財産は、相続財産に加算されます。贈与税が課されていた場合は、贈与税額控除の適用を受けることができます。 [○]

（3）被相続人が保険料を負担している生命保険契約に関する権利であるため、みなし相続財産として相続税の課税対象となります。 [○]

（4）仏壇や仏具は相続税の非課税財産ですが、被相続人の事業上の棚卸資産である場合には、相続税の課税対象となります。 [○]

> 生前贈与財産は、相続開始前３年以内に贈与を受けた財産が対象でしたが、改正により、2024年１月１日以降に贈与を受けた財産は、相続開始前７年以内に贈与を受けた財産が対象となりました。

（1）死亡退職金の非課税限度額は、死亡保険金の非課税限度額と同様に「500万円×法定相続人の数」の算式により計算します。 [○]

（2）弔慰金は、被相続人の業務上の死亡の場合は、死亡当時の普通給与の３年分に相当する額が非課税となります。また、業務上以外の死亡の場合は、死亡当時の普通給与の半年分に相当する額が非課税となります。 [○]

（3）死亡保険金の非課税の規定は、死亡保険金の受取人が相続人である場合に適用されます。したがって、孫が代襲相続人である場合は、非課税の規定の適用を受けることができます。 [×]

（4）相続財産を相続税の申告期限までに国に寄付等した場合は、原則として、相続税は非課税となります。ただし、相続税の負担が不当に減少する結果となる場合は除きます。 [○]

17 相続税の申告に関する次の記述のうち、最も不適切なものはどれか。

よく出る

（1）「小規模宅地等の評価減の特例」を適用しないで計算した相続税の課税価格の合計額が遺産に係る基礎控除額以下の場合は、相続税の申告書を提出する必要はない。

（2）相続人が複数いる場合、各相続人は共同で、被相続人の死亡時の住所地の所轄税務署長に相続税の申告書を提出しなければならない。

（3）相続税の申告書の提出期限は、相続の開始があったことを知った日の翌日から10ヵ月以内である。

（4）申告期限までに相続財産が未分割で相続税の課税価格の合計額が遺産に係る基礎控除額を超える場合は、法定相続人が法定相続分で分割したものとして相続税の課税価格を計算し、相続税の申告書を提出しなければならない。

❸ 贈与と法律・税金

一問一答問題

1 贈与契約において、契約書を作成しない場合は、その贈与契約は無効である。

2 学生である長女が、扶養義務者である父から学費とは別に2年分の生活費として、現金2,000万円を一括贈与された場合、贈与税が課される。

3 相続時精算課税制度（住宅取得等資金贈与に係る特例を除く）の適用の対象となる贈与者は60歳以上の直系尊属であり、受贈者は18歳以上の子に限定される。 よく出る

（1）相続税の課税価格の合計額が遺産に係る基礎控除額以下の場合は、相続税の申告をする必要はありません。ただし、**配偶者の税額軽減、小規模宅地等の評価減の特例**の適用を受ける場合は**申告**が必要です。 [O]

（2）相続税の申告書は、各相続人が別々に申告書を作成して被相続人の死亡時の住所地の所轄税務署長に提出することができます。 [×]

（3）相続税の申告書の提出期限は、相続の開始があったことを知った日の翌日から**10ヵ月以内**です。相続税の納税も申告書の提出期限までに行う必要があります。 [O]

（4）相続税の申告期限までに相続財産が未分割の場合は、法定相続人が**法定相続分**で分割したものとして相続税の課税価格を計算しますが、配偶者の税額軽減や小規模宅地等の評価減の特例の適用を受けることはできません。 [O]

贈与の意思表示は、**書面でも口頭でもよい**とされています。

生活費などとして必要な程度を必要な都度、直接充当する場合は非課税ですが、**通常必要と認められる額を超えて一括贈与された場合**は、贈与税が課されます。

相続時精算課税制度は、**18歳以上の孫**も対象となります。年齢については、贈与の年の1月1日時点で判断します。

4 贈与に関する次の記述のうち、最も不適切なものはどれか。
☐☐

（1）贈与契約は、財産を無償で相手方に与える意思を示し、相手方がそれを受諾することにより成立する片務契約である。

（2）負担付贈与契約の贈与者は、その負担の限度において、売買契約の売主と同様の担保責任を負わなければならない。

（3）死因贈与契約の贈与財産が不動産である場合は、契約締結時に始期付所有権移転仮登記を申請することができる。

（4）贈与契約の課税時期は、書面による贈与契約はその履行があったとき、書面によらない贈与契約はその効力が発生したときである。

5 贈与税の課税財産に関する次の記述のうち、最も不適切なものはどれか。
☐☐

（1）契約者（＝保険料負担者）が父、被保険者が父、保険金受取人が子である生命保険契約において、父の死亡により子が受け取った死亡保険金は、贈与税の対象となり、相続税の対象とならない。

（2）契約者（＝保険料負担者）が父、被保険者が子、保険金受取人が父である一時払い生命保険契約において、契約者を父から子に変更後、その生命保険契約を解約したことによって子が受け取った解約返戻金相当額は、贈与税の対象となる。

（3）扶養義務者からの贈与により取得した財産のうち、生活費として通常必要と認められるものは、贈与税の課税対象とならない。

（4）個人が法人からの贈与により取得した財産は、所得税の対象となり、贈与税の対象とならない。

（1）贈与契約は、贈与者のみが贈与の目的物を引き渡すという債務を負い、受贈者は一切の債務を負わないことから、**片務契約**と言われます。　［○］

（2）**負担付贈与**は、負担を限度として贈与と負担との間に対価的な関係が発生するため、贈与者は、売買契約の売主と同様の担保責任を負います。　［○］

（3）死因贈与契約の贈与者が死亡したことにより、死因贈与契約の効力が生じたときは、死因贈与の仮登記について、本登記手続きを行います。　［○］

（4）贈与契約の課税時期は、**書面による**贈与契約はその効力が発生したとき、書面によらない贈与契約はその履行があったときです。　［×］

（1）被相続人の死亡によって取得した生命保険金でその保険料を被相続人が負担していたものは、相続税の対象となります。　［×］

（2）契約者の変更があっても、その変更に対して贈与税は課されません。その後、**変更後の契約者**が保険契約を解約し、**解約返戻金**を取得した場合には、契約者が解約返戻金相当額を保険料負担者から贈与により取得したものとみなされて、贈与税が課されます。　［○］

（3）夫婦や親子などの**扶養義務者**から**生活費**や**教育費**に充てるために取得した財産で、通常必要と認められるものは、贈与税が課されません。　［○］

（4）贈与税は、個人から財産を贈与により取得した場合に課されます。**法人**から財産を贈与により取得した場合には贈与税ではなく、**所得税**が課されます。

［○］

6 贈与税の計算に関する次の記述のうち、最も適切なものはどれか。 **よく出る**

(1) 暦年課税による贈与に係る贈与税額の計算上、適用される税率は、超過累進税率である。

(2) 相続時精算課税制度の適用を受けた贈与財産に係る贈与税額の計算上、認められる特別控除額の限度額は、特定贈与者ごとに累計で3,000万円である。

(3) 贈与税の配偶者控除の適用を受けた場合、贈与税額の計算上、課税価格から基礎控除額のほかに配偶者控除として最高で2,500万円を控除することができる。

(4) 暦年課税による贈与に係る贈与税額の計算上、基礎控除額は、受贈者が個人である場合には、贈与者1人当たり年間110万円である。

7 贈与税の配偶者控除（以下「本控除」という）に関する次の記述のうち、最も適切なものはどれか。なお、各選択肢において、本控除の適用を受けるためのほかに必要とされる要件はすべて満たしているものとする。
よく出る

(1) 受贈者が本控除の適用を受けるためには、贈与時点において、贈与者との婚姻期間が10年以上であることが必要である。

(2) 配偶者が所有する居住用家屋およびその敷地の用に供されている土地のうち、土地のみについて贈与を受けた者は、本控除の適用を受けることができない。

(3) 本控除の適用を受け、その贈与後3年以内に贈与者が死亡して相続が開始し、受贈者がその相続により財産を取得した場合、本控除に係る控除額相当額は、受贈者の相続税の課税価格に加算される。

(4) 本控除の適用を受けた場合、贈与税額の計算上、贈与により取得した財産の合計額から、基礎控除額を除き最高2,000万円の配偶者控除額を控除することができる。

（1）設問のとおり。なお、相続税と贈与税は超過累進税率が適用されますが、累進度合いは贈与税が相続税より高くなっています。　　　　　　　　［〇］

（2）相続時精算課税制度の適用を受けた贈与財産に係る贈与税額の計算上、認められる特別控除額の限度額は、特定贈与者ごとに累計2,500万円です。［×］

（3）贈与税の配偶者控除の適用を受けた場合、贈与税額の計算上、課税価格から基礎控除額のほかに配偶者控除として最高で2,000万円を控除することができます。　　　　　　　　　　　　　　　　　　　　　　　　　　　［×］

（4）贈与税は個人から個人への贈与が対象となり、暦年課税による基礎控除額は、受贈者1人当たり年間110万円です。　　　　　　　　　　　　　　　［×］

(1)

B

（1）本控除の適用を受けるに当たって、贈与時点で20年以上の婚姻期間があることが要件となっています。　　　　　　　　　　　　　　　　　　　　　［×］

（2）配偶者が所有する居住用家屋およびその敷地の用に供されている土地のうち、土地のみについて贈与を受けた場合も、本控除の適用を受けることができます。　　　　　　　　　　　　　　　　　　　　　　　　　　　　　　［×］

（3）本控除は、生前贈与加算の対象とはならないため、本控除に係る控除相当額は、受贈者の相続税の課税価格に加算されません。　　　　　　　　　　　　［×］

（4）本控除の2,000万円と基礎控除の110万円は併用することができます。［〇］

(4)

B

> 贈与税の配偶者控除は、その適用を受けることで相続財産が減少するため、相続税対策に有効です。

8 生前贈与による相続税対策に関する次の記述のうち、最も適切なものはどれか。

（1）父と母から同一年に暦年課税贈与を受けた場合、贈与者単位で110万円の基礎控除適用が受けられるので、最高220万円まで非課税となる。

（2）相続時精算課税制度を選択した受贈者は、その選択した年分以降の特定贈与者からの贈与について、相続時精算課税制度による贈与と暦年課税贈与のどちらを適用するか選択することができる。

（3）相続または遺贈により財産を取得しなかった孫が、その相続開始前3年以内にその相続に係る被相続人から暦年贈与により取得した財産は、相続税の課税対象となる。

（4）孫が結婚・子育て資金の一括贈与に係る贈与税の非課税の適用を受け、その契約期間中に贈与者が死亡した場合は、管理残額を贈与者の相続税の課税価格に加算するが、この管理残額は相続税の2割加算の対象とならない。

❹ 相続財産の評価（不動産）

1 路線価方式とは、宅地の面する路線ごとに定められた路線価を基礎として、その宅地の奥行距離等に応じた画地調整率を使って評価を求める方法である。

2 貸家建付地の相続税評価額は、「自用地評価額×（1－借地権割合×賃貸割合）」で評価される。

3 小規模宅地等の評価減の特例において、相続した居住用宅地を配偶者が取得した場合は、特定居住用宅地等として、330m²を限度として通常の相続税評価額から80％減額となる。 **よく出る**

（1）贈与税の基礎控除額は、贈与者ごとではなく、**受贈者ごとに１年間で110万円**です。　　　　　　　　　　　　　　　　　　　　　　　　　　　　　　　［×］

（2）相続時精算課税制度を選択した場合、受贈者はその選択した年分以降の特定贈与者からの贈与については相続時精算課税制度を適用しなければなりません。　　　　　　　　　　　　　　　　　　　　　　　　　　　　　［×］

（3）相続開始前３年以内の贈与についての生前贈与加算は、相続または遺贈により財産を取得していない者への贈与については適用されません。相続人ではない孫に生前贈与することで、被相続人の相続財産が減少するので相続税対策になります。　　　　　　　　　　　　　　　　　　　　　　　　　　　［×］

（4）孫は、**代襲相続人である場合を除き**、相続税の**２割加算**の対象となります。ただし、結婚・子育て資金の一括贈与に係る贈与税の非課税制度の管理残額に係る相続税額については、相続の２割加算の規定の適用はありません。［○］

（4）

一度、相続時精算課税制度を選択すると以降の同じ贈与者からの贈与は、すべて相続時精算課税制度が適用されます。

路線価方式とは、宅地の面する路線ごとに定められた路線価を基礎として、その宅地の奥行距離に応じた「奥行価格補正率」などの画地調整率を使って評価を求める方法です。

○

貸家建付地の相続税評価額は、「自用地評価額×（１－借地権割合×借家権割合×賃貸割合）」で評価します。

×

小規模宅地等の評価減の特例において、宅地を配偶者が取得した場合は、**特定居住用宅地等**として、**330m²**を限度として通常の相続税評価額から**80％**が減額となります。

○

4 相続税における宅地の評価および路線価に関する次の記述のうち、最も不適切なものはどれか。 よく出る

（1）宅地の価額は、一区画の宅地ごとに評価するとされるが、一区画の宅地とは、利用の単位となっている一区画の宅地のことであり、必ずしも登記上の一筆の宅地からなるとは限らない。

（2）宅地の評価方法には、路線価方式と倍率方式とがあり、その路線価および倍率は、路線価図および評価倍率表により公表されている。

（3）路線価図において、路線に「200 C」と記載されている場合、「200」はその路線に面する標準的な宅地 1 m² 当たりの価額が200千円であることを示し、「C」はその路線に面する宅地の借地権割合が70％であることを示している。

（4）相続税において宅地の評価に用いる路線価は、国税局ごとに毎年7月1日時点の価額が公表されている。

5 Aさんの相続が開始した場合の、相続税額の計算における土地の評価に関する次の記述のうち、最も不適切なものはどれか。

（1）Aさんが、自己の所有する土地の上に自宅を建築して居住していた場合、この土地は自用地として評価する。

（2）Aさんの子が、Aさんの所有する土地を使用貸借により借り受けて、その土地の上に自宅を建築して居住していた場合、この土地は自用地として評価する。

（3）Aさんが、自己の所有する土地の上にアパートを建築し、第三者に賃貸していた場合、この土地は貸家建付地として評価する。

（4）Aさんが、自己の所有する土地の上に事務所を建築し、Aさんが役員である法人に賃貸していた場合、この土地は貸宅地として評価する。

⑤ 相続財産の評価（不動産以外）

1 上場株式の相続税評価額は、課税時期の終値と課税時期の属する月の毎日の終値の平均額のうち低いほうの価額で評価される。 よく出る

（1）宅地の価額は、登記上の一筆ごとに行うのではなく、利用の単位となっている一区画の宅地ごとに評価します。 ［○］

（2）路線価方式は、**市街地内の道路に面した宅地に付けられた1m²当たりの価額**（路線価）に地積を乗じて相続税評価額を算出します。倍率方式は、宅地の固定資産税評価額に、国税局長が定めた一定割合を乗じて、相続税評価額を算定します。路線価図、評価倍率表は公表されています。 ［○］

（3）宅地の評価に用いる路線価は、その道路（路線）に面する標準的な宅地の1m²当たりの価額です。金額の後のアルファベットは**借地権割合**を示します。 ［○］

（4）路線価は、国税局ごとに毎年1月1日時点の評価額が定められ公表されます。 ［×］

(4)
B

（1）自用地とは、**所有者以外に使用する権利者がいない土地**のことです。Aさんが自己所有する土地に自宅を建築して居住している場合、自用地として評価します。 ［○］

（2）使用貸借に係る使用借権の価額はゼロとして取り扱うため、**使用貸借により貸し付けている土地**は、自用地として評価します。 ［○］

（3）貸家建付地とは、所有する土地に建築した建物を他者に貸し付けている土地のことです。 ［○］

（4）自己所有する土地に建築した建物を他者に賃貸していることから、貸家建付地として評価します。なお、法人が借地人として借地権が設定されている土地をAさんから借り受けている場合は、貸宅地として評価します。 ［×］

(4)
B

上場株式の相続税評価額は、①課税時期の終値、②課税時期の属する月の毎日の終値の平均額、③課税時期の属する月の前月の毎日の終値の平均額、④課税時期の属する月の前々月の毎日の終値の平均額のうち、最も低い価額で評価します。

B

2 上場されている利付公社債の相続税評価額は、「課税時期の最終価格＋源泉所得税等控除後の既経過利息の額」で評価される。
☐☐

3 保険料負担者と被保険者が被相続人、死亡保険金受取人が被相続人の配偶者である場合、死亡保険金は相続税の課税対象となる。
☐☐

四肢択一問題

4 相続税における取引相場のない株式の評価に関する次の記述のうち、最も不適切なものはどれか。
☐☐

（1）会社規模の判定は、従業員数、純資産価額、取引金額の３つの基準によって「大会社」「中会社（大、中、小）」「小会社」に区分されるが、従業員数が100人以上の場合は「大会社」に区分される。

（2）類似業種比準価額方式における比準要素には、１株当たりの配当金額、１株当たりの利益金額および１株当たりの純資産価額がある。

（3）会社規模が小会社である会社の株式の原則的評価方式は、純資産価額方式であるが、納税義務者の選択により、類似業種比準方式と純資産価額方式の併用方式で評価することもできる。

（4）配当還元方式による株式の価額は、その株式の１株当たりの年配当金額を10％で還元した元本の金額によって評価する。

上場されている利付公社債の相続税評価額は、「課税時期の最終価格＋源泉所得税等控除後の既経過利息の額」で評価されます。

保険料負担者と被保険者が被相続人、死亡保険金受取人が被相続人の配偶者である場合、配偶者が受け取った死亡保険金は、相続税の対象となります。

（1）会社規模区分の判定は、まず従業員数による判定を行い、従業員数が70人以上の場合は、その段階で「大会社」に区分されます。　　　　　　　　［×］

（2）類似業種比準価額方式における比準要素は、1株当たりの配当金額、1株当たりの利益金額および1株当たりの純資産価額の3要素であり、各要素の比重は、1：1：1です。　　　　　　　　　　　　　　　　　　　　　　　［○］

（3）会社規模が小会社である会社の株式の原則的評価方式は、純資産価額方式ですが、類似業種比準方式と純資産価額方式の併用方式での評価も可能で、いずれか有利なものを選択することができます。　　　　　　　　　　　　［○］

（4）配当還元方式による株式の価額は、その株式の1株当たりの年配当金額を10％で還元した元本の金額によって評価します。　　　　　　　　　　［○］

 評価方法を選定する際の要件

株式の取得者	会社の規模	原則的な評価方法
同族株主	大会社	類似業種比準方式 （または純資産価額方式の低いほう）
	中会社	併用方式（または純資産価額方式の低いほう）
	小会社	純資産価額方式（または併用方式の低いほう）
同族株主以外		配当還元方式

❻ 相続と保険の活用

1
□□ 不動産や自社株のように分割が難しい財産を多く所有している個人事業主の場合、生命保険に加入することは、遺産分割対策や納税資金対策として有効とはいえない。

❼ 事業承継対策

1
□□ 自社株の評価方式は、経営支配権のない者は特例評価方式である配当還元価額で評価し、経営支配権のある同族株主は原則的評価方式で評価する。

2
□□ 類似業種比準価額は、評価会社と類似業種の「1株当たり配当金額」「1株当たり年利益金額」「1株当たり簿価総資産価額」の3要素を比較し算出した比率に類似業種の株価を乗じ、さらに斟酌率を乗じて評価会社の株価を算出する。

3
□□ 非上場会社の後継者である相続人が、相続によってその会社の株式を取得した場合、相続税の納税が猶予される特例がある。

4
□□ 非上場株式等についての相続税・贈与税の納税猶予および免除の特例の適用を受けるためには、相続が発生してから10ヵ月以内に経済産業大臣による認定を受ける必要がある。

生命保険に加入することで、相続人が現金を確保することができるので、遺産分割対策や納税資金対策として有効です。

自社株の評価方式は、株式取得者が当該会社の経営支配力を持つ**同族株主等**かそれ**以外の株主**かの区分により評価方法が変わります。

類似業種比準価額の計算においては、「1株当たり簿価総資産価額」ではなく、「1**株当たり簿価純資産価額**」を用います。

非上場会社の後継者である相続人が、相続でその会社の株式を取得し、その会社を経営していく場合、一定の要件のもと、相続税の納付が猶予されます。

非上場株式等についての相続税・贈与税の納税猶予および免除の特例の適用を受けるためには、相続が発生してから10ヵ月以内に都道府県知事の認定を受ける必要があります。

実技試験対策

相続税の計算問題は
大丈夫ですか？

協会｜資産 は日本FP協会の資産設計提案業務に、金財｜個人 は金財の個人資産相談業務に対応した問題を示しています。

第1問 下記の各問（ 1 ～ 2 ）に答えなさい。

協会｜資産　金財｜個人

1 下記の親族関係図において、民法の規定に基づく法定相続分に関する以下の記述の空欄①～③に入る適切な数値または語句を語群のなかから選びなさい。なお、同じ数値または語句を何度でも選んでよいこととする。

よく出る

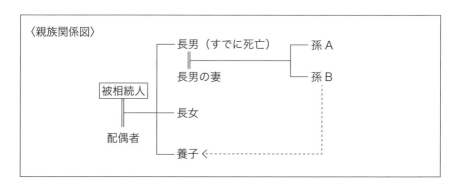

〈親族関係図〉

・長女の法定相続分は（　①　）。

・孫Aの法定相続分は（　②　）。

・孫Bの法定相続分は（　③　）。

〈語群〉

| 1/2 | 1/3 | 1/4 | 1/6 | 1/8 | 1/12 | なし |

2 下記の親族関係図において、民法の規定に基づく法定相続分および遺留分に関する次の記述の空欄①〜③に入る適切な数値または語句を語群のなかから選びなさい。なお、同じ数値または語句を何度でも選んでよいこととする。 よく出る

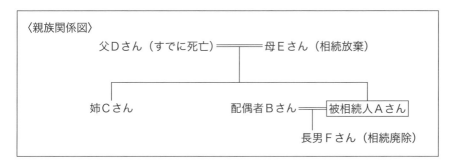

〈親族関係図〉

父Dさん（すでに死亡）＝＝＝＝母Eさん（相続放棄）

姉Cさん　　　　　　　配偶者Bさん＝＝＝被相続人Aさん

長男Fさん（相続廃除）

［各人の法定相続分と遺留分］
・被相続人の配偶者Bさんの法定相続分は（　①　）。
・被相続人の姉Cさんの法定相続分は（　②　）。
・被相続人の姉Cさんの遺留分は（　③　）。

〈語群〉

なし	1/2	1/3	1/4	1/6	1/8
1/10	1/12	1/16	2/3	3/4	3/16

1 **正解** ① 1/6　② 1/12　③ 1/4　**B**

　配偶者と第一順位の子の法定相続分は、配偶者が 1/2、子が 1/2 となります。子が複数いるときは、その法定相続分を子の人数でさらに割り均等に相続します。

　設問の場合、子である長男がすでに死亡しているため、長男の子である孫Aおよび孫Bが代襲相続人となり、長女、養子と等分することになります。また、孫Bの相続分は**代襲相続人**としての相続分と**養子**としての相続分の合計となります。

　長女：$1/2 \times 1/3 = 1/6$

　孫A：$1/2 \times 1/3 \times 1/2 = 1/12$

　孫B：$1/2 \times 1/3 \times 1/2 + 1/2 \times 1/3 = 1/4$

2 **正解** ① 3/4　② 1/4　③ なし　**B**

　本問の親族関係図において、その**法定相続人**は、配偶者Bさん、姉Cさんの2人です。なお、長男Fさんおよび母Eさんは相続廃除または相続放棄をしているため、第3順位の姉Cさんが相続人となります。各人の法定相続分および遺留分は、次のとおりです。

　① 配偶者Bさんの法定相続分：3/4

　② 姉Cさんの法定相続分：1/4

　③ 姉Cさんの遺留分：なし（遺留分権利者に該当しない）

法定相続人と法定相続分

配偶者と子の場合	配偶者	1/2	子 （第1順位）	1/2
配偶者と 直系尊属の場合	配偶者	2/3	直系尊属 （第2順位）	1/3
配偶者と 兄弟姉妹の場合	配偶者	3/4	兄弟姉妹 （第3順位）	1/4

協会│資産

3 　個人で事業を営んでいる工藤さんは子供がいないため、自分に万一のこと
□□ 　があった場合、妻に財産を遺してあげられるか不安を抱えている。そこで、
相談を受けたファイナンシャル・プランナーの原さんが、遺言の方法につ
いて説明を行った。以下の空欄①～⑤に入る適切な語句を語群のなかから
選びなさい。なお、同じ語句を何度でも選んでよいこととする。

工藤さん　「もし、私に万一のことがあった場合、妻に財産をすべて遺すこ
　　　　　とができるのでしょうか？」

原さん　　「それでは、まず、相続人が誰なのかを確認しなければなりません。
　　　　　お子さんはいらっしゃいますか？」

工藤さん　「子供はおらず、私の両親もすでに他界し、兄と妹がおります」

原さん　　「それでは、方式は問いませんが、遺言を残しておかないと、奥
　　　　　様に全財産を遺すことができません。遺言といっても（　①　）
　　　　　方式遺言の場合、３つの方式があり、今すぐにでもできるのが、
　　　　　（　②　）証書遺言です」

工藤さん　「（　②　）証書遺言って何ですか？」

原さん　　「（　②　）証書遺言はいつでも自ら作成できる遺言で、ワープロ
　　　　　やパソコンで作成したものは認められませんが、全文を工藤さん
　　　　　が自書することで作成できるものです。また、（　③　）につい
　　　　　てはパソコンで作成したものや、通帳の写しも自署押印すること
　　　　　で認められています」

工藤さん　「なるほど、確かに気軽に作成できますね。ただ、様式不備は何
　　　　　としても避けたいので、他によいものはありませんか？」

原さん　　「それならば（　④　）証書遺言がお勧めです。この遺言は、法
　　　　　律の専門家である公証人が作成するため、様式不備ということは
　　　　　ありません。ただし、費用がかかるだけでなく、証人が最低でも
　　　　　（　⑤　）必要となります」

工藤さん　「それでは、妻にも証人になってもらいましょう」

原さん　　「いいえ、奥様は残念ながら証人になることはできません。（　④　）
　　　　　証書遺言の詳細をご説明しましょう」

4 相続税における「小規模宅地等の評価減の特例」に関する下表の空欄①〜
④に入る適切な数値を語群のなかから選びなさい。なお、問題の性質上、
明らかにできない部分は「□□□」で示してある。

宅地等の区分	適用限度面積	減額割合
特定居住用宅地等	（ ① ） m²	（ ③ ） %
特定事業用宅地等	（ ② ） m²	
特定同族会社事業用宅地等		
貸付事業用宅地等※	□□□ m²	□□□%

※特定事業用宅地等と貸付事業用宅地等については、一定の場合に該当しない限
り、相続開始前（　④　）年以内に新たに（貸付）事業の用に供された宅地等
を除く。

3 正解 ① 普通 ② 自筆 ③ 財産目録 ④ 公正 ⑤ 2人 **B**

遺言には、大きく分けると普通方式と特殊な状況下で利用される特別方式があり、さらに普通方式の遺言は、公証人などの関与を必要としない**自筆証書遺言**と、公証人などの関与を必要とする**公正証書遺言**および秘密証書遺言とに分けられます。

自筆証書遺言とは、遺言者が**全文、日付および氏名を自書**し、これに**押印する**ことによって成立する最も簡便な方式です。全文の自書が要求されるため、ワープロやパソコンで作成したものは認められませんが、法改正により2019年1月13日以降は、**パソコンや通帳のコピー**などを利用した**財産目録の作成**も可能になりました。

公正証書遺言は、遺言者が口述した遺言内容を、公証人が筆記する方式の遺言で、煩雑で費用がかかり、秘密保持が難しいというデメリットがある反面、原本が公証役場で保管されるため、紛失・改変のおそれはありません。

公正証書遺言では、**証人（2人以上）**の立合いが必要となり、遺言書の推定相続人、受遺者および配偶者と直系血族などは証人になることができません。

4 正解 ① ハ ② ニ ③ ヘ ④ リ **B**

小規模宅地の評価減の特例において、宅地等の区分と適用限度面積、減額割合は、次のようになります。

宅地等の区分	適用限度面積	減額割合
特定居住用宅地等	① 330m²	③ 80％
特定事業用宅地等	② 400m²	
特定同族会社事業用宅地等		
貸付事業用宅地等※	200m²	50％

※特定事業用宅地等と貸付事業用宅地等については、一定の場合に該当しない限り、相続開始前④3年以内に新たに（貸付）事業の用に供された宅地等を除く。

6
相続・事業承継

実技

257

協会 | 資産 | 金財 | 個人

⑤
☐☐
下記の相続事例における相続税の課税価格の合計額と遺産に係る基礎控除額の組合せとして、正しいものはどれか。 **よく出る**

〈課税価格の合計額を算出するための財産等の相続税評価額〉
　相続により取得した財産の価額　：8,200万円
　みなし相続財産の価額　　　　　：1,500万円
　債務および葬式費用の額　　　　：　200万円
※上記財産には非課税財産は含まれない。

なお、被相続人の妻は、被相続人から2年前に居住用財産を贈与により取得し、贈与税の配偶者控除の適用を受けた。贈与時の評価額は1,800万円である。なお、適用要件はすべて満たしているものとする。

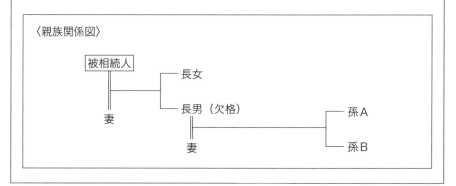

〈親族関係図〉

（1）課税価格の合計額：　9,500万円、基礎控除額：5,400万円
（2）課税価格の合計額：11,300万円、基礎控除額：5,400万円
（3）課税価格の合計額：　9,500万円、基礎控除額：4,800万円
（4）課税価格の合計額：11,300万円、基礎控除額：4,800万円

5   正解（1） **B**

相続税の課税価格の合計額は、以下のとおりです。

相続により取得した財産の価額（8,200万円）＋みなし相続財産の価額（1,500万円）－債務および葬式費用の額（200万円）＝9,500万円

妻が被相続人から2年前に、贈与税の配偶者控除の適用を受けて取得した居住用財産（1,800万円）は、相続税の課税価格には加算されません。

遺産に係る基礎控除額は、「**3,000万円＋600万円×法定相続人の数**」で算出します。相続税を計算する際の法定相続人の数は、被相続人の妻、長女、長男の子である孫Aと孫B（代襲相続人）の計4人です。長男は**欠格**であるため、**代襲相続**が発生します。

したがって、遺産に係る基礎控除額は、「3,000万円＋600万円×4人」＝**5,400万円**です。

> 長男が欠格のため、孫Aと孫Bが代襲相続し、法定相続人の数は合計4人になります。

協会｜資産

6 □□
山中智樹さん（45歳）は、父（72歳）と母（69歳）と叔父（67歳）から下記〈資料〉の贈与を受けた。智樹さんの2024年分の贈与税額として、正しいものはどれか。なお、父からの贈与については、2023年から相続時精算課税制度の適用を受けている。 よく出る

〈資料〉

[2023年の贈与]
・父から贈与を受けた金銭の額：1,300万円
・母から贈与を受けた金銭の額：　150万円

[2024年の贈与]
・叔父から贈与を受けた金銭の額：　300万円
・父から贈与を受けた金銭の額　：1,400万円 注1

注1：贈与税の課税価格から相続時精算課税制度に係る基礎控除額の110万円を控除した後の残額である。
※2023年および2024年に上記以外の贈与はないものとする。
※住宅取得等資金に係る贈与はないものとする。

〈贈与税の速算表〉（一部抜粋）

一般贈与財産			特例贈与財産		
基礎控除後の課税価格	税率	控除額	基礎控除後の課税価格	税率	控除額
200万円以下	10％	―	200万円以下	10％	―
300万円以下	15％	10万円	400万円以下	15％	10万円
400万円以下	20％	25万円	600万円以下	20％	30万円
600万円以下	30％	65万円	1,000万円以下	30％	90万円
1,000万円以下	40％	125万円	1,500万円以下	40％	190万円

（1）485,000円　（2）530,000円　（3）590,000円　（4）1,000,000円

6 **正解（3）** **B**

　父からの贈与は相続時精算課税制度の適用を受けているため、贈与額の累計が2,500万円を超えると、超えた部分は20%の税率で贈与税が課されます。叔父からの贈与については、基礎控除（110万円）を超える部分が贈与税の対象となり、直系尊属ではないので一般贈与財産の税率が適用されます。

　2024年分の贈与税額は、以下のとおりです。

　父からの贈与：（1,300万円＋1,400万円－2,500万円）×20％＝40万円

　叔父からの贈与：（300万円－110万円）×10％＝19万円

　贈与税額の合計：40万円＋19万円＝590,000円

　税制改正により、相続時精算課税制度を選択した受贈者は、1年間に贈与により取得した財産の価額の合計額から、基礎控除額の110万円を控除することができ、控除後の金額の累計額から2,500万円を控除して贈与税額を算出します。

> その年の1月1日現在で18歳以上の者が直系尊属から贈与を受けた場合のみ、特例贈与財産の税率が適用となります。

協会｜資産

7 下記〈資料〉の土地に係る路線価方式による普通借地権の相続税評価額の
計算式として、正しいものはどれか。なお、賃貸割合は100％とする。

〈資料〉

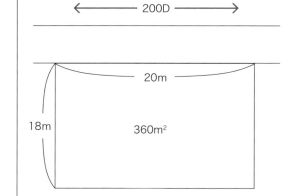

［借地権割合］

記号	借地権割合
A	90％
B	80％
C	70％
D	60％
E	50％
F	40％
G	30％

※奥行価格補正率（15m以上20m未満）：1.00
※借家権割合：30％
※その他の記載のない条件は考慮しないこととする。

（1）200千円 × 1.00 × 360m^2

（2）200千円 × 1.00 × 360m^2 × 60％

（3）200千円 × 1.00 × 360m^2 × （1 － 60％）

（4）200千円 × 1.00 × 360m^2 × （1 － 60％ × 30％ × 100％）

8 下記〈資料〉の宅地（貸家建付地）について、路線価方式による相続税評
価額として、正しいものはどれか。

〈資料〉

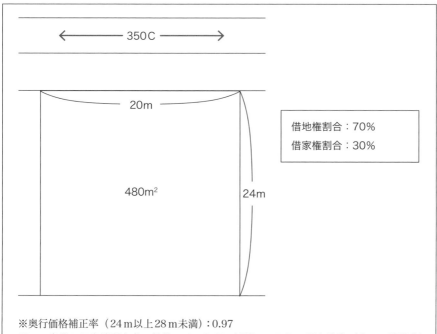

※奥行価格補正率（24m以上28m未満）：0.97
※この宅地には宅地所有者の賃貸アパートが3棟建っており、現在満室（すべて賃貸中）
　となっている。
※その他の記載のない条件は考慮しないものとする。

（1）　48,888,000円
（2）114,072,000円
（3）128,738,400円
（4）162,960,000円

7 **正解（2）** **B**

路線価方式による**普通借地権**の相続税評価額は、「**自用地評価額×借地権割合**」で計算します。借地権割合は、D＝60％です。

① 1m^{2}当たりの価額：正面路線価200千円×奥行価格補正率1.00
$$=200千円$$

② 自用地評価額：200千円×地積360m^2＝72,000千円

③ 普通借地権の相続税評価額：72,000千円×60％＝**43,200,000円**

8 **正解（3）** **B**

路線価方式による**貸家建付地**の相続税評価額は、「**自用地評価額×（1－借地権割合×借家権割合×賃貸割合）**」で計算します。

① 1m^{2}当たりの価額：**正面路線価350千円×奥行価格補正率0.97**
$$=339.5千円$$

② 自用地評価額：339.5千円×地積480m^2＝162,960千円

③ 貸家建付地の相続税評価額：162,960千円×（1－70％×30％×100％）
$$=128,738,400円$$

宅地の上に存する権利の相続税評価

借地権	自用地評価額×借地権割合
貸宅地	自用地評価額×（1－借地権割合）
貸家建付地	自用地評価額×（1－借地権割合×借家権割合×賃貸割合）

金財｜個人

設例

　Aさんは2024年2月に都内の病院で死亡した。Aさんは、生前より遺産を巡る争いを避けるため、あらかじめ生前贈与を行っていた。また、長男Cさんは、2024年4月に適法に相続放棄した。Aさんの親族関係図等は、以下のとおりである。

〈Aさんの親族関係図〉

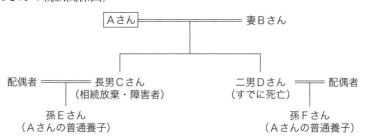

〈Aさんの財産（相続税評価額）〉

・預貯金　　　　　　　：2,000万円
・有価証券　　　　　　：　1億円
・生命保険　　　　　　：5,000万円
・自宅敷地（500m²）：5,000万円
　（「小規模宅地等についての相続税の課税価格の計算の特例」適用後）
・自宅建物　　　　　　：3,000万円

〈Aさんが加入していた生命保険に関する資料〉

・定期保険（無配当）
　契約者（＝保険料負担者）、被保険者：Aさん
　死亡保険金受取人(受取割合)　　　：妻Bさん(50％)、長男Cさん(50％)
　死亡保険金額　　　　　　　　　　：5,000万円

※上記以外の条件は考慮せず、各問に従うこと。

6
相続・事業承継

実技

生前贈与に関する以下の文章の空欄①～③に入る最も適切な数値を答えなさい。なお、問題の性質上、明らかにできない部分は「□□□」で示してある。

「仮に、孫Eさんや孫Fさんが、2024年5月にAさんから教育資金の贈与を受け、『直系尊属から教育資金の一括贈与を受けた場合の贈与税の非課税制度』の適用を受けた場合、受贈者1人につき（　①　）万円までの金額に相当する部分の価額については、贈与税が非課税となります。ただし、学習塾などの学校等以外の者に対して直接支払われる金銭については、□□□万円が限度となります。なお、教育資金管理契約期間中にAさんが死亡した場合、教育資金管理契約に係る非課税拠出額から教育資金支出額を控除した残額（管理残額）があるときは、その死亡の日において、孫Eさんや孫Fさんが（　②　）歳未満である等の一定の場合を除き、その残額は、相続税の課税の対象となります。

また、受贈者が（　③　）歳に達したことにより教育資金管理契約が終了した場合において、非課税拠出額から教育資金支出額を控除した残額があるときは、当該残額は受贈者のその年分の贈与税の課税価格に算入されます」

10 Aさんの相続に関する次の記述（1）～（3）について、適切なものには○、不適切なものには×をつけなさい。 よく出る

（1）妻Bさんが相続によりAさんの自宅の敷地を取得し、「小規模宅地等についての相続税の課税価格の計算の特例」の適用を受けた場合、400㎡を限度面積として、評価額の80％を減額することができる。

（2）Aさんの相続における相続税の死亡保険金の非課税限度額は、長男Cさんが相続を放棄した場合、2,000万円となる。

（3）孫Eさんが、Aさんから直系尊属から教育資金の一括贈与を受けた場合の贈与税の非課税制度の適用を受けた場合で、相続等により取得したものとみなされる管理残額に対応する相続税額については、相続税額の2割加算の対象となる。

11 Aさんの相続における相続税の課税価格の合計額が、2億5,000万円であった場合の相続税の総額を計算した下記の表の空欄①〜④に入る最も適切な数値を求めなさい。なお、問題の性質上、明らかにできない部分は「□□□」で示してある。 **よく出る**

（a）相続税の課税価格の合計額	2億5,000万円
（b）遺産に係る基礎控除額	□□□万円
課税遺産総額（（a）−（b））	（　①　）万円
相続税の総額の基となる税額	
妻Bさん	（　②　）万円
長男Cさん	□□□万円
孫Eさん	□□□万円
孫Fさん	（　③　）万円
相続税の総額	（　④　）万円

〈相続税の速算表〉

法定相続分に応ずる取得金額		税率	控除額
	1,000万円以下	10％	−
1,000万円超	3,000万円以下	15％	50万円
3,000万円超	5,000万円以下	20％	200万円
5,000万円超	1億円以下	30％	700万円
1億円超	2億円以下	40％	1,700万円
2億円超	3億円以下	45％	2,700万円
3億円超	6億円以下	50％	4,700万円
6億円超		55％	7,200万円

9 **正解** ① **1,500（万円）** ② **23（歳）** ③ **30（歳）** **B**

　孫Eさんや孫Fさんが、2024年中にAさんから教育資金の贈与を受け、「直系尊属から教育資金の一括贈与を受けた場合の贈与税の非課税制度」の適用を受けた場合、受贈者1人につき①1,500万円までの金額に相当する部分の価額については、贈与税が非課税となります。ただし、学習塾などの学校等以外の者に対して直接支払われる金銭については、500万円が限度です。

　また、教育資金管理契約期間中にAさんが死亡した場合、教育資金管理契約に係る非課税拠出額から教育資金支出額を控除した残額（管理残額）があるときは、その死亡の日において、孫Eさんや孫Fさんが②23歳未満である等の一定の場合を除き、その残額は、相続税の課税の対象となります。

　さらに、受贈者が③30歳に達したことにより教育資金管理契約が終了した場合において、非課税拠出額から教育資金支出額を控除した残額があるときは、当該残額は受贈者のその年分の贈与税の課税価格に算入されます。なお、暦年課税の非課税金額である110万円を控除することができます。

10 **正解（1）×　（2）○　（3）○** **B**

（1）妻Bさんが相続によりAさんの自宅の敷地を取得し、「小規模宅地等についての相続税の課税価格の計算の特例」の適用を受けた場合、特定居住用宅地等として330m^{2}を限度に評価額の**80％**を減額することができます。

（2）長男Cさんが相続放棄をしても、**相続税を計算する際の法定相続人は、放棄がなかったものとみなされる**ため、妻Bさん、長男Cさん、二男Dさんの代襲相続人の孫Fさん、普通養子の孫Eさんの4人が法定相続人となり、500万円×4人＝2,000万円となります。

（3）受贈者が贈与者の孫（代襲相続人ではない）である場合、2021年4月1日以降は、相続等により取得したものとみなされます。よって、管理残額に対応する相続税額は、相続税の2割加算の対象となります。本設例において、孫Fさんは二男Dさんの代襲相続人であるため2割加算の対象となりませんが、孫Eさんは2割加算の対象となります。

11 **正解** ① 19,600（万円） ② 2,240（万円）
③ 780（万円） ④ 3,655（万円） **A**

課税価格の合計額	2億5,000万円
遺産に係る基礎控除額	5,400万円
課税遺産総額	①19,600万円
相続税の総額の基となる税額	
妻Bさん	②2,240万円
長男Cさん	317.5万円
孫Eさん	317.5万円
孫Fさん	③780万円
相続税の総額	④3,655万円

・遺産に係る基礎控除額は「3,000万円＋600万円×法定相続人の数」で求める
ことができます。本問では、相続税を計算する際の法定相続人は妻Bさん、長
男Cさん、二男Dさんの代襲相続人の孫Fさん、普通養子の孫Eさんの計4人
となるため、遺産に係る基礎控除額は、以下のようになります。
　　3,000万円＋600万円×4人＝5,400万円
・各相続人の法定相続分は、以下のようになります。
　　妻Bさん　　　　　　　：1/2
　　長男Cさん、孫Eさん：1/2×1/4＝1/8
　　孫Fさん　　　　　　　：1/2×1/4＋1/2×1/4＝1/4
・課税遺産総額が2億5,000万円－5,400万円＝①19,600万円であることから、
各法定相続人の相続税額は、以下のようになります。
　　妻Bさん：1億9,600万円×1/2×30％－700万円＝②2,240万円
　　長男Cさん、孫Eさん：
　　　　　　1億9,600万円×1/8×15％－50万円　＝317.5万円
　　孫Fさん：1億9,600万円×1/4×20％－200万円＝③780万円
・したがって、相続税の総額は、次のようになります。
　　　　2,240万円＋317.5万円×2人＋780万円＝④3,655万円

①課税価格を算出

課税価格＝ | ・本来の相続財産
・みなし相続財産
・生前贈与財産 | −非課税財産−債務・葬式費用

②課税遺産総額を算出
　課税遺産総額＝課税価格−遺産に係る基礎控除額

③課税遺産総額を法定相続分で仮に按分して、
　相続人ごとの取得金額を算出

④相続人ごとの取得金額に税率を掛けてそれぞれの税額を算出。
　それを合計して相続税の総額を算出

⑤相続人ごとの課税価格に応じて相続税の総額を按分し、
　各人の相続税額を算出

相続税の総額を求める問題は毎回出題されるので、
計算手順をしっかり押さえましょう！

第 7 章

模擬試験

最後に模擬試験を解いて
実力を確認しましょう！
間違えたところは
しっかり復習して
本試験に臨みましょう。

目 次

解答用紙のご案内

　本書の模擬試験について、巻末の397ページ〜399ページに解答用
紙を掲載しています。また、下記ウェブページにて解答用紙をご提供
しています。学習の際にダウンロードしてご活用ください。

解答用紙ダウンロードページ

https://kdq.jp/3bkr7

学科試験
【共通】

問題数	60 問（四肢択一式）
試験時間	120 分
正解目標	36 問以上

解答に当たっての注意事項

・試験問題については、特に指示のない限り、2024 年 4 月 1 日現在施行の法令等に基づいて解答してください。

・次の各問について答えを 1 つ選び、その番号を解答用紙にマークしてください。

問題　1
　ファイナンシャル・プランナー（以下「FP」という）の行為に関する次の記述のうち、関連法規に照らし、最も不適切なものはどれか。

1．弁護士の登録を受けていない FP の A さんは、顧客から将来判断能力が低下した場合の財産管理を依頼され、当該顧客と任意後見契約を結んだ。
2．社会保険労務士の登録を受けていない FP の B さんは、顧客から公的年金の老齢給付の繰下げ受給について相談を受け、顧客の「ねんきん定期便」の年金受取見込額を基に、繰り下げた場合の年金額を試算した。
3．税理士の登録を受けていない FP の C さんは、顧客から相続税について相談を受け、顧客から提供された相続財産についてのデータに基づき相続税額を試算し、生命保険を利用した節税の方法をアドバイスした。
4．金融商品取引業の登録を受けていない FP の D さんは、顧客から少額投資非課税制度（NISA）について相談を受け、制度の概要や運用商品の特徴について説明した。

問題　2
　健康保険の任意継続被保険者に関する次の記述のうち、最も適切なものはどれか。

1．健康保険の被保険者期間が継続して 2 ヵ月以上ある者が、資格喪失日から 2 週間以内に申請手続きを行えば、任意継続被保険者となることができる。
2．任意継続被保険者の保険料は、全額自己負担となる。
3．健康保険の被保険者で資格喪失時に傷病手当金を受けている場合でも、資格喪失後、任意継続被保険者となってからは傷病手当金を受給することはできない。
4．任意継続被保険者には被扶養者という区分がなく、資格喪失前に被扶養者だった者は自ら健康保険の被保険者となるか、国民健康保険の被保険者となる必要がある。

問題　3

　労働者災害補償保険（以下「労災保険」という）に関する次の記述のうち、最も適切なものはどれか。

1．日本国籍を有しない外国人労働者は、労災保険の適用を受ける労働者とならない。
2．業務上の負傷または疾病が治癒したときに身体に一定の障害が残り、その障害の程度が労働者災害補償保険法に規定する障害等級に該当する場合、障害補償年金または障害補償一時金のいずれかが支給される。
3．労働者が業務上の負傷または疾病により、労災指定病院で療養補償給付として受ける療養の給付については、一部負担金として200円が徴収される。
4．業務中の事故により、労災保険の障害補償年金と公的年金の障害厚生年金の両方を受給できる場合、障害補償年金が優先して支給され、障害厚生年金は減額される。

問題　4

　雇用保険に関する次の記述のうち、最も不適切なものはどれか。

1．基本手当を受給するためには、原則として、離職の日以前2年間に雇用保険の一般被保険者であった期間が通算して12ヵ月以上あること等の要件を満たす必要がある。
2．特定受給資格者等を除く一般の受給資格者の基本手当の所定給付日数は、被保険者期間が20年以上の場合、年齢を問わず150日である。
3．被保険者と別居している被保険者の父母を介護するために休業した場合、介護休業給付金は支給されない。
4．育児休業給付金の支給対象となる期間は、一定の要件を満たした場合は、最大で養育している子が2歳となる日の前日までとなり、要件に該当する休業を行っていれば男女を問わず支給される。

問題　5

　老齢厚生年金に関する次の記述のうち、最も不適切なものはどれか。

1．65歳以降に老齢厚生年金が支給されるためには、老齢基礎年金の受給資格期間を満たし、厚生年金保険の被保険者期間が1ヵ月以上あることなどの要件を満たす必要がある。
2．老齢厚生年金の繰上げ支給を請求する場合、老齢基礎年金の繰上げ支給の請求と同時に行う必要がある。
3．厚生年金保険の被保険者に支給される老齢厚生年金は、在職老齢年金の仕組みにより、当該被保険者の総報酬月額相当額と基本月額の合計額が50万円（2024年度価額）を超える場合、経過的加算部分等を除いた年金額の全部または一部が支給停止となる。
4．老齢厚生年金に加給年金額が加算されるためには、その受給権者に、所定の要件を満たす配偶者または子があり、厚生年金保険の被保険者期間が原則として25年以上あることが必要である。

問題　6

　公的年金の遺族給付に関する次の記述のうち、最も不適切なものはどれか。

1．国民年金の第1号被保険者である夫が死亡し、遺族である妻に支給される寡婦年金の年金額は、夫の老齢基礎年金額の3分の2相当額である。
2．国民年金の第1号被保険者として36月以上保険料を納付し、老齢基礎年金、障害基礎年金のいずれも受けずに死亡した者の遺族が遺族基礎年金を受けられない場合、死亡一時金を受給できる。
3．厚生年金保険の被保険者が死亡したことにより支給される遺族厚生年金の年金額は、死亡した者の厚生年金保険の被保険者期間の月数が300月未満の場合は、300月とみなして計算する。
4．厚生年金保険の被保険者である夫が死亡し、夫の死亡当時に子のいない40歳以上65歳未満の妻が遺族厚生年金の受給権を取得した場合、妻が65歳に達するまでの間、妻に支給される遺族厚生年金に中高齢寡婦加算額が加算される。

問題　9

　中小企業による金融機関からの資金調達に関する次の記述のうち、最も適切なものはどれか。

1．手形貸付は、借入れについての内容や条件等を記載した金銭消費貸借契約証書によって資金を調達する方法である。
2．インパクトローンは、米ドル等の外貨によって資金を調達する方法であり、その資金使途は、海外事業の展開・再編に係るものに限定されている。
3．ABL（動産・債権担保融資）は、企業が保有する売掛債権等の債権や在庫・機械設備等の動産を担保として資金を調達する方法である。
4．信用保証協会保証付融資（マル保融資）の対象となる企業には、資本金または売上高の要件がある。

問題　10

　クレジットカード会社（貸金業者）が発行するクレジットカードの一般的な利用に関する次の記述のうち、最も適切なものはどれか。

1．クレジットカード会員規約では、クレジットカードは他人へ貸与することが禁止されているが、クレジットカード会員が生計を維持している親族に限り貸与することができる。
2．買い物の際にクレジットカードを利用し、ボーナス一括払いを選択した場合、手数料の支払いが必要となる。
3．クレジットカードを紛失した個人のカード会員は、速やかにカード会社等へ所定の届出を行った場合、原則として、当該カード会社が届出を受けた日の120日前以降のカードの利用代金の支払い債務が免除される。
4．クレジットカードで無担保借入（キャッシング）をする行為は、貸金業法上、総量規制の対象となるが、クレジットカードで商品を購入（ショッピング）する行為は、総量規制の対象とならない。

問題　11

　わが国の保険制度に関する次の記述のうち、最も適切なものはどれか。

1．保険業法上、保険期間1年でした自動車保険の契約申込みを撤回する場合は、撤回事項を記載した書面の交付日または契約申込日のいずれか遅い日から8日以内に、必ず書面により申込みの撤回をしなければならない。

2．保険法において、保険機能を有する共済契約については対象としていない。

3．保険会社は、契約者が保険契約申込み時に保険事故の発生のおそれがある重要な事項を知りながら自発的に告知しなかった場合、虚偽告知を理由に契約を解除することができる。

4．保険契約者や被保険者が、故意に告知義務に違反した場合でも、保険会社が違反を知った時から1ヵ月以内に解除権を行使しなかったときは、解除権は消滅する。

問題　12

　個人年金保険の一般的な商品性に関する次の記述のうち、最も不適切なものはどれか。

1．外貨建て個人年金保険は、円貨で受け取ることにより為替変動のリスクを回避することができるので、年金受取総額が既払込保険料を下回ることはない。

2．夫婦年金では、夫婦のいずれか一方が生存している限り、他方が死亡したとしても契約は消滅しない。

3．変額個人年金保険の死亡保険金は、特別勘定による資産運用実績によりその額は増減して自己責任を伴うという特徴を有する一方、多くの商品では最低保証額の設定がされている。

4．保証期間付終身年金は、保証期間中に被保険者（＝年金受取人）が死亡した場合には、遺族等の年金継続受取人が保証期間満了まで年金を受け取ることができる。

問題　13

　総合福祉団体定期保険の一般的な商品性に関する次の記述のうち、最も適切なものはどれか。なお、特約については考慮しないものとする。

1．総合福祉団体定期保険は、従業員の福利厚生制度の財源確保を図ることが目的なので死亡保険のみならず、業務中のケガによる医療保障にも対応している。

2．総合福祉団体定期保険は、原則として、企業（団体）が保険料を負担し、その全額を損金に算入することができる。

3．総合福祉団体定期保険の契約の締結においては、加入予定者の同意、保険約款に基づく告知、および医師の診査が必要となる。

4．総合福祉団体定期保険の死亡保険金の加入限度額は、従業員等が個別に設定することができる。

問題　14

　契約者（＝保険料負担者）を法人、被保険者を役員・従業員全員とする生命保険契約の経理処理に関する次の記述のうち、最も適切なものはどれか。なお、特約については考慮しないものとし、いずれの保険料も年払いかつ全期払いで、2023年10月に締結したものとする。

1．死亡保険金受取人が法人で、最高解約返戻率が71％である定期保険（保険期間20年、年払い保険料110万円）の支払保険料は、保険期間の前半4割相当期間においては、その40％相当額を資産に計上し、残額を損金の額に算入することができる。

2．給付金受取人が法人である解約返戻金のない終身医療保険の支払保険料は、各被保険者の年間保険料が30万円以下である場合に限り、全額損金に算入することができる。

3．死亡保険金受取人が法人である終身保険の支払保険料は、その2分の1相当額を保険料積立金として資産に計上し、残額を給与として損金の額に算入することができる。

4．死亡保険金受取人が被保険者の遺族で、満期保険金受取人が法人である養老保険の支払保険料は、その2分の1相当額を資産に計上し、残額を期間の経過に応じて損金の額に算入することができる。

問題　15

　生命保険の課税関係に関する次の記述のうち、最も適切なものはどれか。なお、いずれも契約者（＝保険料負担者）および保険金・給付金等の受取人は個人であるものとする。

1．契約者と被保険者が同一の医療保険において、疾病の治療のために入院をしたことにより受け取る入院給付金を被保険者が死亡し受け取ることができなかった場合、その配偶者が受け取った入院給付金は相続税の対象とならない。
2．契約者と被保険者が同一である終身保険（死亡保険金3,000万円）において、被保険者がリビング・ニーズ特約に基づいて2,000万円の特約給付金を受け取り使い切った後に死亡した場合には、残額の死亡保険金も非課税となる。
3．一時払養老保険を保険期間の初日から4年6ヵ月で解約して契約者が受け取った解約返戻金は、一時所得として所得税の課税対象となる。
4．契約者と年金受取人が異なる個人年金保険において、年金支払時に年金受取人が取得した年金受給権は、雑所得として所得税の課税対象となる。

問題　16

　傷害保険の一般的な商品性に関する次の記述のうち、最も適切なものはどれか。なお、特約については考慮しないものとする。

1．国内旅行傷害保険では、国内旅行中に発生した噴火によるケガは補償の対象とならない。
2．ファミリー交通傷害保険では、日本国外における駅の構内での転倒事故によるケガは補償の対象とならない。
3．家族傷害保険（家族型）では、記名被保険者またはその配偶者と生計を共にする別居の未婚の子は被保険者にならない。
4．所得補償保険では、有給休暇を利用しての海外旅行中にケガを被り、その直接の結果として就業不能になった場合には補償されない。

問題　17

　任意加入の自動車保険の一般的な商品性に関する次の記述のうち、最も適切なものはどれか。なお、特約については考慮しないものとする。

1．被保険自動車を運転中に交通事故を起こし同乗していた被保険者の子が死亡した場合、被保険者の過失割合にかかわらず、その死亡による損害の全額が保険金額を限度として人身傷害補償保険の補償の対象となる。
2．被保険自動車を自宅の駐車場に駐車していたところ、何者かによって盗まれてしまった場合、その損害は車両保険の補償の対象とならない。
3．被保険自動車を運転して妹の家を訪ねたところ、妹の家の車庫のシャッターが完全に開いたと誤解し破損させてしまった場合、その損害は対物賠償保険の補償の対象とならない。
4．被保険者が被保険自動車を運転していたところ、誤って歩行者に衝突して法律上の損害賠償責任を負った場合、その損害賠償額の算定には被害者保護の観点から、被害者の過失割合は考慮されない。

問題　18

　契約者（＝保険料負担者）を法人とする損害保険に係る保険料等の経理処理に関する次の記述のうち、最も適切なものはどれか。

1．すべての従業員を被保険者とする普通傷害保険を契約した場合、支払った月払保険料の全額を損金に算入することはできない。
2．法人が所有する業務用自動車が交通事故で全損し受け取った車両保険金で同一年度内に代替車両を取得した場合、圧縮記帳は認められない。
3．積立火災保険の満期返戻金と契約者配当金を法人が受け取った場合は、その全額を益金に算入し、それまで資産計上していた積立保険料の累計額を取り崩して損金に算入する。
4．業務中の事故で従業員が死亡して普通傷害保険の死亡保険金を従業員の遺族が直接保険会社から受け取った場合、法人は死亡保険金相当額を益金に算入することになる。

問題　19

　医療保険等の一般的な商品性に関する次の記述のうち、最も適切なものはどれか。

1．医療保険では、正常分娩による入院については入院給付金の支払いの対象となる。
2．先進医療特約で先進医療給付金の支払対象となる先進医療は、保険契約締結時点において厚生労働大臣によって定められているものに限られる。
3．がん保険では、契約して2ヶ月後にがんと診断された場合には通常、がん診断給付金は支払われない。
4．人間ドックは病気やケガの治療目的の入院ではないので、たとえ検診の結果異常が認められ、医師の指示の下でその治療を目的として入院した場合であっても、入院給付金の対象とはならない。

問題　20

　生命保険を利用した家庭のリスク管理に係る一般的なアドバイスに関する次の記述のうち、最も適切なものはどれか。

1．「自分の葬儀代の準備として生命保険に加入したい」とのAさんからの相談に対して、医療保険への加入を提案した。
2．「自分に万が一のことがあっても家族に経済的な不安がないよう生命保険に加入したい」とのBさんからの相談に対して、終身保険への加入を勧めると共に、必要保障額の算出においては、末子の現在の年齢を独立するまでの期間から控除して試算する旨を説明した。
3．「自分の老後の生活資金の準備のために生命保険に加入したい」とのCさんからの相談に対して、定期保険への加入を提案した。
4．「自分の相続における相続税の納税資金を準備したい」とのDさんの相談に対して、一時払養老保険への加入を提案した。

問題　21

　経済指標に関する次の記述のうち、最も適切なものはどれか。

1．コンポジット・インデックス（CI）は、採用系列の各月の値を3ヵ月前と比べた変化の方向を合成して作成した指数であり、景気拡張の動きの各経済部門への波及度合いの測定を主な目的としている。
2．消費者態度指数は、現在の景気動向に対する消費者の意識を調査して数値化した指標であり、景気動向指数の一致系列に採用されている。
3．日銀短観で公表される業況判断DIは、回答時点の業況とその3ヵ月後の業況予測について、「良い」と回答した企業の社数構成比から「悪い」と回答した企業の社数構成比を差し引いて算出される。
4．マネーストック統計の「マネーストック」には、「国」や「地方」および「日銀を含めた金融機関」が保有する通貨は含まれない。

問題　22

　金融機関で取り扱う預金の一般的な商品性に関する次の記述のうち、最も不適切なものはどれか。

1．期日指定定期預金は、据置期間経過後から最長預入期日までの間で、預金者が指定した日を満期日とすることができる。
2．貯蓄預金は、クレジットカード利用代金などの自動振替口座や、給与や年金などの自動受取口座として利用することができない。
3．決済用預金のうち、当座預金・無利息型普通預金ともに個人、法人のいずれも利用することができる。
4．総合口座において、紙の通帳の代わりにオンライン上で入出金の明細や残高を確認することができるサービスを提供しているのは、ネット専業銀行に限られる。

問題　23

　上場投資信託（ETF）の一般的な特徴に関する次の記述のうち、最も適切なものはどれか。

1．ETFは、非上場の投資信託と異なり、運用管理費用（信託報酬）は発生しない。
2．ETFは、支払われる分配金が自動で再投資されないため、投資の複利効果を得ることができない。
3．ETFは、NISAの対象とすることはできない。
4．ETFには、株価指数に連動するものはあるが、REIT指数や商品指数に連動するものはない。

問題　24

　年1回複利の割引率を年率0.5％とした場合、4年後の100万円の現在価値として、最も適切なものはどれか。なお、計算過程では端数処理を行わず、計算結果は円未満を切り捨てること。

1．980,247円
2．985,148円
3．984,158円
4．981,427円

問題　25

　株式の信用取引に関する次の記述のうち、最も適切なものはどれか。

1．信用取引では、現物株式を所有していなければ、その株式の売りから取引を
　　開始することはできない。
2．制度信用取引の建株を一般信用取引の建株に変更することはできるが、一般
　　信用取引の建株を制度信用取引の建株に変更することはできない。
3．信用取引の委託保証金は、現金で差し入れることが原則であるが、国債や上
　　場株式など一定の有価証券で代用することもできる。
4．金融商品取引法では、株式の信用取引を行う際の委託保証金の額は20万円
　　以上で、かつ、当該取引に係る株式の時価に100分の20を乗じた金額以上
　　でなければならないとされている。

問題　26

　下記の〈X社のデータ〉に基づき算出される投資指標等に関する次の記述のう
ち、最も適切なものはどれか。

〈X社のデータ〉

株価	3,000円
発行済株式数	2億株
当期純利益	600億円
純資産（＝自己資本）	1,000億円
総資産	2,500億円
配当金総額	60億円

1．1株当たり当期純利益は、200円である。
2．ROA（総資本当期純利益率）は、20.0％である。
3．PBR（株価純資産倍率）は、3.0倍である。
4．PER（株価収益率）は、10.0倍である。

問題　27

外貨建て債券に関する次の記述のうち、最も適切なものはどれか。

1. 米ドル建て債券（為替ヘッジなし）を保有しているとき、米ドルに対する円の為替レートが円安に推移することは、当該債券の円換算の投資利回りの低下要因となる。
2. 米ドル建て債券（為替ヘッジなし）を保有しているとき、米ドルに対する円の為替レートが円高に推移したときは、当該債券の円換算の投資利回りの上昇要因となる。
3. 外国通貨と自国通貨間の相対的な価値の変動により、外貨建て債券の自国通貨換算額が変動して利益や損失が生じる不確実性のことを為替変動リスクという。
4. 外国の発行者が、日本国内において発行する外貨建て債券をサムライ債という。

問題　28

先物取引やオプション取引に関する次の記述のうち、最も不適切なものはどれか。

1. 現在保有している現物資産が将来値下がりすることに備えるため、先物を売り建てた。
2. 将来保有しようとする現物資産が将来値上がりすることに備えるため、先物を買い建てた。
3. 現在保有している現物資産が将来値下がりすることに備えるため、プット・オプションを売った。
4. 将来保有しようとする現物資産が将来値上がりすることに備えるため、コール・オプションを買った。

ポートフォリオ理論に関する次の記述のうち、最も適切なものはどれか。

1. 異なる2資産からなるポートフォリオにおいて、2資産間の相関係数が＋1である場合、ポートフォリオを組成することによる分散投資の効果（リスクの低減効果）は最大となる。
2. ポートフォリオのリスクは、組み入れた各資産のリスクを組入比率で加重平均した値となる。
3. ポートフォリオ運用においては、個別銘柄選択よりも資産配分比率（アセットアロケーション）のほうが運用効果を決定する重要な要素であるといわれている。
4. 分散投資によって除去できるリスクをシステマティック・リスクといい、分散投資によっても除去できないリスクを非システマティック・リスクという。

問題　30

金融商品等の取引に係る各種法規制に関する次の記述のうち、最も不適切なものはどれか。

1. 個人情報保護法では、あらかじめ利用目的を公表している場合を除き、個人情報を取得した場合、利用目的を通知することが義務付けられている。
2. 金融商品取引法では、有価証券のデリバティブ取引のほか、通貨・金利スワップ取引も適用の対象とされている。
3. 消費者契約法では、事業者の不適切な行為によって、消費者が誤認や困惑をし、それによって消費者契約の申込みまたはその承諾の意思表示をした場合、消費者はこれを取り消すことができるとされている。
4. 犯罪収益移転防止法では、金融機関等の特定事業者が顧客と特定業務に係る取引を行った場合、特定事業者は、原則として、直ちに当該取引に関する記録を作成し、当該取引の行われた日から5年間保存しなければならないとされている。

問題　31

　所得税の基本的な仕組みに関する次の記述のうち、最も適切なものはどれか。

1．所得税の納税義務者は、日本国籍を有する個人および国内に本社・本店を有する法人のみである。
2．所得税は、納税者に住所地のほか、居所や事業所がある場合には、税務署長に届出書を提出することなく、その居所や事業所の所在地を納税地とすることができる。
3．各種所得の金額の計算上、収入金額には、原則として、その年において収入すべき金額である未収の収入も計上しなければならない。
4．所得税は、納税者が申告をした後に、税務署長が所得や納付すべき税額を決定する賦課課税方式を採用している。

問題　32

　所得税の損益通算に関する次の記述のうち、最も適切なものはどれか。

1．公的年金等以外の雑所得の金額の計算上生じた損失の金額は、不動産所得の金額と損益通算することができる。
2．不動産所得の金額の計算上生じた損失の金額は、上場株式等に係る譲渡所得の金額と損益通算することができる。
3．一時所得の金額の計算上生じた損失の金額は、給与所得の金額と損益通算することができる。
4．総合課税の対象となる事業所得の金額の計算上生じた損失の金額は、公的年金等に係る雑所得の金額と損益通算することができる。

問題　33

　所得税における所得控除等に関する次の記述のうち、最も不適切なものはどれか。なお、ほかに必要とされる要件等はすべて満たしているものとする。

1．所得税法上の障害者に該当する納税者は、その年分の合計所得金額の多寡にかかわらず、障害者控除の適用を受けることができる。
2．納税者は、その年分の合計所得金額の多寡にかかわらず、一律の基礎控除額の適用を受けることができる。
3．納税者が自己の負担すべき社会保険料を支払った場合には、支払った社会保険料の金額の多寡にかかわらず、その年中に支払った金額の全額を、社会保険料控除として控除することができる。
4．控除対象扶養親族を有する納税者は、その扶養親族が年の途中で死亡した場合であっても、その年分の扶養控除の適用を受けることができる。

問題　34

　次のうち、青色申告者のみが適用を受けることができる所得税の青色申告の特典として、最も不適切なものはどれか。

1．雑損失の繰越控除
2．純損失の繰戻還付
3．納税者と生計を一にする親族（15歳未満である者を除く）でもっぱらその納税者の営む事業に従事する者に対して支払った所定の給与の全額必要経費算入
4．棚卸資産の低価法による評価の選択

問題 35

所得税における住宅借入金等特別控除（以下「住宅ローン控除」という）に関する次の記述のうち、最も適切なものはどれか。なお、2024年4月に住宅ローンを利用して住宅を取得し、同月中にその住宅を居住の用に供したものとする。

1．住宅ローン控除の対象となる家屋は、床面積が、原則として30m²以上330m²以下でなければならない。
2．住宅ローン控除の対象となる家屋は、床面積の3分の1以上に相当する部分がもっぱら自己の居住の用に供されるものでなければならない。
3．住宅ローン控除の適用を受けようとする場合、納税者のその年分の合計所得金額が、原則として2,500万円以下でなければならない。
4．住宅を新築した場合の住宅ローン控除の控除額の計算上、借入金等の年末残高に乗じる控除率は、0.7％である。

問題 36

所得税の申告手続に関する次の記述のうち、最も不適切なものはどれか。

1．確定申告を要する者は、原則として、所得が生じた年の翌年の2月16日から3月15日までの間に納税地の所轄税務署長に対して確定申告書を提出しなければならない。
2．不動産所得、事業所得または雑所得を生ずべき業務を行う者は、納税地の所轄税務署長の承認を受けて、青色申告書を提出することができる。
3．前年からすでに業務を行っている者が、その年分から新たに青色申告の適用を受けようとする場合には、原則として、その年の3月15日までに「青色申告承認申請書」を納税地の所轄税務署長に提出し、その承認を受けなければならない。
4．年間の給与収入の金額が2,000万円を超える給与所得者は、年末調整の対象とならないため確定申告を行わなければならない。

問題　37

　法人税に関する次の記述のうち、最も不適切なものはどれか。

1．事業年度は、法令または定款等により定められた1年以内の会計期間がある
　　場合はその期間となる。
2．法人税法上の法人には、普通法人、公益法人等および人格のない社団等など
　　の種類があり、種類毎に納税義務の有無や課税所得等の範囲が定められてい
　　る。
3．法人税の確定申告書は、原則として、各事業年度終了の日の翌日から2ヵ月
　　以内に、納税地の所轄税務署長に提出しなければならない。
4．新たに設立された株式会社が、設立第1期から青色申告を行う場合は、設立
　　の日から4ヵ月以内に、「青色申告承認申請書」を納税地の所轄税務署長に
　　提出し、その承認を受けなければならない。

問題　38

　消費税の簡易課税制度に関する次の記述のうち、最も不適切なものはどれか。

1．簡易課税制度を選択することができるのは、基準期間における課税売上高が
　　1億円以下の事業者である。
2．簡易課税制度の適用を初めて受けるためには、その適用を受けようとする課
　　税期間の初日の前日までに、「消費税簡易課税制度選択届出書」を所轄税務
　　署長に提出しなければならない。
3．簡易課税制度を選択した事業者は、最低2年間は簡易課税制度の適用を継続
　　しなければならない。
4．簡易課税制度の選択を取りやめる場合は、その適用を取りやめようとする課
　　税期間の初日の前日までに、「消費税簡易課税制度選択不適用届出書」を所
　　轄税務署長に提出しなければならない。

問題 39

　会社と役員間の取引に係る所得税・法人税に関する次の記述のうち、最も不適切なものはどれか。

1．役員が会社に対して無利息で金銭の貸付けを行った場合の利息に相当する金額について、原則として役員に対して所得税は課されない。
2．役員が会社の所有する社宅に無償で居住している場合の賃貸料に相当する金額について、原則として役員に対して所得税は課されない。
3．会社が役員の所有する土地を適正な時価よりも低い価額で取得した場合、その適正な時価と実際に支払った対価との差額は、その会社の受贈益になる。
4．役員が会社の所有する建物を適正な時価よりも低い価額で譲り受けた場合、その適正な時価と譲渡価額との差額は、役員の給与として取り扱われる。

問題 40

　決算書に関する次の記述のうち、最も適切なものはどれか。

1．貸借対照表の資産の部の合計額と負債の部の合計額は、必ず一致する。
2．貸借対照表の純資産の部の合計額は、マイナスになることはない。
3．損益計算書の営業利益の額は、売上総利益の額から販売費及び一般管理費の合計額を差し引いて算出する。
4．損益計算書の税引前当期純利益の額は、経常利益の額に営業外損益の額を加減算して算出する。

問題　41

　土地の価格に関する次の記述のうち、最も適切なものはどれか。

1．都道府県地価調査の標準価格は、毎年4月1日を基準地の価格判定の基準日
　　としている。
2．地価公示法による公示価格は、毎年7月1日を標準地の価格判定の基準日と
　　している。
3．相続税や贈与税評価額の算定の基準となる相続税路線価は、宅地の面する路
　　線に付された1㎡当たりの価額で、路線価方式により宅地を評価する場合に
　　用いられる。
4．固定資産税評価額は、固定資産課税台帳等に登録された評価額であり、5年
　　に1度（基準年度）評価替えが行われている。

問題　42

　不動産の登記や調査に関する次の記述のうち、最も不適切なものはどれか。

1．抵当権の設定を目的とする登記では、不動産の登記記録の権利部甲区に、債
　　権額や抵当権者の氏名または名称などが記載される。
2．法務局（登記所）では、誰でも登記事項証明書または登記事項要約書の交付
　　請求ができるほか、地図、公図、地積測量図、建物図面等の閲覧および写し
　　の交付請求もできる。
3．登記に必要な書類を偽造して登記が申請されても、登記官には形式的な審査
　　権しかないため、不動産登記には公信力がない。
4．建物の床面積は壁芯計算によるが、マンションの専有部分の登記面積は内法
　　計算による。

問題　43

　不動産鑑定評価基準における不動産の価格を求める鑑定評価の手法に関する次の記述のうち、最も不適切なものはどれか。

1．原価法とは、価格時点における再調達原価を求め、これに減価修正を行って、積算価格を求める方法である。
2．原価法は、主に建物価格を求める際に適用されるが、造成地や埋立地等の評価に適用する場合もある。
3．取引事例比較法では、取引事例の取引時点が価格時点と異なり、その間に価格水準の変動があると認められる場合、当該取引事例の価格を価格時点の価格に修正しなければならない。
4．収益還元法とは、その不動産が将来生み出すであろう総収入を基に、還元利回りで還元して収益価格を求める手法である。

問題　44

　建築基準法に関する次の記述のうち、最も適切なものはどれか。

1．建築物の敷地が接する前面道路の幅員が12m未満である場合、当該建築物の容積率は、「都市計画で定められた容積率」と「前面道路の幅員に一定の数値を乗じて得たもの」のいずれか高い方の数値以下でなければならない。
2．建築基準法第42条第2項により道路境界線とみなされる線と道路との間の敷地部分（セットバック部分）は、建蔽率および容積率を算定する際の敷地面積に算入することができる。
3．建築物が防火地域または準防火地域と、未指定地域の内外にわたる場合においては、原則としてその建築物全部について防火規制の厳しい方の制限を受ける。
4．建築物の敷地は、原則として、建築基準法に規定する道路に4m以上接していなければならない。

問題　45

　借地借家法に関する次の記述のうち、最も適切なものはどれか。なお、本問においては、同法第22条の借地権を一般定期借地権、第23条の借地権を事業用定期借地権等といい、第22条から第24条の定期借地権等以外の借地権を普通借地権という。

1．普通借地権は、存続期間満了後、借地権者が契約の更新を請求した場合、または土地の使用を継続している場合は、借地上に建物が存在していなくても、従前の契約と同一条件で更新される。
2．一般定期借地権は、存続期間を50年以上に設定する更新のない借地権である。
3．事業用定期借地権等は、一般的に借地借家法第23条第1項の規定は「事業用借地権」、同法第23条第2項の規定は「事業用定期借地権」と呼ばれている。
4．事業用定期借地権等の設定を目的とする契約は、書面によってしなければならないが、その書面が公正証書である必要はない。

問題　46

　借地借家法に関する次の記述のうち、最も適切なものはどれか。なお、本問においては、同法第38条による定期建物賃貸借契約を定期借家契約といい、それ以外の建物賃貸借契約を普通借家契約という。また、記載された特約以外のものについては考慮しないものとする。

1．普通借家契約は、1年未満の期間を定めた場合は、期間の定めのないものとされる。
2．普通借家契約は、期間の定めのない場合、賃借人からはいつでも解約の申し入れをすることができ、賃貸借は申し入れ後1カ月経過により終了する。
3．定期借家契約において、賃貸人の同意を得て賃借人が設置した造作について、期間の満了時に賃借人が賃貸人に買取りを請求しないこととする特約をすることはできない。
4．定期借家契約において、その賃料が、近傍同種の建物の賃料に比較して不相当となっても、賃貸借期間中は増減額させないこととする特約をした場合、その特約は無効である。

問題　47

建物の区分所有等に関する法律に関する次の記述のうち、最も不適切なものはどれか。

1．共用部分の持分は、原則として専有部分の床面積の割合によるが、規約で別途、持分を定めることができる。
2．区分所有建物の専有部分を所有するための敷地に関する権利を敷地利用権といい、規約に別段の定めがない限り、専有部分と分離して処分することはできない。
3．区分所有者は、1人が複数の専有部分を有していても1人と数え、1つの専有部分を2人以上で共有している場合は1人として数え、代表者を決める。
4．集会の目的事項に利害関係がある占有者（賃借人等）は、集会に参加して意見を述べることができ、決議に参加することもできる。

問題　48

都市計画法に関する次の記述のうち、最も適切なものはどれか。

1．市街化区域とは、すでに市街地を形成している区域であり、市街化調整区域とは、おおむね10年以内に優先的かつ計画的に市街化を図るべき区域である。
2．都市計画区域には、市街化区域と市街化調整区域の区分がなされている都市計画区域と、区分がなされていない都市計画区域がある。
3．用途地域は、住居系8種類、商業系3種類、工業系4種類があり、合計15種類の用途地域がある。
4．市街化調整区域内では、少なくとも用途地域は定めなければならないが、市街化区域内では、原則として定めないことになっている。

問題　49

　不動産の取得に係る税金に関する次の記述のうち、最も不適切なものはどれか。

1．一定の要件を満たす戸建て住宅（認定長期優良住宅を除く）を新築した場合、不動産取得税の課税標準の算定に当たっては、1戸につき最高2,000万円を価格から控除することができる。
2．不動産取得税の課税標準は、不動産を取得したときにおける不動産の価格であり、原則として固定資産課税台帳登録価格による。
3．不動産の登記に関する登録免許税は、登記を行う者に対して国が課税する税金である。
4．登録免許税の納税義務者は、登記などを受ける者であり、登記などを受ける者が2人以上いる場合は、これらの者は連帯して納税義務を負う。

問題　50

　不動産の有効活用の一般的な特徴に関する次の記述のうち、最も不適切なものはどれか。

1．建設協力金方式は、建物に入居するテナントから、建物の建築費相当額の全部または一部を借り受けて、そのテナントが要求する建物を建てて賃貸する方式である。
2．定期借地権方式では、土地所有者は、土地を一定期間貸し付けることによる地代収入を得ることができ、借地期間中の当該土地上の建物の所有名義は土地所有者となる。
3．事業受託方式は、デベロッパーの不動産事業に関する豊富な知識を利用でき、建設、賃貸事業一切をデベロッパーが行うので煩わしさがないが、事業報酬がかかる。
4．等価交換方式では、土地所有者は、建設資金を負担することなく、出資割合に応じて、建設された建物の一部を取得することができる。

問題　51

　贈与に関する次の記述のうち、最も不適切なものはどれか。

1．書面によらない贈与契約は、履行された部分を含め撤回することができるが、書面による贈与契約は、履行された部分も含め撤回することができない。
2．定期贈与契約は、定期的な給付を目的とする贈与で、その契約をした年において、贈与財産の総額を一括贈与したものとして贈与税を計算する。
3．負担付贈与とは、受贈者に一定の給付をなすべき債務を負担させることを条件にした贈与契約である。
4．書面による死因贈与契約は、原則として、贈与者が遺言により、その契約を撤回することができる。

問題　52

　親族等に関する次の記述のうち、最も適切なものはどれか。

1．本人からみて、配偶者の兄弟姉妹の子は、2親等内の姻族であり、親族である。
2．特別養子縁組における養子となる者の対象年齢は、原則、6歳未満を上限としている。
3．直系血族および兄弟姉妹は、お互いに扶養義務を負うが、3親等内の親族も特別な事情がある場合は、家庭裁判所の判断により扶養義務を負うことがある。
4．姻族関係終了届の届出をする場合、生存配偶者は、死亡した配偶者の姻族にその承諾を得なければならない。

問題　53

　贈与税の課税財産に関する次の記述のうち、最も適切なものはどれか。

1．保険契約者（＝保険料負担者）が父で、保険料払込済みの生命保険契約の契約者を子に変更した場合、変更時の解約返戻金相当額が贈与税の課税対象となる。
2．子が父から著しく低い価額の対価で土地の譲渡を受けた場合、その土地の時価と支払った対価の額との差額を限度に、子が父から贈与により取得したものとみなされ、その差額相当額が贈与税の課税対象となる。
3．死因贈与契約により取得した土地について、仮登記がなされていた場合は、本登記をすることにより贈与税の課税対象となる。
4．個人が法人からの贈与により取得した財産は、所得税の給与所得とされるものを除き、贈与税の課税対象となる。

問題　54

　遺産分割協議に関する次の記述のうち、最も適切なものはどれか。

1．遺産分割協議における遺産分割の内容は、法定相続分を基にして、各相続人の年齢、職業、心身の状態および生活の状況その他一切の事情を考慮し調整しなければならない。
2．被相続人が公正証書遺言を作成していた場合、その遺言に従って遺産分割を行うので、一切遺産分割協議を行うことはできない。
3．代償分割は、特定の相続人が土地等の財産を相続する代わりに、他の相続人に現金等の代償財産を支払うが、その代償財産は、贈与税の課税対象である。
4．遺産分割協議の成立後であっても、共同相続人全員の合意により遺産分割をやり直すことができるが、そのやり直しは、贈与税の課税対象である。

問題　55

　相続税の納税義務者に関する次の記述のうち、最も不適切なものはどれか。

1．非居住無制限納税義務者は、被相続人の国内にある財産だけでなく、国外に
　ある財産を含む全ての財産が相続税の課税対象となる。
2．株式会社である法人が遺贈により財産を取得した場合、その法人を個人とみ
　なして、その財産の価額に相当する収益について、相続税の納税義務者となる。
3．特定納税義務者とは、相続時精算課税贈与により財産を取得した者で、相続
　または遺贈により財産を取得していない場合でも、相続時精算課税適用財産
　が相続税の課税対象となる。
4．制限納税義務者については、原則として、相続税の未成年者控除および障害
　者控除の適用を受けることができない。

問題　56

　相続税の申告と納付に関する次の記述のうち、最も不適切なものはどれか。

1．相続税の申告書の提出期限は、相続財産が未分割の場合でも、相続の開始が
　あったことを知った日の翌日から10ヵ月以内である。
2．相続税の申告書の提出先は、原則として、被相続人の死亡時の相続人の住所
　地の所轄税務署長である。
3．相続税は、金銭一括納付が原則であるが、それが困難な場合は、延納を選択
　することができ、さらに、延納をもっても納付困難な場合は、物納を選択す
　ることができる。
4．小規模宅地等の相続税の課税価格の計算の特例の適用を受けた宅地等を物納
　する場合、その収納価額は、その特例の適用後の価額である。

問題　57

　取引相場のない株式の評価に関する次の記述のうち、最も不適切なものはどれか。

1．会社規模の判定において、従業員数が70人以上の会社は、総資産価額や取引金額にかかわらず、大会社に該当する。
2．会社規模が小会社の原則的評価方式は、純資産価額方式、または、純資産価額方式と類似業種比準価額方式の併用方式を選択することができる。
3．純資産価額方式の評価において、評価対象会社が相続開始前3年以内に取得した土地や家屋を有する場合、その土地や家屋は、相続税評価額ではなく、相続開始時における通常の取引価格より評価する。
4．配当還元方式による評価において、評価対象会社の年配当金額が無配当の場合は、年配当金額を50円として計算する。

問題　58

　路線価図に関する次の記述の空欄（ア）～（エ）にあてはまる語句の組み合わせとして、最も適切なものはどれか。

　　　路線価図は、道路に接する標準的な宅地の1m²当たりの価額（路線価）を（　ア　）単位で表示しており、路線価は（　イ　）地域の宅地等を評価する場合に用いる。
　　　路線価図において、路線価の右隣に表示されている記号Dは、借地権割合が（　ウ　）％であることを示している。
　　　また、（　イ　）地域において、路線価の設定されていない道路にのみ接している宅地を評価する場合には、（　エ　）を税務署に提出することができる。

1．（ア）千円　（イ）倍率　　　（ウ）70　（エ）個別評価申出書
2．（ア）万円　（イ）路線価　（ウ）70　（エ）特定路線価設定申出書
3．（ア）千円　（イ）路線価　（ウ）60　（エ）特定路線価設定申出書
4．（ア）万円　（イ）倍率　　　（ウ）60　（エ）個別評価申出書

問題 59

「小規模宅地等についての相続税の課税価格の計算の特例」（以下「本特例」という）に関する次の記述のうち、最も適切なものはどれか。

1. 配偶者居住権に基づく敷地利用権について、特定居住用宅地等として本特例の適用を受けるには、その宅地の所有権部分の取得者についても本特例の適用要件を満さなければならない。
2. 配偶者が特定居住用宅地等として本特例の適用を受ける場合、相続税の申告期限まで、その宅地等を所有していなければならない。
3. 本特例の対象となる宅地等が特定同族会社事業用宅地等および特定事業用宅地等である場合、最大で730m²まで、減額割合80％として本特例の適用を受けることができる。
4. 被相続人が賃貸している砂利敷き駐車場の用地で、その砂利敷きが構築物として認められない場合は、貸付事業用宅地等として、本特例の適用を受けることができない。

問題 60

Aさんの所有する賃貸用不動産を法人へ移転することによる節税対策に関する次の記述のうち、最も不適切なものはどれか。

1. 賃貸用不動産を法人に移転することにより、Aさんの個人財産の増加を抑制する効果がある。
2. 賃料収入から生じる所得が法人の内部留保となり、その法人の株価の上昇につながることから、法人の株主は、Aさんの推定相続人にすることが望ましい。
3. 賃貸用不動産の土地がAさんの先祖代々の土地である場合、長期譲渡所得となることから、法人に賃貸用不動産の土地と建物の両方を移転することが望ましい。
4. 賃貸用不動産の法人への移転方法が売買である場合、Aさんの財産が不動産から現預金に変わるため、移転直後は、相続税の負担が増加する可能性が高くなる。

問題1　正解　3

1．適切　　任意後見人となることに**特別な資格は必要なく**、弁護士の登録を受けていない FP が行っても問題ない。

2．適切　　「ねんきん定期便」の内容を基に将来の年金受取額を試算することは、社会保険労務士でない FP が行っても問題ない。

3．不適切　顧客の実際のデータに基づき納税額を試算することは「税務相談」にあたり、税理士の登録を受けていない FP が行うことはできない。

4．適切　　金融商品取引業の登録を受けていない FP が、NISA の制度概要や運用商品の特徴について一般的な説明を行うことは問題ない。

問題2　正解　2

1．不適切　健康保険の被保険者期間が継続して**2ヵ月以上**ある者が、資格喪失日から**20日以内**に申請手続きを行えば、任意継続被保険者となることができる。

2．適切　　健康保険の保険料は事業主と被保険者が**半分ずつ**負担するが、任意継続被保険者の保険料は**全額**被保険者が負担する。

3．不適切　健康保険の被保険者で資格喪失時に傷病手当金を受けているか、または受ける条件を満たしている者は、資格喪失する前日までに継続して**1年以上**の被保険者期間があれば、支給期間満了まで継続して傷病手当金を受給することができる。

4．不適切　任意継続被保険者にも**被扶養者**という区分はあり、要件を満たす家族は**被扶養者**となることができる。

問題3　正解　2

1．不適切　事業主に雇用される**労働者**は、雇用形態や労働時間、国籍にかかわらず、アルバイトやパートタイマーなども含めすべて労災保険の適用を受ける。

2．適切　　設問のとおり。業務災害により労働者に障害が残った場合、障害等級1級〜7級に該当する場合は**障害補償年金**が支給され、8級〜14級に該当する場合は**障害補償一時金**が支給される。

3．不適切　業務災害により療養補償給付を受ける場合、一部負担金は徴収されない。なお、**通勤災害**により療養給付を受ける場合は、一部負担金200円を徴収されることがある。

4. 不適切 障害補償年金と障害厚生年金を両方受給できるときは、**障害厚生年金**が全額支給され、**障害補償年金**は一定割合減額される。

問題4 正解 3

1. 適切 設問のとおり。なお、解雇・倒産等による離職や非正規労働者のいわゆる「雇い止め」による場合は、離職日以前**1年間**に被保険者期間が**6ヵ月以上**あれば受給要件を満たす。

2. 適切 一般の受給資格者の基本手当の所定給付日数は、被保険者期間が1年以上10年未満の場合は**90日**、10年以上20年未満の場合は**120日**、20年以上の場合は**150日**である。

3. 不適切 介護休業給付金の支給対象となる家族は、**配偶者、父母、子、配偶者の父母、祖父母、兄弟姉妹、孫**であり、いずれも同居・別居は問われない。

4. 適切 育児休業給付金の支給対象となる期間は、保育所に入れない等の一定の要件を満たした場合、最大で**2歳**となる日の前日までとなる。要件に該当すれば、男性にも支給される。

問題5 正解 4

1. 適切 65歳以降の老齢厚生年金は、老齢基礎年金の受給資格期間を満たし、厚生年金保険の被保険者期間が**1ヵ月以上**あれば受給できる。なお、60歳代前半の老齢厚生年金（特別支給の老齢厚生年金）は、厚生年金の被保険者期間が**1年以上**あることが要件である。

2. 適切 設問のとおり。なお、繰下げ支給の申出は、老齢基礎年金と老齢厚生年金を**別々に行う**ことができる。

3. 適切 設問のとおり。改正により、2022年4月からは65歳未満、65歳以上の支給停止額は**同額**となっている。

4. 不適切 老齢厚生年金に加給年金額が加算されるためには、その受給権者に、所定の要件を満たす**配偶者または子**があり、厚生年金保険の被保険者期間が原則として**20年**以上あることが必要である。

問題6 正解 1

1. 不適切 寡婦年金の年金額は、夫の老齢基礎年金額の**4分の3**である。なお、寡婦年金は第1号被保険者としての保険料納付済期間、保険料免除期間が**10年以上**ある夫が死亡し、**10年以上**継続して婚姻関係にあり、死亡当時その夫に生計維持されていた妻が、遺族基礎年金を受給できない場合に、**60歳から65歳**になるまで支給される。

2．適切　設問のとおり。なお、寡婦年金と死亡一時金を両方受給できる場合は、どちらかを選択して受給する。

3．適切　現役の会社員の死亡等、遺族厚生年金の短期要件に該当する場合に支給される遺族厚生年金の年金額は、300月の最低保障がある。

4．適切　設問のとおり。なお、中高齢寡婦加算額は、遺族基礎年金の額に4分の3を乗じた額である。

問題7　正解　1

1．不適切　国民年金基金の加入員は、付加年金の保険料（月400円）を納めることはできないが、確定拠出年金の個人型年金に同時に加入することはできる。その場合、掛金の上限は国民年金基金と個人型年金の合計で月額68,000円となる。

2．適切　国民年金基金には、国内に居住する国民年金の第1号被保険者のほか、60歳以上65歳未満の任意加入している者、20歳以上65歳未満で海外に居住し任意加入している者も、加入することができる。

3．適切　設問のとおり。従業員である実態があれば、事業主の家族も中退共に加入することができる。

4．適切　小規模企業共済に加入するためには従業員数の制限があり、卸売業・小売業・サービス業（宿泊業・娯楽業を除く）の場合は5人以下、建設業、製造業、運輸業、宿泊業・娯楽業、不動産業、農業等を営む場合は20人以下となっている。

問題8　正解　4

1．不適切　フラット35の金利は取扱金融機関によって異なり、一律ではない。

2．不適切　対象の住宅がマンションの場合は30m²以上、戸建ての場合は70m²以上が要件である。

3．不適切　フラット35の融資期間の下限は15年（申込者または連帯債務者が満60歳以上の場合は10年）とされている。

4．適切　設問のとおり。なお、年収400万円以上の場合は、年収の35%以内であることが要件である。

問題9　正解　3

1．不適切　手形貸付は、約束手形を担保として金融機関に差し入れて借入を行うものである。なお、金銭消費貸借契約証書によって資金調達するのは、証書貸付である。

2．不適切　インパクトローンは資金使途を制限されない外貨借入のことで、資

金制限のあるタイドローン、プロジェクトローンと区別される。

3．適切　ABL（動産・債権担保融資）は、担保にする不動産や個人保証がなくても融資を受けられるメリットがある。

4．不適切　信用保証協会保証付融資（マル保融資）の対象は中小企業であり、業種に応じた資本金または常時使用する従業員数の要件がある。売上高の要件はない。

問題10　正解　4

1．不適切　クレジットカードは名義人のみが使用でき、家族にも貸与することはできない。

2．不適切　3回以上の分割払いやリボルビング払いでは手数料がかかるが、一括払い、2回払いでは手数料はかからない。

3．不適切　クレジットカードを紛失し速やかに所定の届出を行った場合、届出日の60日前以降のカードの利用代金の支払い債務が免除される。

4．適切　貸金業法の総量規制とは、年収の3分の1を超える貸付を禁止するもので、クレジットカードのキャッシングは対象に含まれるが、ショッピングは含まれない。

問題11　正解　4

1．不適切　2022年5月に施行された保険業法において、個人が申し込んだ保険契約のクーリング・オフの方法が、それまでの「書面により」から「書面又は電磁的記録により」と改正され、必ず書面によるわけではない。（保険業法309条1項柱書）

2．不適切　商法上の保険に該当する保険契約については、名称を問わず保険法が適用されるため、保険機能を有する共済契約も保険法の対象となる。

3．不適切　従来は自発的告知義務が求められたが、2010年4月保険法の施行により質疑応答義務に変更され、保険会社からの問いに応答すれば足りる。

4．適切　保険会社が、保険契約者又は被保険者の虚偽告知等に対して「解除の原因があることを知った時から1ヵ月間行使しないときは」保険会社が有する解除権は「消滅する」。（保険法55条4項前段）

問題12　正解　1

1．不適切　外貨建て保険の場合、海外の金利が日本よりも高い傾向の昨今においてはハイリターンが望める一方、円貨で年金給付を受ける場合に

は契約時よりも円高に振れていれば**為替差損**が発生して既払込保険料相当額を下回ることがある。

2．適切　夫婦年金は、**夫婦のいずれか一方**が生存している限り契約は消滅せず、年金給付を受け取ることができる。

3．適切　変額個人年金保険は、年金給付開始前に年金受取人である被保険者が死亡した場合には**死亡給付金**が遺族に支払われるが、その額は債券や株式での運用実績により変動するリスクを伴う。ただし、ほとんどの契約の場合、**最低保証額**の設定がされている。

4．適切　保証期間付終身年金は、被保険者（＝年金受取人）の**生死を問わず**保証期間は年金を受給することができる特徴があり、被保険者（＝年金受取人）が死亡した場合、遺族等の年金継続受取人が保証期間満了まで年金給付金を受け取ることができる。

問題13　正解　**2**

1．不適切　総合福祉団体定期保険は、企業（団体）が保険契約者となり、被保険者である役員・従業員等が死亡または所定の高度障害状態になった際に、企業（団体）が遺族への弔慰金や死亡退職金の準備として加入する保険期間1年の定期保険であり、特約がない限り医療保障はない。なお、掛捨保険のため定年退職者の退職金としての活用はできない。

2．適切　保険契約者である企業（団体）が負担した保険料は、**全額損金**として処理することができる。

3．不適切　役員・従業員等の加入に際しては、加入への同意および告知は**必要**であるが、医師の診査は**不要**である。

4．不適切　総合福祉団体定期保険の保険金額は、団体保険（Bグループ保険）と異なり、福利厚生規程に定められた弔慰金・死亡退職金の範囲内で設定するので、従業員等が死亡保険金の加入限度額を個別設定するわけではない。

問題14　正解　**4**

1．不適切　定期保険の保険料の経理処理は、原則として解約返戻率に応じて4区分されており、本問の71％の場合は70％超85％以下の区分に該当し、当期保険料の**60％相当額**を資産に計上しなければならない。

2．不適切　法人が契約する解約返戻金のない医療保険・がん保険等の第三分野保険においては、保険料の払い込み方法が全期払いと短期払いとに

より保険料の経理処理が異なる。本問は全期払いであるので各被保険者の年間保険料が30万円以下か否かの区別はなく全額**損金**に算入することができる。

3．不適切　法人が契約した終身保険の死亡保険金受取人が法人自身である場合、その支払保険料は貯蓄の性質を有するため、全額**資産**に計上しなければならない。

4．適切　いわゆる福利厚生プラン（ハーフタックスプラン）である。養老保険の法人契約では、被保険者を役員・従業員全員、死亡保険金の受取人は**被保険者の遺族**、満期保険金の受取人は**法人**とした場合、法人が支払う保険料の50％を**資産**に計上し、残額を福利厚生費として**損金**に算入することができる。

問題15　正解　**1**

1．適切　「傷害に基因して支払を受けるもの」に該当する入院給付金は、本人が受け取った場合は、**非課税**となるが、本人が受け取る前に死亡した場合であっても、その配偶者・直系血族・生計を一にするその他親族が受け取ったときは**非課税**となる。

2．不適切　リビング・ニーズ特約で受け取らなかった保険金の残額を法定相続人が受け取る場合は**相続税**の対象となる。

3．不適切　一時払養老保険の満期保険金を契約から**5年**以内に受け取った場合、または**5年**以内に解約返戻金を受け取った場合には金融類似商品とみなされ、保険差益に対して20.315％の**源泉分離課税**が課される。

4．不適切　保険契約者（＝保険料負担者）と年金受取人が異なる場合、年金受給権が贈与されたとみなされ、給付事由発生時点で**贈与税**の対象となる。

問題16　正解　**1**

1．適切　国内旅行保険は、海外旅行保険と異なり地震・噴火・津波によるケガに対しては、特約がない限り補償の**対象外**である。

2．不適切　ファミリー交通傷害保険は、**国内外を問わず**、交通乗用具との衝突・接触により傷害を負った場合、または交通乗用具の火災や爆発により傷害を負った場合、あるいは駅構内などで急激かつ偶然の外来の事故により傷害を被ったときに補償対象となる。

3．不適切　家族傷害保険の被保険者の範囲には被保険者本人のみならず、その**配偶者**、生計を一にする親族、および本人または配偶者の**別居の未**

婚の子も含む。

4．不適切　所得補償保険は、病気やケガにより**就業不能**になった場合に**所得を
保障する**保険であるが、就業中のみならず就業外での病気やケガが
原因でも補償の対象となる。病気やケガの発生場所は、国内外を問
わない。

問題17　正解　**1**

1．適切　任意自動車保険に付帯される人身傷害保険は、被保険者の過失割合
に係わりなく保険金額を限度に損害の**全額**が補償され、また被保険
者の範囲も被保険者本人・その配偶者や子その他同居の親族等が補
償の対象となる。

2．不適切　車両保険は主に一般型と**車対車・危険限定型（エコノミー型）**の2種
類があり、後者の**エコノミー型**は自損事故（電柱への衝突、崖や溝
に転落等）や相手不明の当て逃げ事故等は補償の**対象外**である。た
だし、いたずら書き・火災・爆発・飛来物等による車両損害や車両
の盗難等に対してはエコノミー型の車両保険であっても**補償の対象**
となる。

3．不適切　対物賠償責任保険とは、被保険自動車によって「他人」の財物に損
害を加え法律上の賠償責任が生じた場合に補償される保険であるが、
「他人」には**被保険者本人・配偶者・子・父母**、または被保険自動車の
運行供用者本人・配偶者・子・父母は含まれず、これらの者の財物を
滅失・破損・汚損したとしても補償の対象とはならない。ただし、
兄弟姉妹については同居・別居を問わず保険約款上の「他人」と解
され補償の対象となる。

4．不適切　対人賠償責任保険においては、被害者側の過失も考慮して損害額が
認定される。

問題18　正解　**3**

1．不適切　法人の従業員全員を被保険者とする掛捨型の傷害保険を契約した場
合は、支払保険料の全額を**損金**に算入することができる。

2．不適切　法人が所有する固定資産を滅失して保険金（共済を含む）を得た場合、
その保険金等をもとにして同一年度内に代替資産を取得したときは、
代替資産の帳簿価額を、滅失した固定資産の帳簿価額まで**圧縮**する
ことができる。本問はこれら要件に該当し、当該年度の課税所得を
減額することができる。

3．適切　法人が契約していた積立保険が満期となり満期返戻金や配当金を受け取った場合、それまで資産計上していた平準積立保険料は取り崩して**損金**に算入し、受け取った満期返戻金および配当金については**益金算入**しなければならない。その差額は**雑収入**として課税対象となる。

4．不適切　法人契約の保険金（死亡保険金・満期金等）を被保険者である従業員等の遺族が直接受け取った場合で、かつ、既払込保険料総額を資産計上していないときは、法人は**経理処理をする必要がない**。

問題19　正解　3

1．不適切　医療保険は病気やケガで入院した場合や所定の手術を受けた場合に給付される保険であって、正常分娩（自然分娩、通常分娩ともいう）は病気やケガに**該当しない**。

2．不適切　先進医療特約の対象となるか否かは、**療養開始時点**に厚生労働大臣が先進医療と認定しているか否かによって判断される。契約時ではない。

3．適切　がん保険は他の保険と異なり、責任開始日は通常３ヵ月（90日間）の待期間後となるので、たとえ第１回目保険料の払い込みが完了していても待期間内にがんと診断された場合は、保険給付がされず、保険契約自体が無効となる。

4．不適切　原則として人間ドックのような検査入院については医療保険の**給付対象とはならない**。ただし、検査の結果病巣が発見され、かつ、医師の指示の下に入院を開始した場合には入院給付金の**対象となる**。

問題20　正解　2

1．不適切　医療保険は原則として、生存中の病気やケガで入院した場合に給付される保険であり、葬儀代の準備としては一般的には不適切である。最近では貯蓄型の医療保険もあるが、葬儀代の相談に対する助言としては**終身保険**を勧めるのが適切である。

2．適切　死亡保険金額を算定には、「**遺族の必要経費**」と「**遺族の将来収入＋現在の預貯金等**」とをそれぞれ算出してその差額（不足分）を生命保険で補完するよう助言するのが一般的である。なお、必要経費の算出については、毎月の生活費（Ｂさん分を除く）に対して末子が独立する一般的な年齢の22歳もしくは18歳から現在の年齢を引いた年数を乗じて算出し、預貯金を含めた将来収入との差額を死亡

保険金額とするよう勧めるのが適切である。

3．不適切　定期保険は、満期設定された特定期間の**死亡保障**を担保する生命保険であり、その期間に被保険者が死亡した場合に遺族の生活を防衛する目的の保険商品である。そのため老後資金の準備目的には不適切である。本問の場合、**個人年金保険**や貯蓄性の高い生命保険を勧めるのが適切である。

4．不適切　養老保険は保険期間の**満期**が設定されているため、時期が不明な被保険者の死亡後の相続税の納税対策としては不適切である。また仮に満期保険金の受取人を推定相続人にした場合であっても贈与税の対象となることから相続税の納税対策として養老保険を勧めるのは不適切である。

問題21　正解　3

1．不適切　**コンポジット・インデックス（CI）**は、景気変動の大きさやテンポ（量感）の測定を主な目的としている。景気拡張の動きの各経済部門への波及度合いの測定を主な目的とするのは、**ディフュージョン・インデックス（DI）**である。

2．不適切　消費者態度指数は、消費者の今後半年間の消費動向の見通しを表しており、景気動向指数の**先行系列**に採用されている。内閣府により、景気動向の把握や経済政策の企画・立案の基礎資料とすることを目的として、毎月調査が実施されている。報道などでは、「消費者マインド」という表現が用いられることもある。

3．適切　日銀短観とは、日本銀行が全国の企業動向を的確に把握し金融政策の適切な運営を行うために、約1万社の企業に対し短期の業況についてアンケート調査を行うものである。**業況判断DI**は、対象企業に短期の業況について「良い」、「さほど良くない」、「悪い」の3つから選択させ、「良い」と回答した企業の社数構成比から「悪い」と回答した企業の社数構成比を差し引いて算出される。

4．不適切　「地方」は含まれる。**マネーストック**とは、金融部門から経済全体に供給されている通貨量のことである。いわゆる**一般法人、個人、地方公共団体**が保有している通貨量を指し、国（中央政府）や日銀を含む金融機関などが保有しているものは含まれない。

問題22　正解　4

1．適切　期日指定定期預金は、預入日の1年後の応当日から最長預入期限ま

での間で、全部または一部について満期日を**自由に指定できる**。満期日の指定がない場合は、最長預入期限が満期日となる。なお、最長預入期間は３年が一般的である。

2．適切　貯蓄預金は一般的に普通預金より高い金利が付与されるが、口座振替の引落口座や給与等の受取口座として**利用することはできない**。

3．適切　当座預金、無利息型普通預金のどちらとも、個人・法人ともに利用できる。当座預金とは手形や小切手の支払に利用される口座のことで、無利息型普通預金は利息が付かない口座のことである。どちらも決済用預金であり、預け入れた額の**全額**が**預金保険制度**の保護対象となる。

4．不適切　オンライン上で入出金の明細や残高等を照合できるインターネットバンキングサービスは、一般の銀行でも提供されている。

問題 23　正解　**2**

1．不適切　ETF についても非上場の投資信託と同様、**運用管理費用（信託報酬）** が発生する。売買時には証券会社に支払う売買手数料が、保有時には運用や管理に関する運用管理費用（信託報酬）が発生する。

2．適切　ETF には通常の投資信託と違って分配金を再投資する仕組みはなく、投資の複利効果は得られない。

3．不適切　NISA のつみたて投資枠による投資の対象は一定の条件を満たした**公募株式投資信託**と **ETF** である（対象となる ETF の数は公募株式投資信託に比べると限られており、取扱金融機関も少ない）。

4．不適切　ETF は株価に連動するもの以外に、REIT、金や原油などの商品に連動するもの、債券に連動するものなどさまざまな種類がある。

問題 24　正解　**1**

　割引率とは、将来価値を現在価値に換算するときに用いる利率のことである。現在価値とは、将来受け取る金額を現在の価値で評価したものである。

　設問の「年１回複利の割引率を年率0.5％とした場合の、４年後の100万円の現在価値」とは、言い換えれば「100万円（将来価値）＝ X円（現在価値）を４年間年利0.5％で複利運用した成果」ということである。

　上記に基づき、割引率0.5％を使用して「現在価値＝ X円」を計算する。

　複利計算の計算式は、元金×（１＋利率÷100）^{年数}で表されるため、４年後の100万円の現在価値をX円とすると、以下の算式が成り立つ。

　X円×（１＋0.5÷100）^{4}＝100万円

X円＝100万円÷1.02015050062≒980,247円（円未満切り捨て）

したがって、1．が正解となる。

問題25　正解　3

1．不適切　信用取引は通常の取引（現物取引）と異なり、現物を有していなくても、株式を借りることで売りからの取引も可能である。信用取引には信用買いと信用売りがあり、信用売りは、証券会社から株式を借りて株式を売る取引で、株価が下がると利益が得られる。一方、信用買いとは、株式購入の資金を借りて取引をする方法である。

2．不適切　信用取引には、証券取引所が統一して行う制度信用取引と、証券会社が独自のルールで行う一般信用取引がある。保有建株（新規に信用取引で売買した株式）は、新規建約定時の信用区分を変更することはできない。したがって、制度信用取引から一般信用取引への変更、一般信用取引から制度信用取引への変更は、どちらもできない。

3．適切　委託保証金は、原則として金銭で差し入れるが、上場株式や国債等の有価証券で代用することも可能である。また、2009年7月16日以降は、委託保証金として差し入れる金銭に米ドルが加えられ、代用有価証券にも米国の金融商品取引所に上場している外国株券等が加えられた。

4．不適切　金融商品取引法では、委託保証金の額は30万円以上で、かつ、当該取引に係る株式の時価に30％を乗じた金額以上でなければならないと定めている。委託保証金とは、証券会社が取引の安全を図るために顧客から預かる金銭のことである。

問題26　正解　4

1．不適切　1株当たり当期純利益（EPS）は、当期純利益を発行済株数で除して求められる。

$$X社の1株当たり当期純利益（EPS）＝\frac{600億円}{2億株}＝300円$$

2．不適切　ROA（総資本当期純利益率）は、当期純利益を総資産で除して求められ、総資本でどれだけの利益を上げたかを測る指標である。

$$X社のROA（総資本利益率）＝\frac{600億円}{2500億円}×100＝24.0\%$$

3．不適切　PBR（株価純資産倍率）は、株価を1株当たり純資産で除して求められる。

$$1株当たり純資産 = \frac{1000億円}{2億株} = 500円$$

$$X社のPBR（株価純資産倍率） = \frac{3000円}{500円} = 6.0倍$$

PBRは、株価が1株当たり純資産の何倍の値段が付けられているか を見る投資指標である。PBRの数値は、低いほうが株価が割安であ ると判断される。

4．適切　PER（株価収益率）は、株価を1株当たり純利益で除して求められる。

$$1株当たり純利益（EPS） = \frac{600億円}{2億株} = 300円$$

$$X社のPER（株価収益率） = \frac{3000円}{300円} = 10.0倍$$

PERは、株価が1株当たり純利益の何倍の値段が付けられているか を見る投資指標である。PERの数値は、低いほど株価が割安と判断 される。

問題27　正解　3

1．不適切　外貨建て債券を保有しているとき、為替レートが円安に変動すると、 円換算の利回りは上昇する。

　　例　1ドル100円の時に、100,000円で米ドル建て外貨債券1,000 ドルを購入

　　　→円安に進み、1ドル130円となった場合

　　　　円換算額で130,000円となり、30,000円の利益が発生する。

上記より、為替レートが円安に進んだ場合、円換算額は増加するた め利回りは上昇する。

2．不適切　外貨建て債券を保有しているとき、為替レートが円高に変動すると、 円換算の利回りは低下する。

　　例　1ドル100円の時に、100,000円で米ドル建て外貨債券1,000 ドルを購入

　　　→円高に進み、1ドル90円となった場合

　　　　円換算額90,000円となり、10,000円の損失が発生する。

上記より、為替レートが円高に進んだ場合、円換算額は減少するた め利回りは低下する。

3．適切　為替変動リスクとは、円貨と外国通貨の為替相場の変動により、外 貨建て資産の価値が変動する可能性のことをいう。国ごとの経済成 長率やインフレ率、国際収支の動向等から経済成長が期待できると

予測される国には投資が集まり、当該国の通貨が多く買われること
になるため通貨は**強く（高く）**なる。経済成長が見込めない、国の政
情不安定等の要因があれば当該国の通貨は売られ、通貨は**弱く（安
く）**なる。

4．不適切　外国の発行者が、日本国内において発行する外貨建て債券は**ショー
グン債**である。外国の発行者が、日本国内において発行する円貨建
て債券が**サムライ債**である。

問題28　正解　3

1．適切　金融派生商品（デリバティブ）とは、原資産（株式、金利、為替など）
から派生して生まれた商品のことである。代表的なデリバティブ取
引として、**先物取引、オプション取引**、スワップ取引がある。先物
取引は、将来の売買価格や一定の条件を、あらかじめ決めて売買す
ることで、先物の売りは、売り建てた原資産が**値下がり**すると利益
が上がるため、現在保有している現物資産が値下がりしたときの
ヘッジとなる。

2．適切　先物の買いでは、原資産が**値上がり**すると利益が出るため、将来保
有しようとする現物資産が将来値上がりすることに対するヘッジと
なる。

3．不適切　プット・オプションとは、「**売る権利**」である。プット・オプショ
ンの売りでは、原資産が値下がりすると**損失**が生じるため、現在保
有している現物資産の値下がりに対するヘッジにはならない。

4．適切　コール・オプションとは、「**買う権利**」である。コール・オプショ
ンの買いでは、原資産が値上がりすると**利益**が出るため、将来保有
しようとする現物資産が将来値上がりすることに対するヘッジとな
る。

問題29　正解　3

1．不適切　相関係数は各資産の間にある関連性の強さを表す尺度として、－1
から1までの値をとる。相関係数が1に近いほど**同じ値動き**、－1
に近いほど**逆の値動き**をする傾向がある。つまり、相関係数が小さ
いほど（－1に近づくほど）リスクの低減効果は大きくなり、－1
のとき最大となる。

2．不適切　ポートフォリオのリスクは、相関係数が1（完全に同じ値動き）で
ない限り、組み入れた各資産のリスクを組入れ比率で**加重平均した**

値よりも小さくなる。これをポートフォリオ効果という。

3．適切　　アセットアロケーションとは、どの資産をどれくらい組み入れるか
といった資産配分比率のことである。ポートフォリオ運用において
は、同じ資産クラス（国内株式、国内債券、外国債券、外国株式等）
の中での個別銘柄選択よりも、どの資産をどれくらい組み入れるか
という資産配分比率（＝アセットアロケーション）の方が、運用効
率を決定する重要な要素とされている。

4．不適切　分散投資によって除去できるリスクは**非システマティック・リスク**、
分散投資によっても除去できないリスクが**システマティック・リス
ク**である。

非システマティック・リスク：分散投資により排除することが可能
なリスク。個別銘柄リスクとも呼ばれ、株式を発行している企業に
起因するもの、企業内の不祥事や、ストライキ等による生産の停止
など。

システマティック・リスク：分散投資をしても排除することが不可
能なリスク。景気の悪化のような、市場全体に影響をもたらす変動。

問題30　正解　4

1．適切　　個人情報保護法においては、利用目的をあらかじめ公表している場
合は、改めて通知する必要はない。個人情報とは、**生存する個人**の
情報であり、**特定の個人**を識別できるものである。また、死亡した
者に関する個人情報であっても、遺族など生存している個人に結び
つく情報であれば、個人情報となる。

2．適切　　金融商品取引法では、投資家保護の観点から、**投資性のある金融商
品**（株式、債券、投資信託、デリバティブ取引など）を規制対象と
している。デリバティブ取引（金融派生商品）については、有価証
券（株式・債券等）に関するデリバティブ取引のほかに、通貨・金
利スワップ（交換）、FX（外国為替証拠金取引）、天候デリバティブ
なども対象となる。

3．適切　　消費者契約法は、消費者と事業者との間の情報の質や量および交渉
力の格差を考慮し、契約における消費者の権利を保護するとともに、
事業者に対しても一定の規制をかけることにより、消費者の利益を
守ることを目的としている。消費者契約法では、事業者の一定の行
為により結ばれた契約の取り消しが認められる。

4．不適切　犯罪収益移転防止法は、テロ資金やマネーローンダリング防止のために制定された法律で、金融機関等の特定事業者は、当該取引終了後から**7年間**確認書類を保存しなければならないと定められている。

問題31　正解　3

1．不適切　所得税の納税義務者は、**居住者と非居住者**である（日本国籍を有しない者を含む）。また、例外として法人も納税義務者となる場合もあり、内国法人と外国法人に分類されて課税範囲が定められている。

2．不適切　所得税は原則として**住所地**が納税地となるが、**住所地**のほかに事業所がある場合には、本来の納税地を所轄する税務署長に届出書を提出することで、事業所を納税地とすることが可能となる。

3．適切　　所得税における各種所得の金額の計算上、家賃収入等が年末時点で未収となっている場合でも、収入があったとみなされ、**収入として計上する**。

4．不適切　所得税は、納税者本人が税額を計算し、申告納付する**申告納税方式**である。なお、**賦課課税方式**とは、国や地方公共団体が税額を計算して納税者に通知する方式である。

問題32　正解　4

1．不適切　雑所得の損失は他の所得と損益通算できない。

2．不適切　株式等の譲渡による譲渡所得は**分離課税**のため、総合課税である不動産所得の損失とは損益通算できない。

3．不適切　一時所得の損失は、他の所得と損益通算できない。

4．適切　　不動産・事業・山林・譲渡所得の損失は、公的年金の雑所得とも**損益通算可能**である。

問題33　正解　2

1．適切　　障害者控除は、障害者自身以外にも**配偶者や扶養親族**が障害者である場合にも適用することができ、該当する対象者の合計所得金額に関わらず適用可能である。

2．不適切　所得税の基礎控除額は一律ではなく、納税者の合計所得金額が**2,400万円以下**であれば**48万円**となり、2,400万円以上になると段階的に控除額が引き下げられる。

3．適切　　社会保険料控除額には制限がなく、**同一生計の配偶者や親族**の国民年金保険料の支払額も含め、支払った金額の**全額**が支払った納税者の社会保険料控除の対象となる。

4．適切　　控除対象扶養親族を有する納税者は、その扶養親族が年の途中で死亡した場合でも、その年分の扶養控除の適用を受けることができる。

問題34　正解　1

1．不適切　雑損失の繰越控除は、災害等による住宅や家財等の損失額について、その年の所得金額から雑損控除として控除しきれない損失額を、青色・白色申告関係なく、3年間繰り越すことができる制度である。

2．適切　　青色申告の特典として、損益通算しても控除しきれない損失額を前年に繰り戻して所得税の還付を受ける（純損失の繰戻還付）ことができる。

3．適切　　青色申告の特典として、青色事業専従者給与として同一生計の配偶者や親族に支払った給与を必要経費に算入できる。

4．適切　　青色申告の特典として、棚卸資産の評価方法として低価法を選択（取得原価と時価を比較していずれか低い価額を棚卸資産の期末評価額とする）可能である。

問題35　正解　4

1．不適切　住宅ローン控除を受けるには、家屋の床面積が、原則として50m^{2}以上である必要がある。

2．不適切　住宅ローン控除を受けるには、家屋の床面積の2分の1以上が居住用であることが必要である。

3．不適切　住宅ローン控除を受けるには、その年の合計所得金額が、原則として2,000万円以下であることが必要である。

4．適切　　2022年以降、住宅ローン控除の控除率は一律0.7%で、各年の住宅ローンの年末残高に乗じて各年の控除額を計算する。

問題36　正解　2

1．適切　　所得税の確定申告の期限は、所得の生じた年の翌年の2月16日から3月15日までで、納付期限も同じである。

2．不適切　不動産所得・事業所得・山林所得については、一定の帳簿で記帳すること等の要件を満たすことで、所得税の青色申告をすることができる。

3．適切　　前年からすでに業務を行っている者が、その年分から新たに青色申告の適用を受けようとする場合の青色申告承認申請の期限は、その年の3月15日である。

4．適切　　年間の給与収入が2,000万円を超える場合は、年末調整で所得税

額が確定しないため、給与所得者でも**確定申告が必要**である。

問題37　正解　4

1. 適切　法人税では、法令や定款等の定めによる会計期間を**事業年度**（原則1年、1年未満も可）とし、**事業年度**ごとに課税所得を計算する。

2. 適切　法人税法は、法人を、普通法人・公益法人等・人格のない社団等などに区分し、それぞれ**納税義務の有無**や課税所得等の範囲を定めている。

3. 適切　法人税の申告・納付期限は、各事業年度終了日の翌日から**2ヵ月以内**で、納税地の所轄税務署長に申告・納付する。

4. 不適切　法人の場合、青色申告の承認申請期限は、通常青色申告する事業年度開始日の**前日**までであるが、新設法人の青色申告承認申請は、法人設立から**3ヵ月以内**、もしくは第1期目の事業年度の終了日のうち、いずれか**早い日の前日**までに提出しなければならない。

問題38　正解　1

1. 不適切　消費税の簡易課税制度は、基準期間となる前々事業年度の課税売上高が**5,000万円以下**の場合に選択できる。

2. 適切　消費税の簡易課税制度の適用を受けるには、適用を受ける課税期間の開始日の前日までに、**消費税簡易課税制度選択届出書**を納税地の所轄税務署長に提出することが必要である。

3. 適切　消費税の簡易課税制度を選択した場合、事業廃止・災害等を除いて原則として、**2年間**は変更できない。

4. 適切　消費税の簡易課税制度の適用を取りやめるには、適用を取りやめる課税期間の開始日の**前日**までに、「**消費税簡易課税制度選択不適用届出書**」を納税地の所轄税務署長に提出することが必要である。

問題39　正解　2

1. 適切　役員が無利子で会社に貸付をした場合、役員側では本来受け取れる利子額について**課税されない**。

2. 不適切　役員は法人から、本来徴収されるべき賃貸料を無償で貸与されている場合、本来徴収されるはずの通常の賃貸料相当額が**給与所得**として課税される。

3. 適切　会社が役員の所有する土地を適正な時価よりも低い価額で取得した場合、法人側では時価が取得価額となり、時価と売買価額の差額が**受贈益**として取り扱われる。

4．適切 　役員が会社の所有する建物を適正な時価よりも低い価額で譲り受け
た場合、法人側では**時価で譲渡**したものとされ、時価と売買価額の
差額が**役員給与として損金不算入**となる。役員側では時価と売買価
額との差額は**給与所得として課税**される。

問題40　正解　3

1．不適切 　貸借対照表の資産の部の合計額（借方の金額）は、**負債の部と純資
産の合計額（貸方の金額）が必ず一致**する。一致するのは負債の部
の合計額ではない。

2．不適切 　毎年赤字が続いて負債が資産を上回る場合には、純資産の合計額が
マイナスとなり、債務超過に陥ることがある。

3．適切 　**営業利益**は、売上から原価を差し引いた粗利（売上総利益）から、
さらに販売費や一般管理費を差し引いたものである。

4．不適切 　**経常利益**に、固定資産売却損益等の特別損益を反映したものが**税引
前当期純利益**である。

問題41　正解　3

1．不適切 　基準地標準価格とは、国土利用計画法に基づいて、**都道府県が各都
道府県の基準地**について公表する価格であり、公示価格の補完の役
目を果たし、一般の土地取引の指標となっている。毎年**7月1日**に
おける価格が**9月下旬頃**に発表される。

2．不適切 　公示価格は、**国土交通省が毎年1月1日を価格時点（基準日）**として、
3月下旬に発表している。

3．適切 　相続税路線価は、宅地の面する路線に付された1㎡当たりの価額で、
路線価方式により宅地を評価する場合に用いられる。**国税局が毎年
1月1日時点で評価**し、原則として**7月1日に公表**している。おお
むね**公示価格の80％の評価水準**が保たれている。

4．不適切 　固定資産税評価額は、固定資産課税台帳等に登録された評価額であ
り、**3年に1度（基準年度）評価替え**が行われている。基準年度に
おける評価水準は前年の公示価格の**70％**とされている。

問題42　正解　1

1．不適切 　抵当権の設定を目的とする登記では、不動産の登記記録の**権利部乙
区**に、債権額や抵当権者の氏名または名称などが記載される。

2．適切 　法務局（登記所）では、**誰でも登記事項証明書**または登記事項要約
書の交付請求ができるほか、地図、公図、地積測量図、建物図面等

の閲覧および写しの交付請求もできる。登記事項証明書および各種図面の写しは郵送による請求も可能である。

3．適切　登記に必要な書類を偽造して登記が申請されても、登記官には形式的な審査権しかないため、不動産登記には**公信力**がない。したがって、登記を信用して無権利者と取引を行っても、その取引の法的な効力は**保証されない**。

4．適切　建物の床面積は**壁芯**（壁の中心線で測った面積）計算によるが、マンションの専有部分の登記面積は**内法**（壁の内側で測った面積）計算による。

問題43　正解　4

1．適切　原価法とは、価格時点における再調達原価を求め、これに**減価修正**（経年減価等による減額）を行って、積算価格を求める方法である。

2．適切　原価法は、主に建物価格を求める際に適用されるが、造成地や埋立地等の評価に適用する場合もある。しかし、既成市街地の土地の場合は、再調達原価の算定が困難なため、一般に**原価法は適用できない**。

3．適切　取引事例比較法は、多数の取引事例を収集して、適切な事例を選択し、これらの取引価格に必要に応じて**事情補正**および**時点修正**を行い、かつ、地域要因の比較および個別的要因の比較を行って求められた価格を比較考量して、対象不動産の価格を求める手法である。

4．不適切　収益還元法とは、その不動産が将来生み出すであろう**純収益**（収入から費用を差し引いたもの）を基に、**還元利回り**で還元して収益価格を求める手法である。

問題44　正解　3

1．不適切　建築物の敷地が接する前面道路の幅員が**12m**未満である場合、当該建築物の容積率は、「都市計画で定められた容積率」と「前面道路の幅員に一定の数値を乗じて得たもの」のいずれか**低い方**の数値以下でなければならない。

2．不適切　建築基準法第42条第2項により道路境界線とみなされる線と道路との間の敷地部分（セットバック部分）は、敷地に**含まれず**、建築物等を建築することは**できない**。また、建蔽率や容積率の算定上、敷地面積に算入することは**できない**。

3．適切　建築物が防火地域または準防火地域とこれらの地域として指定されていない区域にわたる場合は、原則として、その建築物全部につい

て制限の厳しいほうにあるものとして制限される。

4．不適切　建築物の敷地は、原則として建築基準法上の道路に2m以上接しな
ければならない（接道義務）。

問題45　正解　2

1．不適切　普通借地権は、存続期間満了後、借地権者が契約の更新を請求した
場合、または土地の使用を継続している場合は、**建物がある場合に**
限り、従前の契約と**同一条件**で更新される。

2．適切　一般定期借地権は、存続期間を**50年以上に設定する**更新のない借
地権である。そのため、借地借家法で定めている①契約の更新、②
建物の再築による存続期間の延長、③期間満了に伴う建物の買取請
求、の3つを特約で排除している。

3．不適切　事業用定期借地権等は、建物の用途を事業用に限り、存続期間を
10年以上50年未満に設定する更新のない借地権である。一般的に
借地借家法第23条第1項の規定は「事業用定期借地権」、同法第23
条第2項の規定は「事業用借地権」と呼ばれている。

4．不適切　事業用定期借地権等の設定を目的とする契約は、**公正証書**によって
締結しなければならない。

問題46　正解　1

1．適切　普通借家契約の存続期間は最短で1年であり、最長期間の制限はな
い。1年未満の契約は、**期間の定めのない契約**とみなされる。

2．不適切　普通借家契約は、期間の定めのない場合、賃借人からはいつでも解
約の申し入れをすることができ、賃貸借は申し入れ後**3ヵ月**経過に
より終了する。賃貸人からの解約の申し入れには**正当事由**が必要で
あり、賃貸借は解約申し入れ後**6ヵ月**経過により終了する。

3．不適切　賃借人には造作買取請求権が認められている。なお、これを認めな
い旨の特約は**有効である**。

4．不適切　定期建物賃貸借契約において、賃料は自由に特約を定めることがで
きる。したがって、賃料の増額もしくは減額をしない特約について
も**有効である**。

問題47　正解　4

1．適切　共用部分は、**専有部分**以外の建物の部分をいい、区分所有者全員の
共有に属し、各共有者は、共用部分をその用方（用法）に従って使
用することができる。共用部分の持分は、原則として専有部分の床

面積の割合によるが、規約で別途、持分を定めることができる。なお、共有者の持分は、原則として専有部分と分離して処分することはできない。

2．適切　敷地利用権は、規約に別段の定めがない限り、専有部分と分離して処分することはできない。したがって、専有部分が譲渡され、所有権移転登記がなされた場合には、敷地利用権も移転があったものとみなされる。

3．適切　区分所有者（頭数）は、1人が複数の専有部分を有していても1人と数える。1つの専有部分を2人以上で共有している場合は1人として数え、代表者を決める。

4．不適切　集会の目的事項に利害関係がある占有者（賃借人等）は、集会に参加して意見を述べることができるが、決議に参加することはできない。

問題48　正解　2

1．不適切　市街化区域とは、すでに市街地を形成している区域およびおおむね10年以内に優先的かつ計画的に市街化を図るべき区域である。市街化調整区域とは、市街化を抑制すべき区域である。

2．適切　都市計画区域には、市街化区域と市街化調整区域の区分がなされている都市計画区域（線引き都市計画区域）と、区分がなされていない都市計画区域（非線引き都市計画区域）がある。

3．不適切　用途地域は、住居系8種類、商業系2種類、工業系3種類があり、合計13種類の用途地域がある。

4．不適切　市街化区域内では、少なくとも用途地域は定めなければならないが、市街化調整区域内では、原則として定めないことになっている。

問題49　正解　1

1．不適切　一定の要件を満たす戸建て住宅（認定長期優良住宅を除く）を新築した場合、不動産取得税の課税標準の算定に当たっては、1戸につき最高1,200万円を価格から控除することができる。

2．適切　不動産取得税の課税標準は、不動産を取得したときにおける不動産の価格であり、原則として固定資産課税台帳登録価格（いわゆる固定資産税評価額）による。

3．適切　登録免許税は、登記などを受けようとする者に対して、国により課される国税である。

4．適切　登録免許税は、**登記を受ける人**が納税義務者になる。なお、2人以上の人が共同して登記を受ける場合は、これらの人が連帯して納税義務を負うことになる。

問題50　正解　2

1．適切　**建設協力金方式**は、土地所有者が利用予定のテナントから資金を借り入れて建物を建設し、テナントからの賃貸料で借入金を返済するため、自己資金が少なくても賃貸事業を行うことができる。

2．不適切　**定期借地権方式**では、土地所有者は、土地を一定期間貸し付けることによる地代収入を得ることができ、借地期間中の当該土地上の建物の所有名義は**借地権者**となる。

3．適切　**事業受託方式**では、土地の有効活用の企画、建設会社の選定や当該土地上に建設された建物の管理・運営等をデベロッパーに任せ、建設資金の調達や返済は**土地所有者**が行うこととなる。

4．適切　**等価交換方式**は、土地所有者とデベロッパーの共同事業として、土地所有者が土地を出資し、デベロッパーが建設資金を出資して建物を建て、それぞれの出資比率に応じて土地や建物を取得する方式である。

問題51　正解　1

1．不適切　書面によらない贈与契約は、履行が終わっていない部分は**撤回する**ことができるが、履行が終わっている部分は**撤回することができない**。

2．適切　定期贈与は、契約をした年に定期金給付契約に基づく定期金に関する権利の贈与を受けたものとして、**贈与税**の課税対象となる。

3．適切　負担付贈与とは、受贈者に一定の給付をなすべき債務を負担させることを条件にした贈与で、贈与財産の価額から**負担額**を控除した価額が**贈与税**の課税対象となる。

4．適切　死因贈与は、遺贈の規定がその性質に反しない限り準用されることから、贈与者の最終意思を尊重すべきとして、原則、撤回が認められる。

問題52　正解　3

1．不適切　本人からみて、配偶者の兄弟姉妹の子は、**3親等内の姻族**であり、親族である。

2．不適切　特別養子縁組における養子となる者の対象年齢は、2020年4月1日

から原則、6歳未満から15歳未満に、その年齢が引き上げられた。

3．適切　　3親等内の親族は、原則、扶養義務を負わないが、直系血族、兄弟姉妹に経済力がない等の特別の事情がある場合は、家庭裁判所の判断により扶養義務を負うことがある。

4．不適切　姻族関係終了届の届出をする場合、死亡した配偶者の姻族の承諾は不要である。生存配偶者の意思のみで届出をすることができる。

問題53　正解　2

1．不適切　契約者変更があった場合でも、変更時点では課税は行われない。変更後の契約者が保険を解約し、解約返戻金等が支払われた時に贈与税の課税対象となる。

2．適切　　この場合の著しく低い価額の対価の判定は、個々の具体的事案に基づき行われる。法人に対する場合の「資産の時価の2分の1に満たない金額」の判定基準とは、異なるものである。

3．不適切　死因贈与は、税務上、遺贈に含まれ、相続税の課税対象となる。

4．不適切　個人が法人からの贈与により取得した財産は、所得税の給与所得とされるものを除き、所得税の一時所得の対象となる。

問題54　正解　4

1．不適切　遺産分割の内容は、相続人全員の合意があれば、自由に分割することができ、法定相続分を基に分割する必要はない。

2．不適切　被相続人が遺言を作成していた場合でも、相続人全員の合意があれば、その遺言の内容と異なる遺産分割をすることができる。

3．不適切　代償財産を支払った相続人の相続税の課税価格は、取得した財産の価額から代償財産の価額を控除することから、代償財産の交付を受けた相続人においては、その代償財産は、相続税の課税対象となる。

4．適切　　遺産分割のやり直しは、各相続人間における財産の贈与と捉えられて贈与税の課税対象となる。

問題55　正解　2

1．適切　　無制限納税義務者は、被相続人の国内財産と国外財産のどちらも相続税の課税を受ける。非居住無制限納税義務者とは、相続開始時に無制限納税義務者のうち国内に住所を有しない者をいう。

2．不適切　株式会社である法人は、相続税の納税義務者にならない。遺贈により取得した財産の価額に相当する収益について、法人税の課税を受ける。

3．適切　特定納税義務者とは、贈与により相続時精算課税適用財産を取得した者で、相続または遺贈により財産を取得していない者をいう。

4．適切　制限納税義務者は、米国人等の一定の場合を除き、原則として、未成年者控除および障害者控除の適用を受けることができない。

問題56　正解　2

1．適切　相続税の申告書の提出期限は、相続の開始があったことを知った日の翌日から10ヵ月以内である。未分割の場合は、各相続人が法定相続分により財産を取得したものとして相続税を計算する。

2．不適切　相続税の申告書の提出先は、死亡時の被相続人の住所地の所轄税務署長である。相続人の住所地の所轄税務署長ではない。

3．適切　相続税は、金銭一括納付が原則である。延納、物納を希望する場合は、申告書の提出期限までに、税務署長に申請書を提出して許可を受ける必要がある。

4．適切　物納財産の収納価額は、相続税の課税価格計算の基礎となった財産の価額であるため、特例適用後の価額になる。

問題57　正解　4

1．適切　会社規模の判定は、最初に従業員数による判定を行い、従業員数が70人以上の場合は、この段階で大会社と判定する。

2．適切　小会社は、純資産価額方式、または、純資産価額方式と類似業種比準価額方式の併用方式を選択することができる。併用方式の場合のLの割合は、0.5である。

3．適切　純資産価額方式の評価において、相続開始前3年以内の取引価額が分かっている土地や家屋を路線価等により評価することは、時価の算定上適切でないという考えに基づいている。

4．不適切　配当還元方式による評価において、年配当金額が無配当の場合は、年配当金額を2円50銭として計算する。

問題58　正解　3

1．不適切　路線価は、路線価地域の宅地等の評価に用いる。記号Dは、借地権割合60％である。個別評価申出書は、路線価図に個別評価と記載されている場合に提出する。

2．不適切　路線価は、千円単位で記載されている。路線価地域で路線価の設定されていない道路のみに接している場合は、特定路線価設定申出書を提出することができる。

3．適切　路線価は、毎年7月1日に公表される。路線価図は、国税庁のホームページから閲覧することができる。

4．不適切　倍率地域の宅地等の評価は、「固定資産税評価額×倍率」により計算する。倍率表は、国税庁のホームページから閲覧することができる。

問題59　正解　4

1．不適切　配偶者居住権に基づく敷地利用権のみで、「小規模宅地等についての課税価格の計算の特例」（以下「本特例」）の適用を受けられるので、所有権部分の取得者の要件は、所有権部分の本特例の適用要件として考える。

2．不適切　特定居住用宅地等の場合、配偶者は取得要件のみで、その適用を受けることができる。同居親族が取得した場合は、申告期限まで居住継続と所有継続の要件がある。

3．不適切　本特例において、特定同族会社事業用宅地等と特定事業用宅地等を併用する場合の限度面積は、400m^{2}である。

4．適切　本特例の対象となる宅地等は、建物または構築物の敷地の用に供されている宅地等をいう。砂利敷きが構築物と認められない場合には、その適用を受けることができない。

問題60　正解　3

1．適切　賃貸用不動産の法人への移転後は、賃料収入が法人の収入となり、Aさんに賃料収入が生じないことから、Aさんの個人財産の増加を抑制する。

2．適切　賃料収入から生じる所得を法人の内部留保とする場合、株主は、Aさんの推定相続人とすることが望ましい。また、推定相続人に給与を支給することにより、法人の内部留保としない方法もある。

3．不適切　賃貸用不動産の土地がAさんの先祖代々の土地である場合、土地の含み益を実現させることになり、譲渡所得税の負担が生じる。実務上は、賃貸用不動産の建物のみを移転させることが多い。

4．適切　「不動産の相続税評価額＜不動産の時価」の場合が多いことから、移転直後は、相続税の負担は、増加する状態になることが多い。Aさんの相続開始時までに生前贈与等の節税対策が必要となる。

実技試験
【資産設計提案業務】
（日本 FP 協会）

問題数	40 問
試験時間	90 分
正解目標	24 問以上

解答に当たっての注意事項

・解答はすべて記述式です。

・試験問題については、特に指示のない限り、2024 年 4 月 1 日現在施行の法令等に基づいて解答してください。

【第1問】下記の（問1）～（問2）について解答しなさい。

問1

　FP業務を行う上では、各分野の業務に抵触しないよう注意する必要があるが、FPが行った業務に関する次の（ア）～（エ）の記述について、適切なものには○、不適切なものには×を解答欄に記入しなさい。なお、ファイナンシャル・プランナー以外の資格は有していないものとする。

（ア）無償で顧客の現在加入中の保険証券を分析し、保障の不足部分を指摘した。

（イ）顧客の公正証書遺言の証人となり社会通念上妥当な額の報酬を受け取った。

（ウ）顧客に対し、無償で公的年金の受給見込額の計算を行い、請求方法を説明した。

（エ）無償で、顧客の所得税の申告について個別具体的な判断・アドバイスをした。

問2

　ファイナンシャル・プランニングのプロセスに従い、次の6つのステップの順番として、正しいものはどれか。

（A）顧客データの収集と目標の明確化

（B）ファイナンシャル・プランの実行援助

（C）ファイナンシャル・プランの定期的見直し

（D）顧客との関係確立とその明確化

（E）ファイナンシャル・プランの検討・作成と提示

（F）顧客のファイナンス状態の分析と評価

1．（A）→（D）→（F）→（E）→（B）→（C）

2．（A）→（F）→（D）→（E）→（B）→（C）

3．（D）→（A）→（F）→（E）→（B）→（C）

4．（D）→（F）→（A）→（E）→（B）→（C）

【第2問】下記の（問3）～（問6）について解答しなさい。

問3

経済指標について説明した下表の空欄（ア）、（イ）にあてはまる語句の組み合わせとして、正しいものはどれか。

経済指標	内　容
国内総生産（GDP）	一定期間中に国内で生み出された財およびサービスなどの付加価値の合計のこと。ここから物価の変動による影響を取り除いたものを（　ア　）GDP という。
（　イ　）	全国の世帯が購入する家計に係る財およびサービスの価格等を総合した物価の変動を示した指標である。調査結果は、各種経済施策や公的年金の給付水準の改定などに利用される。

1．（ア）実質　（イ）消費動向調査
2．（ア）名目　（イ）消費動向調査
3．（ア）実質　（イ）消費者物価指数
4．（ア）名目　（イ）消費者物価指数

問4

下記＜資料＞の債券を満期（償還）時まで保有した場合の最終利回り（単利・年率）を計算しなさい。なお、手数料や税金等については考慮しないものとし、計算結果については小数点以下第4位を切り捨てること。

＜資料＞

表面利率：年0.10％
購入価格：額面100円につき99.53円
償還価格：額面100円につき100.00円
償還までの残存期間：8年

問5

　山田さんは、2024年3月に、保有しているBC投資信託（追加型国内公募株式投資信託）の収益分配金を受け取った。BC投資信託の運用状況が下記＜資料＞のとおりである場合、収益分配後の個別元本として、正しいものはどれか。

＜資料＞

[山田さんが保有するBC投資信託の収益分配金受取時の状況]
収益分配前の個別元本：14,750円
収益分配前の基準価額：15,500円
収益分配金：1,000円
収益分配後の基準価額：14,500円

1．14,000円　　　　　　　　2．14,500円
3．14,250円　　　　　　　　4．15,500円

問6

　下記＜資料＞に関する次の記述の空欄（ア）、（イ）にあてはまる語句の組み合わせとして、最も適切なものはどれか。なお、計算にあたって、解答は小数点以下第3位を四捨五入すること。

＜資料：X株式およびY株式のデータ＞

	X株式	Y株式
株価	850円	4,500円
1株当たり利益	70円	250円
1株当たり純資産	550円	1,500円
1株当たり年間配当金	30円	80円

・X株式のPER（株価収益率）は、（　ア　）倍である。
・X株式とY株式の配当利回りを比較した場合、（　イ　）株式の方が高い。

1．（ア）12.14　（イ）X　　　　2．（ア）12.14　（イ）Y
3．（ア） 1.54　（イ）X　　　　4．（ア） 1.54　（イ）Y

【第3問】 下記の（問7）～（問10）について解答しなさい。

問7

　江田さん夫妻は、2024年10月にマンションを購入する予定である。江田さん夫妻が下記＜資料＞のマンションを購入する場合の販売価格のうち、土地（敷地の共有持分）の価格を計算しなさい。なお、消費税の税率は10％とし、計算結果については万円未満を四捨五入すること。また、解答に当たっては、解答用紙に記載されている単位に従うこと。

＜資料＞

［自宅］
　賃貸マンションに居住しており、家賃は月額9万円（管理費込み）である。
　マイホームとして販売価格4,000万円（うち消費税200万円）のマンションを購入する予定である。

問8

　木村さんは、8年前に相続により取得し、その後継続して居住している自宅の土地および建物の売却を検討している。売却に係る状況が下記＜資料＞のとおりである場合、所得税における課税長期譲渡所得の金額を計算しなさい。なお、＜資料＞に記載のない条件については一切考慮しないこととする。また、解答に当たっては、解答用紙に記載されている単位に従うこと。

＜資料＞

・取得費：土地および建物とも不明であるため概算取得費とする。
・譲渡価額（合計）：6,000万円
・譲渡費用（合計）：350万円
※居住用財産を譲渡した場合の3,000万円特別控除の特例の適用を受けるものとする。
※所得控除は考慮しないものとする。

問9

固定資産税に関する次の記述の空欄（ア）〜（エ）に入る語句の組み合わせとして、適切なものはどれか。

> 固定資産税は、（　ア　）が、毎年（　イ　）現在の土地や家屋等の所有者に対して課税する。課税標準は固定資産税評価額だが、一定の要件を満たす住宅が建っている住宅用地（小規模住宅用地）は、住戸一戸当たり（　ウ　）以下の部分について、課税標準額が固定資産税評価額の（　エ　）になる特例がある。

1．（ア）市町村(東京23区は都)　（イ）4月1日　（ウ）300m^2　（エ）3分の1
2．（ア）市町村(東京23区は都)　（イ）1月1日　（ウ）200m^2　（エ）6分の1
3．（ア）都道府県　　　　　　　（イ）4月1日　（ウ）200m^2　（エ）3分の1
4．（ア）都道府県　　　　　　　（イ）1月1日　（ウ）300m^2　（エ）6分の1

問10

建築基準法に従い、下記＜資料＞の土地に建築物を建てる場合の延べ面積（床面積の合計）の最高限度として正しいものはどれか。なお、記載のない条件は一切考慮しないこととする。

＜資料＞

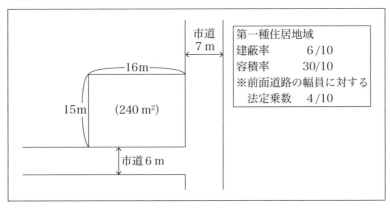

1．432m^2　　　2．480m^2　　　3．672m^2　　　4．720m^2

【第4問】 下記の（問11）～（問14）について解答しなさい。

問11

　横田清文さん（50歳）が加入の提案を受け、加入することにした生命保険の保障内容は下記＜資料＞のとおりである。次の記述の空欄（ア）～（ウ）に当てはまる数値を解答欄に記入しなさい。なお、保険契約は有効に継続し、かつ特約は自動更新しているものとし、清文さんはこれまでに＜資料＞の保険から、保険金・給付金を一度も受け取っていないものとする。また、各々の記述はそれぞれ独立した問題であり、相互に影響を与えないものとする。

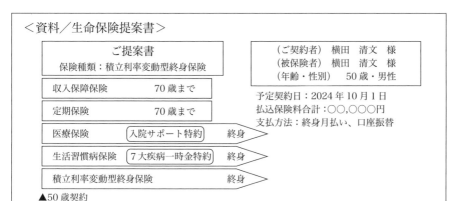

＜資料／生命保険提案書＞

ご提案書	（ご契約者）　横田　清文　様
保険種類：積立利率変動型終身保険	（被保険者）　横田　清文　様 （年齢・性別）　50歳・男性

収入保障保険	70歳まで
定期保険	70歳まで
医療保険　入院サポート特約　終身	
生活習慣病保険　7大疾病一時金特約　終身	
積立利率変動型終身保険　終身	

▲50歳契約

予定契約日：2024年10月1日
払込保険料合計：○○,○○○円
支払方法：終身月払い、口座振替

◇ご提案内容

ご契約内容	保険期間	保険金・給付金名称	主なお支払い事由など	保険金額・給付金
積立利率変動型終身保険	終身	死亡・高度障害保険金	死亡・高度障害のとき	200万円
収入保障保険	70歳まで	死亡・高度障害年金	死亡・高度障害のとき	毎年120万円×10年間
定期保険	70歳まで	死亡・高度障害保険金	死亡・高度障害のとき	1,000万円
医療保険（※2）	終身	入院給付金 手術給付金	入院のとき1日目から （1入院60日限度） （イ）入院中に所定の手術のとき （ロ）外来で所定の手術のとき （ハ）がん・脳・心臓に対する所定の手術のとき	日額5,000円 10万円 5万円 （イ）または（ロ）にプラス20万円

入院サポート特約	終身	入院準備費用給付金	1日以上の入院のとき	10万円
生活習慣病保険	終身	生活習慣病入院給付金	所定の生活習慣病（※1）で1日以上入院のとき（1入院120日限度）	日額5,000円
7大疾病一時金特約	終身	7大疾病一時金	7大疾病で所定の診断・入院・手術のとき	複数回支払（※1）500万円
リビング・ニーズ特約	―	特約保険金	余命6ヵ月以内と判断されるとき	死亡保険金の範囲内（通算3,000万円限度）

（※1）生活習慣病入院給付金、7大疾病一時金特約の支払対象となる生活習慣病は、以下のとおりです。
　　　　がん／心臓病／脳血管疾患／腎疾患／肝疾患／糖尿病／高血圧性疾患

　　　　7大疾病一時金を複数回お支払いするときは、その原因が新たに生じていることが要件となります。
　　　　ただし、7大疾病一時金が支払われた最後の支払事由該当日からその日を含めて1年以内に支払事由に該当したときは、お支払いしません。なお、拡張型心筋症や慢性腎臓病・肝硬変・糖尿病性網膜症・（解離性）大動脈瘤と診断されたことによるお支払いは、それぞれ1回限りとなります。
（※2）180日以内に同じ病気で再度入院した場合は1回の入院とみなします。

・2024年11月に、横田さんが交通事故で死亡（入院・手術なし）した場合、保険会社から支払われる保険金・給付金の合計は（　ア　）万円である。なお、死亡時の積立利率変動型終身保険の保険金額は最低保証額とする。

・2024年12月に、横田さんが脳血管疾患と診断され、治療のため40日間入院し、その間に約款所定の手術を1回受けた場合、保険会社から支払われる保険金・給付金の合計は（　イ　）万円である。なお、上記内容は、脳血管疾患に対する所定の手術、所定の生活習慣病、7大疾病で所定の診断に該当するものとする。

・2025年1月に、横田さんが気管支炎で10日間入院し、退院してから25日後に同じ病気で再度8日間入院した場合（いずれも手術は受けていない）、保険会社から支払われる保険金・給付金の合計は（　ウ　）万円である。

問12

　下記<資料>は、石田雄一さんが契約した生命保険の契約の流れを示したものである。この保険契約の保障が開始する日として、最も適切なものはどれか。なお、責任開始日（期）に関する特約等はない契約であり、保険料は月払いであるものとする。

<資料>

・2024年4月10日　募集人との面談により申込書類の記入が完了 ・2024年4月13日　募集人との面談により告知書の記入が完了 ・2024年4月25日　第1回保険料の払込み（保険会社に振込した） ・2024年4月27日　保険会社の事務・医務査定が完了（保険会社の引受け承諾） ※この保険契約の保険証券に記載の契約日（保険期間の始期）は、2024年5月1日である。

1．2024年4月10日　　　　　2．2024年4月25日
3．2024年4月27日　　　　　4．2024年5月1日

問13

　FPの長池さんが行った地震保険の説明に関する下記の記述について、空欄（ア）〜（エ）に入る適切な語句を語群の中から選び、その番号のみを解答欄に記入しなさい。なお、同じ語句を何度選んでもよいこととする。

・地震保険の保険金額は、火災保険の保険金額の（　ア　）の範囲内で設定しますが、居住用建物は5,000万円、家財は1,000万円が限度になります。 ・地震保険の保険料割引制度は、「耐震等級割引」「建築年割引」「免震建築物割引」「耐震診断割引」の4種類がありますが、これらを重複して適用を受けることが（　イ　）。 ・地震保険は、火災保険の保険期間の中途で付帯することは（　ウ　）。 ・支払われる地震保険金は、保険の対象である建物や家財の損害の程度に応じて、全損、大半損、小半損、一部損の4段階に分かれており、いずれの場合も（　エ　）が限度になります。

<語群>

1．30%　　　2．50%　　　3．30%〜50%　　4．30%〜60% 5．できます　6．できません　7．保険金額　　8．新価 9．時価　　　10．実損てん補　11．比例てん補

問14

　向井博信さんが契約している第三分野の保険（下記＜資料＞参照）について述べた次の（ア）～（エ）の記述について、適切なものには○、不適切なものには×を解答欄に記入しなさい。なお、保険契約は有効に成立しており、記載のない事項については一切考慮しないこととする。

＜資料1：保険証券（一部抜粋）＞

［特定疾病保障定期保険A］ 契約日：2018年8月1日 保険契約者：向井　博信 被保険者：向井　博信 死亡保険金受取人：向井　政美（妻） 特定疾病保険金または死亡・高度障害 保険金：1,000万円	［介護保障終身保険B］ 契約日：2020年3月1日 保険契約者：向井　博信 被保険者：向井　博信 死亡保険金受取人：向井　政美（妻） 介護保険金・死亡保険金：500万円 特約等：リビング・ニーズ特約

＜資料2：介護保障終身保険B約款（一部抜粋）＞

名称	支払事由
介護保険金	保険期間中に次のいずれかに該当したとき ①公的介護保険制度に定める要介護2以上の状態 ②会社の定める要介護状態 　次の（1）および（2）をともに満たすことが、医師によって診断確定されたこと 　（1）被保険者が、責任開始時以後の傷害または疾病を原因として、要介護状態（別表1）に該当したこと 　（2）被保険者が、（1）の要介護状態（別表1）に該当した日からその日を含めて180日以上要介護状態が継続したこと

別表1

要介護状態	次のいずれかに該当したとき 1）常時寝たきり状態で、下表の（a）に該当し、かつ、下表の（b）～（e）のうち2項目以上に該当して他人の介護を要する状態 2）器質性認知症と診断確定され、意識障害のない状態において見当識障害があり、かつ、他人の介護を要する状態
（a）ベッド周辺の歩行が自分ではできない （b）衣服の着脱が自分ではできない （c）入浴が自分ではできない （d）食物の摂取が自分ではできない （e）大小便の排泄後の拭き取り始末が自分ではできない	

（ア）博信さんが、がん（悪性新生物）と診断され、特定疾病保障定期保険Aから特定疾病保険金が支払われた場合、特定疾病保障定期保険Aの契約は終了となる。

（イ）博信さんが保険料の払込みが困難になった場合、介護保障終身保険Bは自動振替貸付により保険契約を継続することはできない。

（ウ）博信さんが、公的介護保険制度の要介護3に認定された場合、介護保障終身保険Bから介護保険金を受け取ることができない。

（エ）博信さんが、骨折により常時寝たきり状態になり、ベッド周辺の歩行、入浴および大小便の排泄後の拭き取り始末が自分ではできなくなり、他人の介護を要する状態が180日以上継続した場合、介護保障終身保険Bから介護保険金を受け取ることができる。

【第5問】下記の各問（問15）〜（問18）について解答しなさい。

問15

　飲食店を営む個人事業主の赤田さんは、2024年4月に店舗の周囲に新たに構築物を設置し、その日から2024年12月まで引き続き事業の用に供した。設置した構築物に関する内容が以下のとおりである場合、赤田さんの2024年分の所得税の計算における事業所得の金額の計算上、必要経費に算入すべき減価償却費の金額として正しいものはどれか。なお、赤田さんは定率法が選択できる減価償却資産については、減価償却の方法は定率法を届け出ている。

＜構築物に関する内容＞

資産名	取得年月	法定耐用年数	取得価額
構築物	2024年4月	15年	2,600,000円

＜償却率等＞

法定耐用年数	定額法の償却率	定率法の償却率
15年	0.067	0.133

1．16,300円

2．130,650円

3．174,200円

4．259,350円

問16

　会社員の上田さんは、2024年6月から個人型確定拠出年金（iDeCo）の掛金を毎月の給与から支払っている。2024年分の上田さんの給与所得に関する次の（ア）〜（ウ）の記述のうち、適切なものには○、不適切なものには×を解答欄に記入しなさい。

（ア）上田さんが2024年12月末まで引き続き勤務している場合は、年末調整により個人型確定拠出年金（iDeCo）の掛金の全額を小規模企業共済等掛金控除として控除することができる。

（イ）上田さんの年末調整のときまでに、小規模企業共済等掛金払込証明書が手元に届いていない場合、証明書が届いた時点で勤務先が年末調整のやり直しをするか、上田さん自身が確定申告を行う必要がある。

（ウ）上田さんの妻（専業主婦）も個人型確定拠出年金（iDeCo）に加入している場合、妻が掛金として拠出した金額も、上田さんの年末調整の際、小規模企業共済等掛金控除として控除することができる。

問17

青田さんは、勤務先の早期退職優遇制度を利用して2024年6月に退職した。下記の退職に関する資料を基に、青田さんの退職一時金に係る所得税の金額として、正しいものはどれか。なお、青田さんは勤務先に「退職所得の受給に関する申告書」を適正に提出しており、役員であったこともなく、障害者になったことによる退職ではないものとする。また、所得控除および復興特別所得税については考慮しないものとする。

＜資料＞

退職一時金	1,800万円
勤続期間	29年2ヵ月

＜所得税の速算表＞

課税される所得金額		税率	控除額
1,000円から	1,949,000円まで	5％	0円
1,950,000円から	3,299,000円まで	10％	97,500円
3,300,000円から	6,949,000円まで	20％	427,500円
6,950,000円から	8,999,000円まで	23％	636,000円
9,000,000円から	17,999,000円まで	33％	1,536,000円
18,000,000円から	39,999,000円まで	40％	2,796,000円
40,000,000円以上		45％	4,796,000円

1．75,000円

2．202,500円

3．312,500円

4．332,500円

問18

　東田さん（69歳）の2024年の収入等が以下のとおりである場合、東田さんの2024年分の所得税における総所得金額を計算しなさい。なお、記載のない事項については考慮しないこととし、解答に当たっては、解答用紙に記載されている単位に従うこと。

＜2024年分の収入等＞

内容	金額
事業所得	▲24万円
老齢厚生年金および企業年金の収入金額	250万円
個人年金保険の収入金額	108万円

※老齢厚生年金および企業年金の額は、公的年金等控除額を控除する前の金額である。
※個人年金保険の収入金額は、（10年確定年金、契約者および年金受取人とも東田さん）に係るもので、本人が負担した既払保険料（必要経費）は、年56万円である。なお、配当金、源泉徴収税額は考慮しない。

＜公的年金等控除額の速算表（抜粋）：
公的年金等に係る雑所得以外の所得に係る合計所得金額1,000万円以下＞

納税者区分	公的年金等の収入金額（A）		公的年金等控除額
65歳以上の者		330万円以下	110万円
	330万円超	410万円以下	（A）×25％＋　27.5万円
	410万円超	770万円以下	（A）×15％＋　68.5万円
	770万円超	1,000万円以下	（A）×　5％＋145.5万円
	1,000万円超		195.5万円

【第6問】 下記の（問19）～（問22）について解答しなさい。

問19

下記の相続事例（2024年7月5日相続開始）における相続税の課税価格の合計額を計算しなさい。なお、記載のない条件については一切考慮しないこととする。また、解答に当たっては、解答用紙に記載されている単位に従うこととする。

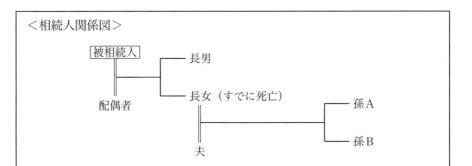

＜相続人関係図＞

＜課税価格の合計額を算出するための財産等の相続税評価額＞

土地　　　：2,000万円（小規模宅地等の評価減の特例適用後）

建物　　　：1,300万円

預貯金　　：4,000万円

死亡保険金：2,500万円（生命保険金等の非課税限度額控除前）

債務および葬式費用：300万円

・相続時精算課税制度を選択した相続人はいないものとし、また相続を放棄した者もいない。

・死亡保険金はすべて被相続人の配偶者が受け取っている。

・被相続人およびその相続人等は全員日本国籍を有し、その住所は日本国内にある。また、所有財産はすべて日本国内にある。

・債務および葬式費用はすべて被相続人の配偶者が負担している。

問20

下記＜資料＞の宅地（貸家建付地）について、路線価方式による相続税評価額として、正しいものはどれか。

＜資料＞

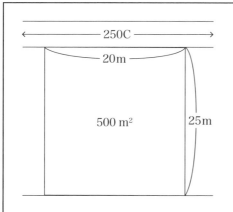

【借地権割合】	
記号	借地権割合
A	90％
B	80％
C	70％
D	60％
E	50％
F	40％
G	30％

注1：奥行価格補正率　0.98

注2：借家権割合　30％

注3：賃貸割合　100％

注4：この宅地には、宅地所有者の所有するアパートが建っており、現在満室（すべて賃貸中）である。

注5：その他の記載のない条件は考慮しないものとする。

1．36,750,000円

2．85,750,000円

3．96,775,000円

4．98,750,000円

問21

　下記の＜親族関係図＞の場合において、民法の規定に基づく法定相続分に関する次の記述の空欄（ア）〜（エ）に入る適切な数値または語句を語群の中から選び、解答欄に記入しなさい。なお、同じ数値または語句を何度選んでもよいこととする。

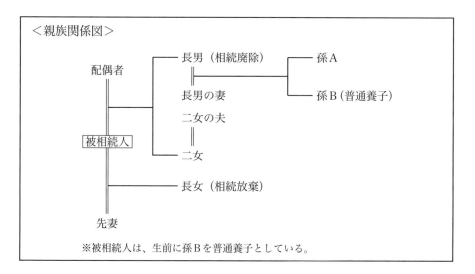

＜親族関係図＞

※被相続人は、生前に孫Bを普通養子としている。

［相続人の法定相続分］

・被相続人の配偶者の法定相続分は（　ア　）。

・被相続人の孫Aの法定相続分は（　イ　）。

・被相続人の孫Bの法定相続分は（　ウ　）。

・被相続人の二女の法定相続分は（　エ　）。

＜語群＞

| なし | 1/2 | 1/3 | 1/4 | 1/6 | 1/8 |
| 1/10 | 1/12 | 1/16 | 2/3 | 3/4 | 3/16 |

問22

　下記の表は、普通方式の遺言書の種類と特徴を比較したものである。下表の空欄（ア）～（ウ）に入る適切な語句または数値を語群の中から選び、その番号のみを解答欄に記入しなさい。

種類	自筆証書遺言	公正証書遺言	秘密証書遺言
作成方法	本人が遺言の全文・日付(年月日)・氏名等を自書し押印する。 財産目録について、パソコン等で作成したものでも有効であるが、（　ア　）である。	本人が口述し、公証人が筆記する。	本人が遺言書に署名押印の後、遺言書を封じ同じ印で封印する。
証人	不要	（　イ　）人以上	（　イ　）人以上
家庭裁判所の検認	必要 なお、（　ウ　）に保管されている遺言書は不要である。	不要	必要

```
＜語群＞
1．自書押印は不要　　2．自書押印が必要　　3．1　　4．2　　5．3
6．公証役場　　　　　7．市区町村役場　　　8．法務局
```

【第7問】下記の各問（問23）〜（問25）について解答しなさい。

<資料：2024年12月31日時点の星野家のデータ>

	生年月日	年齢	備考
星野さん	1972年 6月22日	52歳	会社員
妻	1977年 2月 3日	47歳	主婦　パート勤務
長男	1999年11月18日	25歳	会社員
長女	2002年 2月21日	22歳	会社員

<資料：星野家のライフイベント予定>

・長男結婚（2029年）
・長女結婚（2025年）

※長男、長女結婚の翌年の基本生活費はそれぞれ前年の額の20％減とし、これに上昇率を乗じる。

星野家のキャッシュフロー表（抜粋）　　　　　　　　　　　　　　（単位：万円）

		変動率	2024	2025	2026	2027	2028
年齢	星野さん		52	53	54	55	56
	妻		47	48	49	50	51
	長男		25	26	27	28	29
	長女		22	23	24	25	26
収入	収入（星野さん）	1.0%	（　ア　）				
	収入（妻）	0.0%	48	48	48	48	48
	その他収入						
	収入合計			623			
支出	基本生活費	2.0%	360	367	（　イ　）		
	住 居 費	0.0%	90	90	90	90	90
	保 険 料	0.0%	60	60	60	60	60
	一時的支出						
	その他支出	1.0%					
	支出合計		530	541			
	年間収支						
	金融資産残高	1.0%	250	（　ウ　）			

※金額については万円未満を四捨五入とする。
※年齢および金融資産残高は各年12月31日現在のものとし、2024年を基準年とする。
※問題作成の都合上、一部を空欄としている。

問23

　下記は星野さんの源泉徴収票（一部抜粋）である。キャッシュフロー表の空欄（ア）に入る星野さんの可処分所得の額はいくらか。住民税は20万円とし、可処分所得は万円未満を四捨五入とする。なお、解答にあたっては、解答用紙に記載されている単位に従うこと。

令和　6年分　　給与所得の源泉徴収票

支払を受ける者	住所又は居所						個人番号							
							役職名							
							氏名	（フリガナ）　　ホシノ　ミノル						
								星野　実						

種　　　別		支　払　金　額		給与所得控除後の金額（調整控除後）		所得控除の額の合計額		源泉徴収税額	
給与・賞与	内	6　500　000 円		4　760　000 円		千　　　　円		内　119　500	

（源泉）控除対象配偶者の有無等		配偶者（特別）控除の額		控除対象扶養親族の数（配偶者を除く。）				16歳未満扶養親族の数	障害者の数（本人を除く。）			非居住者である親族の数
有	従有	千　　　円		特定	老人		その他		特　別		その他	
○				人　従人	内　人　従人		人　従人	人	内　　　人		人	人

社会保険料等の金額		生命保険料の控除額		地震保険料の控除額		住宅借入金等特別控除の額	
内　780　000 千　円		40　000 千　円		50　000 千　円		千　　　　円	

問24

　キャッシュフロー表の基本生活費の空欄（イ）に入る適切な数値を解答欄に記入しなさい。なお、解答にあたっては解答用紙に記載された単位に従い、計算結果については万円未満を四捨五入することとする。

問25

　キャッシュフロー表の資産残高合計の空欄（ウ）に入る適切な数値を解答欄に記入しなさい。なお、解答にあたっては解答用紙に記載された単位に従い、計算結果については万円未満を四捨五入することとする。

【第8問】下記の（問26）〜（問28）について解答しなさい。なお、解答にあたっては係数早見表を使用し、税金は考慮せず、解答用紙に記載されている単位に従って解答すること。

〔係数早見表（年利1.0％）〕（抜粋）

	終価係数	現価係数	減債基金係数	資本回収係数	年金終価係数	年金現価係数
1年	1.010	0.990	1.000	1.010	1.000	0.990
2年	1.020	0.980	0.498	0.508	2.010	1.970
3年	1.030	0.971	0.330	0.340	3.030	2.941
4年	1.041	0.961	0.246	0.256	4.060	3.902
5年	1.051	0.951	0.196	0.206	5.101	4.853
6年	1.062	0.942	0.163	0.173	6.152	5.795
7年	1.072	0.933	0.139	0.149	7.214	6.728
8年	1.083	0.923	0.121	0.131	8.286	7.652
9年	1.094	0.914	0.107	0.117	9.369	8.566
10年	1.105	0.905	0.096	0.106	10.462	9.471
15年	1.161	0.861	0.062	0.071	16.097	13.865
20年	1.220	0.820	0.045	0.055	22.019	18.046

〔係数早見表（年利3.0%）〕（抜粋）

	終価係数	現価係数	減債基金係数	資本回収係数	年金終価係数	年金現価係数
1年	1.030	0.971	1.000	1.030	1.000	0.971
2年	1.061	0.943	0.493	0.523	2.030	1.913
3年	1.093	0.915	0.324	0.354	3.091	2.829
4年	1.126	0.889	0.239	0.269	4.184	3.717
5年	1.159	0.863	0.188	0.218	5.309	4.580
6年	1.194	0.838	0.155	0.185	6.468	5.417
7年	1.230	0.813	0.131	0.161	7.662	6.230
8年	1.267	0.789	0.112	0.142	8.892	7.020
9年	1.305	0.766	0.098	0.128	10.159	7.786
10年	1.344	0.744	0.087	0.117	11.464	8.530
15年	1.558	0.642	0.054	0.084	18.599	11.938
20年	1.806	0.554	0.037	0.067	26.870	14.877

問26

　300万円を分散投資で運用することとした。200万円を年利1.0％で、残りの100万円を年利3.0％でそれぞれ複利運用した場合、20年後の金額はいくらになるか。

問27

　公的年金だけでは心もとないため、65歳から80歳までの15年間、毎年90万円を受け取りたいと考えている。年利1.0％で運用する場合、65歳の時点でいくらあればよいか。

問28

　5年後の家族のライフイベントに備えて、毎年12万円を積み立てることを考えている。年利3.0％で複利運用しながら積み立てを行う場合、5年後にはいくらになるか。

【第9問】 下記の（問29）〜（問34）について解答しなさい。

<設例>

　杉山慎一さんは民間企業に勤務する会社員であり、妻の理佐さんも同じ会社で働いている。このたび理佐さんが第一子を妊娠したため休業をすることにした。また、これを機に住宅の購入も検討しており、FPの浜口さんに相談することとした。

　なお、下記のデータはいずれも2024年9月1日現在のものである。

［杉山家のデータ］
○家族構成

杉山　慎一（32歳）会社員
　　　理佐（28歳）会社員

［財務データ］
○収入（年収手取額）

　慎一　　　　　　600万円

　理佐　　　　　　250万円

○金融資産

　預貯金等　　　　500万円

　年間貯蓄額　　　 90万円

○保険（契約者、被保険者とも慎一さん）

　生命保険（アカウント型）

　医療保険（終身型）

○住居費

　家賃　　　　　月額10万円

［その他］

　慎一さん、理佐さんの会社は、厚生年金保険、雇用保険、労災保険の適用事業所である。

　出産予定日は2025年1月10日であり、理佐さんは11月1日から休業する予定である。

　慎一さんは一般財形貯蓄を行っている。（2024年9月1日現在貯蓄額：100万円）

問29

慎一さんは出産や育児に関する保障について興味を持った。出産や育児について述べた以下の説明のうち、適切なものはどれか。

1. 6ヵ月間育児休業を取得した場合、育児休業給付金は、原則として休業開始時賃金の60％が支給される。
2. 事業主から休業開始前賃金の80％以上が支払われている場合には、育児休業給付金は支給されない。
3. 理佐さんが出産した場合、実際に出産にかかった費用が、出産育児一時金として健康保険から支給される。
4. 「パパママ育休プラス制度」を利用した場合、育児休業給付金の対象となるのは、原則として子が1歳6ヵ月になるまでである。

問30

慎一さんは、住宅ローンの年間返済可能額についてFPの浜口さんに質問をした。下記の計算式で求めた住宅ローンの年間返済可能額はいくらか。なお、現在の年間居住費は家賃のみとし、購入後の予定年間貯蓄額を50万円、住宅ローン返済以外の年間住居費を30万円とする。また、解答に当たっては、解答用紙に記載されている単位に従うこととする。

住宅ローンの年間返済可能額＝（現在の年間居住費）＋（現在の年間貯蓄額）
　　　　　　　　　　　　　－（購入後の予定年間貯蓄額）－（住宅ローン
　　　　　　　　　　　　　　　返済以外の年間住居費）

問31

　下記の表は、慎一さんの住宅ローン（3,000万円）の返済予定表である。今の予定では60歳以降も返済が続く事になるため、定期的に繰上げ返済することを勧められている。6回目の約定返済時に100万円で期間短縮型の繰上げ返済した場合に短縮される返済期間として正しいものはどれか。なお繰上げ返済額は100万円を超えない範囲での最大額とし、手数料等は考慮しなくてよい。

返済回数	返済額（円）	返済額の内訳（円）		残高（円）
		利子充当部分	元金充当部分	
1回目	118,530	75,000	43,530	29,956,470
2回目	118,530	74,891	43,639	29,912,831
3回目	118,530	74,782	43,748	29,869,083
4回目	118,530	74,672	43,858	29,825,225
5回目	118,530	74,563	43,967	29,781,258
6回目	118,530	74,453	44,077	29,737,181
7回目	118,530	74,342	44,188	29,692,993
8回目	118,530	74,232	44,298	29,648,695
9回目	118,530	74,121	44,409	29,604,286
10回目	118,530	74,010	44,520	29,559,766
11回目	118,530	73,899	44,631	29,515,135
12回目	118,530	73,787	44,743	29,470,392
13回目	118,530	73,675	44,855	29,425,537
14回目	118,530	73,563	44,967	29,380,570
15回目	118,530	73,451	45,079	29,335,491
16回目	118,530	73,338	45,192	29,290,299
17回目	118,530	73,225	45,305	29,244,994
18回目	118,530	73,112	45,418	29,199,576
19回目	118,530	72,998	45,532	29,154,044
20回目	118,530	72,885	45,645	29,108,399
21回目	118,530	72,770	45,760	29,062,639
22回目	118,530	72,656	45,874	29,016,765
23回目	118,530	72,541	45,989	28,970,776
24回目	118,530	72,426	46,104	28,924,672
25回目	118,530	72,311	46,219	28,878,453
26回目	118,530	72,196	46,334	28,832,119
27回目	118,530	72,080	46,450	28,785,669
28回目	118,530	71,964	46,566	28,739,103

1．8ヵ月

2．9ヵ月

3．1年9ヵ月

4．1年10ヵ月

問32

仮に慎一さんが病気の療養（業務外の事由）のため休業した場合、健康保険から支給される傷病手当金の1日あたりの額はいくらになるか。なお、解答にあたっては、解答用紙に記載されている単位に従うこととする。

<条件>
　支給開始日以前の継続した12ヵ月の各月の標準報酬月額の平均は450,000円とする。

　休業した日については、日額4,000円が支払われる。

<傷病手当金の1日あたりの額>
　支給開始日以前の継続した12ヵ月の各月の標準報酬月額の平均額÷30×2/3

問33

慎一さんは日本学生支援機構の給付型奨学金制度についてFPの浜口さんに相談した。日本学生支援機構の給付型奨学金に関する次の記述の空欄（ア）～（ウ）の記述について、適切なものには○、不適切なものには×を解答欄に記入しなさい。

対象者	大学（学部）、短期大学、専修学校（専門課程）に進学予定の人、および高等専門学校3年次から4年次に進級予定の人で、下記のいずれかに該当する人 ・（　a　）の人、または生活保護受給世帯の人 ・社会的養護を必要とする人
基　準	機構から提示されたガイドラインにそって各高等学校で定めた推薦基準に基づいて選考を行う
貸与型との併用	（　b　）
資格認定	毎年度、翌年度の給付継続について申請し、資格について審査を受ける。 成績不振等の場合、（　c　）こともある。

（ア）空欄（a）に当てはまる語句は「住民税非課税世帯」である。

（イ）空欄（b）に当てはまる語句は「不可」である。

（ウ）空欄（c）に当てはまる語句は「奨学金の交付が止まる」である。

問34

　慎一さんは子どもが生まれることもあり、遺族保障が気になっている。子どもが生まれた後に慎一さんが死亡した場合、公的年金から支払われる遺族保障の組合せとして正しいものはどれか。なお、家族に障害者に該当する者はなく、記載以外の受給要件はすべて満たしているものとする。

1．遺族厚生年金＋遺族基礎年金＋中高齢寡婦加算
2．遺族厚生年金＋遺族基礎年金
3．遺族厚生年金＋中高齢寡婦加算
4．遺族基礎年金＋中高齢寡婦加算

【第10問】下記の（問35）〜（問40）について解答しなさい。

<設例>

石川さんは都内の企業に勤める会社員であるが、定年退職にそなえ、リタイアメントプランニングについてFPの井上さんに相談することにした。なお、下記のデータは2024年9月1日時点のものである。

<石川家の親族関係図>

<家族構成>

氏名	続柄	生年月日	年齢	職業
石川　雅彦	本人	1964年1月14日	60歳	会社員
藍子	妻	1965年5月15日	59歳	会社員

※子供たちは全員独立している。
※雅彦さんおよび藍子さんは、厚生年金保険、健康保険（全国健康保険協会管掌）の被保険者である。

○収入（年収）

雅彦　　　　　　　700万円

○金融資産

	雅彦		藍子	
預貯金	350万円		100万円	
株式	200万円	購入時300万円		
投資信託	150万円	購入時100万円	100万円	購入時150万円

○その他の資産

住宅　　　　　　1,000万円（取得価格：3,000万円　2000年購入）

○負債残高

住宅ローン　　　　400万円

藍子さんが負担すべき相続税および税理士報酬

　　　　　　　　80万円

○保険

保険会社	保険種類	契約者	被保険者	受取人	保険金額	解約返戻金	備　考
川崎生命	終身	雅彦	雅彦	藍子	400万円	250万円	
横浜生命	終身	雅彦	藍子	雅彦	400万円	250万円	
清水生命	定期付終身	雅彦	雅彦	藍子	3,000万円	100万円	

注1：解約返戻金相当額は、2024年9月1日に解約した場合の金額である。
注2：すべての契約は、契約者が保険料を負担しており、契約してから5年以上経過している。

問35

　FP の井上さんは、まず石川家のバランスシート分析を行うこととした。設例にあるデータを用いて石川家のバランスシートを作成し、2024年9月1日時点の石川さん一家の純資産額を答えなさい。なお、解答にあたっては、解答用紙に記載されている単位に従うこととする。

（単位：万円）

【資産】		【負債】	
金融資産		住宅ローン	××××
預貯金等	××××	自動車ローン	××××
株式	××××	相続税・税理士報酬	××××
投資信託	××××		
保　険	××××	（負債合計）	××××
自　宅	××××	【純資産】	問35
資産合計		負債・純資産合計	

問36

　雅彦さんは退職後も、引き続き在職中と同様の保険給付（傷病手当金・出産手当金を除く）を受けることができると聞いた。任意継続被保険者に関する次の記述の空欄（ア）〜（ウ）にあてはまる適切な語句または数値を語群の中から選び、解答欄に番号を記入しなさい。なお、同じ語句を何度選んでもよいこととする。

・雅彦さんが定年退職により健康保険の被保険者資格を喪失した場合、所定の要件を満たせば、最長で（　ア　）間、健康保険の任意継続被保険者となることができる。
・任意継続被保険者となるには、健康保険の被保険者資格を喪失した日の前日までに継続して（　イ　）以上被保険者であったことが必要である。
・任意継続被保険者に生計を維持されている配偶者など一定の親族については、健康保険の被扶養者となることが（　ウ　）。

<語群>
1．10日　　　　　2．20日　　　　　3．30日　　　　4．2ヵ月　　　　5．20ヵ月
6．1年6ヵ月　　　7．2年　　　　　8．5年　　　　9．できる　　　10．できない

問37

　雅彦さんは、藍子さんの年金についても FP の井上さんに問い合わせた。藍子さんの60歳代前半の年金の受給について、正しいものはどれか。

1．60歳から報酬比例相当部分の老齢厚生年金の支給となり、64歳から定額部分が加わり特別支給の老齢厚生年金が支給される。
2．60歳から報酬比例相当部分の老齢厚生年金の支給となり、定額部分は支給されない。
3．64歳から報酬比例相当部分の老齢厚生年金の支給となり、定額部分は支給されない。
4．報酬比例相当部分の老齢厚生年金も、特別支給の老齢厚生年金も支給されない。

問38

　雅彦さんは、介護保険・後期高齢者医療制度について FP の井上さんに質問をした。井上さんが説明した次の（ア）〜（エ）の記述について、正しいものには○、誤っているものには×を解答欄に記入しなさい。

（ア）介護保険の被保険者は40歳以上の者が対象であり、60歳以上の者を第1号被保険者といい、40歳以上60歳未満の者を第2号被保険者という。
（イ）59歳の人が交通事故で介護状態の生活となった場合、介護保険の給付の対象とはならない。
（ウ）後期高齢者医療制度の対象となる75歳以上の者に健康保険被保険者の同居家族がいる場合は、後期高齢者医療制度の対象とならない。
（エ）公的年金の受給額が年18万円以上の場合、後期高齢者医療制度の保険料は特別徴収となる。

問39

　雅彦さんは年金事務所において、60歳まで働いた場合に65歳から受給できる報酬比例部分の年金額について試算してもらった。雅彦さんが60歳になるまでの厚生年金加入月数と平均標準報酬（月）額は下記のとおりである。この場合、雅彦さんの報酬比例部分の年金額はいくらになるか。

2003年3月以前（216ヵ月）	平均標準報酬月額　300,000円
2003年4月以降（250ヵ月）	平均標準報酬額　500,000円

＜報酬比例部分の年金額の計算＞

①＋②

①平均標準報酬月額 $\times \dfrac{7.125}{1000} \times$ 2003年3月までの被保険者期間の月数

②平均標準報酬額 $\times \dfrac{5.481}{1000} \times$ 2003年4月以降の被保険者期間の月数

・年金額の端数処理

　年金額の計算過程においては円未満を四捨五入する。

問40

　雅彦さんはFPの井上さんから高額療養費という制度の説明を受けた。仮に雅彦さんが2024年に、病気あるいはケガで入院し、その月に窓口で支払った医療費の自己負担分（3割負担）が36万円（健康保険適用除外分はない）とした場合の高額療養費はいくらになるか。なお、解答にあたっては、解答用紙に記載されている単位に従うこととする。

	自己負担限度額
年収約1,160万円以上 標準報酬月額83万円以上	252,600円＋（医療費－842,000円）× 1%
年収約770万円～1,160万円 標準報酬月額53万円～79万円	167,400円＋（医療費－558,000円）× 1%
年収約370万円～770万円 標準報酬月額28万円～50万円	80,100円＋（医療費－267,000円）× 1%
年収約370万円以下 標準報酬月額26万円以下	57,600円
低所得者 住民税非課税	35,400円

【第1問】

問1　正解　（ア）〇　（イ）〇　（ウ）〇　（エ）✕

（ア）〇　保険業法により、保険の募集を行うには**保険募集人**の登録が必要であるが、保険契約の分析や保険の見直しの提案については、保険募集人でなくても**行ってよい**。

（イ）〇　弁護士法により、**弁護士**以外の者は遺産分割のアドバイスなどは行えないが、遺言作成の証人になることは差し支えない。

（ウ）〇　健康保険、雇用保険、労災保険、厚生年金等の書類作成（書類作成業務）や官公署への提出手続の業務（提出手続代行業務）は**社会保険労務士**でない者が行ってはならないが、受給見込額の計算や請求方法の説明は問題ない。

（エ）✕　税理士法により、税理士でない者は個別具体的な判断を行ってはならず、「所得税」の科目合格をしていても税理士の資格を有していることにはならないので、所得税についても**個別具体的な判断**を行ってはいけない。この場合、有償か無償かは関係ない。

問2　正解　3

ファイナンシャル・プランニング・プロセスのステップの流れは、以下のとおりである。
（D）顧客との関係確立とその明確化
（A）顧客データの収集と目標の明確化
（F）顧客のファイナンス状態の分析と評価
（E）ファイナンシャル・プランの検討・作成と提示
（B）ファイナンシャル・プランの実行援助
（C）ファイナンシャル・プランの定期的見直し
したがって、正解は3.となる。

【第2問】

問3　正解　3

（ア）　国内総生産（GDP）には、名目GDPと実質GDPの2つがある。**名目GDP**はベースとなる金額をそのまま使って算出した数値で、**実質GDP**は物価変動を排除して算出した数値である。（ア）は、物価の変動による影響

を取り除いたものなので、**実質GDP** のことである。

（イ）　消費者物価指数（CPI）とは、全国の世帯が購入する**財およびサービスの価格の変動**を測定したものである。つまり、ある時点での世帯の消費構造を基準に、これと同等のものを購入する際に必要な経費がどのように変動したかを指数値で表している。消費者物価指数は、各種の経済政策や、年金の改定に利用されている。

問4　正解　**0.159**（％）

最終利回りとは、すでに発行されている債券（既発債）を購入してから満期日まで保有した場合に、1年間で購入価格に対してどれほどの収益を得られるかを表す割合のことである。

$$
最終利回り（％）=\frac{表面利率+\dfrac{額面-買付価格}{残存年限}}{買付価格}\times 100
$$

$$
=\frac{0.10（％）+\dfrac{100.00円-99.53円}{8年}}{99.53円}\times 100
$$

$$
≒0.159％（小数点以下第4位切り捨て）
$$

問5　正解　**2**

株式投資信託の分配金には、**普通分配金**と投資元本の払戻しに相当する**元本払戻金（特別分配金）**がある。収益分配後の基準価格が個別元本を上回っている場合は、全額が**普通分配金**となる。収益分配後の基準価格が個別元本を下回っている場合は、収益分配金のうち個別元本を上回る部分が**普通分配金**、下回る部分が元本の払い戻しとみなされ、**元本払戻金（特別分配金）**となる。

本問は、収益分配後の基準価格が個別元本を下回っているので、収益分配金は普通分配金と特別分配金に分かれる。

普通分配金：

15,500円（収益分配前の基準価格）－14,750円（個別元本）＝**750円**

元本払戻金：1,000円（分配金総額）－750円（普通分配金）＝**250円**

元本払戻金（特別分配金）は元本の払戻しに相当するため、支払われた元本払戻金（特別分配金）の金額だけ個別元本が減少する。

収益分配後の個別元本：

14,750円（分配金支払前の個別元本）－250円（元本払戻金）＝**14,500円**

よって、正解は2.となる。

問6　正解　1

（ア）　PER（株価収益率）は、株価を1株当たり純利益で除して求められる。

資料より、1株当たり利益（EPS）は70円である。

$$X社のPER（倍）＝\frac{850円}{70円}≒12.14倍（小数点第3位以下四捨五入）$$

PERは、株価が1株当たり純利益の何倍の値段が付けられているかを見る投資指標である。PERは、同業他社などと比較して数値が低いほど株価が割安とされる。

（イ）　配当利回りは、株価に対する年間配当金の割合を示す指標で、1株当たり年間配当金を株価で除して求められる。

$$X株式の配当利回り＝\frac{30円}{850円}×100$$
$$≒3.53％（小数点以下第3位四捨五入）$$
$$Y株式の配当利回り＝\frac{80円}{4500円}×100$$
$$≒1.78％（小数点以下第3位四捨五入）$$

よって、配当利回りはX株式の方が高い。

【第3問】

問7　正解　1,800（万円）

土地の取得は、消費税の課税対象外となる。

建物の税抜価格＝200万円（消費税）÷10％（消費税の税率）＝2,000万円

よって、

土地の価格＝4,000万円（販売価格）－2,000万円（建物の税抜価格）－
200万円（消費税）＝1,800万円

問8　正解　2,350（万円）

課税長期譲渡所得金額は、以下の式で求められる。

課税長期譲渡所得金額＝譲渡価額－（取得費＋譲渡費用）－特別控除（居住用財産を譲渡した場合の3,000万円特別控除）

なお、概算取得費は、譲渡価額の5％となる。

概算取得費＝6,000万円×5％＝300万円

よって、課税長期譲渡所得の金額は、

6,000万円－（300万円＋350万円）－3,000万円＝2,350万円

問9　正解　2

（ア）　固定資産税は、その固定資産が所在する**市町村（東京23区は都）**によって課される**地方税**である。固定資産とは、土地、家屋および償却資産をいう。

（イ）　固定資産税の納税義務者は、賦課期日（毎年1月1日）において**固定資産課税台帳**に所有者として登録されている者である。

（ウ）　固定資産税の課税標準は、賦課期日において**固定資産課税台帳に登録されている価格（固定資産税評価額）**である。住宅用地について課税標準が一定の割合で減額される特例がある。小規模住宅用地は、住戸一戸当たり200m²以下の部分である。

（エ）　住宅の場合、一戸当たり200m²以下の土地部分については、固定資産税評価額の6分の1が課税標準となる。

問10　正解　3

　延べ面積（床面積の合計）の最高限度については、敷地面積×容積率の最高限度によって求めることができる。

＜容積率の制限＞

　建築物の敷地の前面道路（2以上の前面道路があるときは、幅員の最大なもの）の幅員が12m未満の場合、都市計画で指定された容積率と前面道路の幅員に法定乗数を乗じたものの、いずれか小さい方が敷地の容積率の最高限度となる。

　設問の土地の場合、30/10（指定容積率）＞7m×4/10＝28/10となり、小さい方の28/10が容積率となる。

　よって、延べ面積（床面積の合計）の最高限度は、240m²×28/10＝672m²となる。

【第4問】

問11　正解　（ア）2,400（万円）　（イ）580（万円）　（ウ）19（万円）

（ア）　2024年11月に横田さんが交通事故で死亡（入院・手術なし）した場合、支払対象契約・特約は、＜資料／生命保険提案書／ご提案内容＞積立利率変動型終身保険、収入保障保険、定期保険であり、受け取れる死亡保険金は、

＜資料／生命保険提案書／ご提案内容＞

積立利率変動型終身保険	200万円
収入保障保険　120万円×10年間＝	1,200万円
定期保険	1,000万円
合計	2,400万円　である。

（イ）　2024年12月に横田さんが脳血管疾患と診断され、治療のため40日間入院しその間に約款所定の手術を1回受けた場合、支払対象契約・特約は、＜資料／生命保険提案書／ご提案内容＞医療保険（入院給付金、手術給付金）、入院サポート特約（入院準備費用給付金）、生活習慣病保険（生活習慣病入院給付金）、7大疾病一時金特約（7大疾病一時金）であり、受け取れる保険金・給付金は、

＜資料／生命保険提案書／ご提案内容＞

医療保険

入院給付金（入院1日目から対象）

5,000円×40日＝20万円

手術給付金

（イ）入院中に所定の手術のとき

10万円

（ロ）がん・脳・心臓に対する所定の手術のとき

20万円

入院サポート特約

入院準備費用給付金　　　　10万円

生活習慣病保険

生活習慣病入院給付金（入院1日目から対象）

5,000円×40日＝20万円

7大疾病一時金特約

7大疾病一時金　　　　　　500万円

合計580万円　である。

（ウ）　2025年1月に横田さんが気管支炎で10日間入院し、退院してから25日後に同じ病気で再度8日間入院した場合（いずれも手術は受けていない）、支払対象契約・特約は、＜資料／生命保険提案書／ご提案内容＞医療保険（入院給付金）、入院サポート特約（入院準備費用給付金）であり、＜ご提案内容＞記載の（※2）「180日以内に同じ病気で再度入院した場合は1回の入院とみなします。」に該当し、受け取れる保険金・給付金は、

＜資料／生命保険提案書／ご提案内容＞

医療保険

入院給付金　（入院1日目から対象）

入院日数　10日＋8日＝18日

5,000円×18日＝9万円

　　　入院サポート特約

　　　　入院準備費用給付金　　　　10万円

　　　　　　　　　　　　　合計19万円 である。

問12　正解　2

　生命保険会社の保障が開始される日を責任開始日（期）という。告知または医務診査の審査が完了し、引受承諾になると、下記3点の完了日の最も遅い日が責任開始日（期）になる。

・保険契約の申込みが完了した日

・告知または医務診査が完了した日

・第1回保険料を払い込んだ日

　よって正解は2.となる。なお、保険会社の引受承諾前であっても、責任開始日以降は保障の対象となる。

問13　正解(ア)3　(イ)6　(ウ)5　(エ)9

・地震保険の保険金額は、火災保険の保険金額の（ア）30%〜50%の範囲内で設定しますが、居住用建物は5,000万円、家財は1,000万円が限度になります。

・地震保険の保険料割引制度は、「耐震等級割引」「建築年割引」「免震建築物割引」「耐震診断割引」の4種類がありますが、これらを重複して適用を受けることが（イ）できません。

・地震保険は、火災保険の保険期間の中途で付帯することは（ウ）できます。

・支払われる地震保険金は、保険の対象である建物や家財の損害の程度に応じて、全損、大半損、小半損、一部損の4段階に分かれており、いずれの場合も（エ）時価が限度になります。

問14　正解　(ア)○　(イ)×　(ウ)×　(エ)○

(ア)○　特定疾病保障定期保険は、死亡・高度障害保険金の他に、がん、急性心筋梗塞、脳卒中で所定の状態と診断された場合に、死亡保険金と同額の保険金が支払われる。死亡保険金・高度障害保険金もしくは特定疾病保険金を受け取った時点で保険契約は終了する。

(イ)×　自動振替貸付制度は、保険料の払込猶予期間満了日までに保険料が未払いの場合、保険会社が解約返戻金の一定範囲内で保険料を自動的に立て替えて、契約を有効にする制度である。介護保障終身保険は、解約返戻金があるため、自動振替貸付制度により保険契約を継続するこ

とはできる。なお、貸付額が解約返戻金の一定範囲を超えた時点で、契約は**失効**する。

（ウ）×　公的介護保険の要介護3に認定された場合、資料2：介護保障終身保険B約款（一部抜粋）介護保険金支払事由①公的介護保険制度に定める要介護2以上の状態に該当するため、**介護保険金を受け取ることができる**。

（エ）○　資料2：介護保障終身保険B約款（一部抜粋）介護保険金支払事由②会社の定める要介護状態の（1）、別表1要介護状態の1）常時寝たきり状態で、（a）ベッド周辺の歩行が自分ではできないに該当し、（c）入浴が自分ではできない、（e）大小便の排泄後の拭き取り始末が自分ではできないの2項目以上に該当して他人の介護を要する状態が、介護保険金支払事由②会社の定める要介護状態の（2）の要介護状態に該当した日からその日を含めて180日以上要介護状態が継続しているので、**介護保険金を受け取ることができる**。

【第5問】

問15　正解　**2**

　構築物とは、事業のために必要な土地の上に固定した建物以外の工作物などを指す。

　所得税においては減価償却費の法定償却方法である**定額法**となるが、減価償却方法の届出書を提出することにより**定率法**を選択することができる。ただし、2016年4月1日以降に取得した建物附属設備および構築物については、**定額法**による償却となる。

2,600,000円 × 0.067 × 9/12（月）＝ 130,650円

問16　正解　（ア）○　（イ）○　（ウ）×

（ア）○　記述のとおり。個人型確定拠出年金（iDeCo）の掛金は、その限度額全額が**小規模企業共済等掛金控除**の対象となる。

（イ）○　記述のとおり。翌年の1月末までに年末調整のやり直しを行えないときには、自身で確定申告を行う必要がある。

（ウ）×　個人型確定拠出年金（iDeCo）は、契約者本人の拠出した額の控除のみが認められるもので、生命保険料控除などと異なり、配偶者の掛金については**控除を受けることはできない**。

問17　正解　1

退職所得控除額を計算する際の勤続年数は、1年未満の端数については切り上げて勤続年数に含める。29年2ヵ月→30年

退職所得控除額：（30年－20年）×70万円＋800万円＝1,500万円

退職所得：（1,800万円－1,500万円）×1/2＝150万円

所得税額：1,500,000円×5％＝75,000円

問18　正解　168（万円）

65歳以上の公的年金控除額は、330万円以下については110万円である。

公的年金等に係る雑所得：250万円－110万円＝140万円……①

個人年金保険は、公的年金以外のその他の雑所得に該当する。その年の年金収入金額から本人が負担した既払保険料分（必要経費）を差し引いて、その年分の雑所得の金額を求める。：108万円－56万円＝52万円……②

雑所得の金額：①＋②＝192万円

総所得金額：▲24万円＋192万円＝168万円

【第6問】

問19　正解　7,500（万円）

相続税の課税価格の合計額は、「本来の相続財産」＋「みなし相続財産」－「非課税財産」－「債務及び葬式費用」＋「生前贈与加算」にて算出される。

よって、これを本問にあてはめてみると、

2,000万円＋1,300万円＋4,000万円＋（2,500万円－2,000万円）－300万円

＝7,500万円

なお、法定相続人は配偶者、長男、長女の代襲相続人の孫Aおよび孫Bの4人であることから、生命保険金の非課税限度額は「500万円×4人＝2,000万円」となる。

問20　正解　3

宅地（貸家建付地）の路線価方式による相続税評価額は、「自用地評価額×（1－借地権割合×借家権割合×賃貸割合）」にて算出される。

（1）1㎡あたりの価額：正面路線価250千円×奥行価格補正率0.98

＝245千円……①

（2）自用地評価額：①×地積500m²＝122,500千円……②

（3）貸家建付地の評価額：②×（1－70%×30%×100%）
$$= 96,775,000円$$

問21　正解　（ア）1/2　（イ）1/12　（ウ）1/4　（エ）1/6

　本問の親族関係図において、その法定相続人は、配偶者、長男の代襲相続人である孫A、孫B、二女および普通養子の孫Bとなる。なお、孫Bは代襲相続人であるとともに普通養子であるため、二重身分を有する。

　各人の法定相続分は、次のとおりとなる。

（ア）配偶者：1/2

（イ）孫A　：$1/2 \times 1/3 \times 1/2 = 1/12$

（ウ）孫B　：$1/2 \times 1/3 \times 1/2 + 1/2 \times 1/3 = 1/4$

（エ）二女　：$1/2 \times 1/3 = 1/6$

問22　正解　（ア）2　（イ）4　（ウ）8

種類	自筆証書遺言	公正証書遺言	秘密証書遺言
作成方法	本人が遺言の全文・日付(年月日)・氏名等を書き押印する。財産目録をパソコン等で作成することもできるが、印刷した全ページに署名押印が必要となる。	本人が口述し、公証人が筆記する。	本人が遺言書に署名押印の後、遺言書を封じ同じ印で封印する。
証人	不要	2人以上	2人以上
家庭裁判所の検認	必要	不要	必要

　なお、自筆証書遺言を法務局に保管する場合には、家庭裁判所の検認は**不要**となる。

【第7問】

問23　正解　540（万円）

　可処分所得の額は、源泉徴収税額＝所得税なので、以下のとおり求める。

　支払金額－（社会保険料等の金額＋源泉徴収税額＋住民税額）

　したがって

　6,500,000円－（780,000円＋119,500円＋200,000円）

　＝5,400,500円

→　540万円（万円未満四捨五入）

問24　正解　299（万円）

　基本生活費の計算は、前年の額に変動率を掛けるが、前年に長女が結婚するため、前年の額の20％減とし、これに変動率を乗じる。したがって、

367万円×80％×1.02＝299.472万円→299万円（万円未満四捨五入）

問25　正解　335（万円）

　金融資産残高の計算は、前年の金融資産残高に変動率を掛け、その年の年間収支を加算する。

250万円×1.01＋(623万円－541万円)＝334.5万円→335万円

（万円未満四捨五入）

【第8問】

問26　正解　4,246,000（円）

　設問の事例の場合、終価係数を使って65歳時点での金額を求める。1％、20年の終価係数は1.220、3％、20年の終価係数は1.806なので、

2,000,000円×1.220＝2,440,000円
1,000,000円×1.806＝1,806,000円
2,440,000円＋1,806,000円＝4,246,000円

問27　正解　12,478,500（円）

　設問の事例のように、毎年の受取額をもとにして必要額を求める場合には年金現価係数を使う。1％、15年の年金現価係数は13.865なので、

900,000円×13.865＝12,478,500円

問28　正解　637,080（円）

　設問の事例のように、毎年の積立額が一定期間後にいくらになるかを求める場合には年金終価係数を使用する。3％、5年の年金終価係数は5.309なので、

12万円×5.309＝637,080円

【第9問】

問29　正解　2

1．不適切　育児休業給付金の支給額は、原則として休業開始時賃金日額×支給日数の67％相当額、育児休業の開始から6ヵ月経過後は50％相当額となる。

2．適切　事業主から休業開始前賃金の80%以上が支払われている場合には、育児休業給付金は支給されない。

3．不適切　出産育児一時金は定額の支給であり、実際にかかった費用を支給するものではない。

4．不適切　「パパママ育休プラス制度（父母ともに育児休業を取得する場合の育児休業取得可能期間の延長）」を利用する場合は、育児休業の対象となる子の年齢が原則1歳2ヵ月までとなる。

問30　正解　130（万円）

住宅ローンの年間返済可能額＝（現在の年間居住費）＋（現在の年間貯蓄額）
　　　　　　　　　　　－（購入後の予定年間貯蓄額）－（住宅ローン返済以外の年間住居費）

であるので、設例から上記の式に数値をあてはめればよい。

（10万円×12ヵ月）＋90万円－50万円－30万円＝130万円

問31　正解　4

6回目の約定返済時のローン残高は29,737,181円である。

設問より、100万円を超えない範囲での最大額ということなので、

29,737,181円－1,000,000円＝28,737,181円

に最も近く、この値を下回らないローン残高となるまで繰上げ返済をする事となる。

償還表より、28回目の約定返済時のローン残高が28,739,103円であるので、6回目から28回目までの22回分、すなわち1年10ヵ月の返済期間が短縮される。

問32　正解　6,000（円）

健康保険の傷病手当金は、以下の式で計算される。

支給開始日以前の継続した12ヵ月の各月の標準報酬月額の平均額÷30×2/3

450,000円÷30日×2/3＝10,000円

ただし休業した日について、日額4,000円が支払われるため、

10,000円－4,000円＝6,000円が支給される。

問33　正解　（ア）○　（イ）×　（ウ）○

（ア）○　給付型奨学金制度の対象者は、大学（学部）、短期大学、専修学校（専門課程）に進学予定の人、および高等専門学校3年次から4年次に進級予定の人で、下記のいずれかに該当する人で、①住民税非課税世帯の人、または生活保護受給世帯の人、②社会的養護を必要とする人、となる。

（イ）× 給付型奨学金と貸与型奨学金との**併用も可能**である。

（ウ）○ 受給者は毎年度、**翌年度の給付継続について**申請し、資格について審査を受ける。成績不振等の場合、奨学金の交付が止まることもある。

問34 正解 **2**

子どもがいる配偶者へ支払われる遺族年金は、

・遺族厚生年金

・遺族基礎年金

である（中高齢寡婦加算は、遺族基礎年金を受給する間は支給停止）。したがって正解は2.となる。

【第10問】

問35 正解 **2,020（万円）**

個人B／Sを作成する際には、

> ・資産は時価で算出する
> ・保険は解約返戻金の合計額を記載する
> ・夫婦の資産を合算する

（単位：万円）

【資産】		【負債】	
金融資産		住宅ローン	400
預貯金等	450	相続税・税理士報酬	80
株式	200		
投資信託	250	（負債合計）	480
保　険	600		
自　宅	1,000	【純資産】	2,020
資産合計	2,500	負債・純資産合計	2,500

したがって、純資産額は2,020万円となる。

問36 正解 （ア）7 （イ）4 （ウ）9

（ア） 定年退職により健康保険の被保険者資格を喪失した場合は、所定の要件を満たせば、最長で2年間、健康保険の任意継続被保険者となることができる。

（イ） 任意継続被保険者となるには、健康保険の被保険者資格を喪失した日の前日までに継続して2ヵ月以上被保険者であったことが必要である。

（ウ） 任意継続被保険者に生計を維持されている配偶者など一定の親族は、健康

保険の被扶養者となることができる。

問37　正解　3

　60歳代前半の老齢厚生年金は、1年以上厚生年金保険の被保険者であった場合に支給される。1964年4月2日から1966年4月1日までに生まれた女性の場合、定額部分は支払われず、64歳から報酬比例部分が支給される。

　したがって、正解は3. となる。

問38　正解　（ア）✕　（イ）◯　（ウ）✕　（エ）◯

（ア）✕　介護保険の被保険者は40歳以上の者が対象であり、65歳以上の第1号被保険者と40歳以上65歳未満の第2号被保険者に分かれる。

（イ）◯　介護保険の第2号被保険者が、介護保険から給付を受けられるのは、初老期認知症など15種類の老化に起因する疾病（末期がんを含む）により介護状態になった場合に限定され、交通事故は対象とならない。

（ウ）✕　75歳以上の者はすべて後期高齢者医療制度の対象となる。よって、75歳前に家族の被扶養者として健康保険の保険料を負担していなかった者にも新たに保険料負担が発生する。

（エ）◯　年額18万円以上の公的年金を受給する場合は、年金から特別徴収（天引き）となる。

問39　正解　1,146,825（円）

　2003年3月以前：300,000円 × 7.125/1000 × 216ヵ月 = 461,700円
　2003年4月以降：500,000円 × 5.481/1000 × 250ヵ月 = 685,125円
　461,700円 + 685,125円 = 1,146,825円

問40　正解　270,570（円）

　高額療養費制度とは、被保険者や被扶養者に対する医療費が一定額を超えた場合に、その超えた額を支給するものである。

　病院の窓口で支払った額は3割なので、医療費は

　　360,000円 ÷ 3割 = 1,200,000円

　年収700万円の計算式に当てはめると

　　80,100円 + （1,200,000円 − 267,000円）× 1％ = 89,430円

　病院の窓口で360,000円支払っているので、

　　360,000円 − 89,430円 = 270,570円

　が高額療養費となる。

実技試験
【個人資産相談業務】
（金融財政事情研究会）

問題数	15 問（事例形式 5 題）
試験時間	90 分
正解目標	9 問以上

解答に当たっての注意事項

・試験問題については、特に指示のない限り、2024 年 4 月 1 日現在施行の法令等に基づいて解答してください。

・本試験の出題形式は、記述式等です。

【第1問】次の設例に基づいて、下記の《問1》～《問3》に答えなさい。

------------------------------ 《設例》 ------------------------------

　会社員のAさん（59歳）は妻Bさん（55歳）との2人暮らしである。A
さんが勤務している会社（X社）の定年は満60歳であり、希望すれば60歳
以降も勤務することが可能であり、自分がどのくらい公的年金を受け取るこ
とができるのかを把握したうえで、定年退職するか継続勤務するかについて
検討したいと考え、ファイナンシャル・プランナーに相談することにした。

＜Aさんおよび家族に関する資料＞
Aさん　　：1965年9月13日生まれ　満59歳
　　　　　：全国健康保険協会管掌健康保険、厚生年金保険の被保険者である。
　　　　　：雇用保険の一般被保険者である。
妻Bさん：1969年4月6日生まれ　満55歳
　　　　　：1991年6月にAさんと結婚、結婚後は第3号被保険者
　　　　　：現在および将来も夫Aさんと同居し、生計維持関係にある。
※子どもは2人いるが、ともに独立している。

		1985.09　　1988.04　　　　　　　2003.04　　　　　　　　2025.08

	国民年金 未加入 （31月）	厚生年金保険（449月）	
Aさん		（180月） 平均標準報酬月額 200,000円	（269月） 平均標準報酬額 400,000円

※上記以外の条件は考慮せず、各問に従うこと。

《問1》　Aさんは60歳到達後も再雇用制度を利用して現在勤めている会社に勤務し、雇用保険法の高年齢雇用継続給付を受給することも考えている。次の記述の空欄①～③に入る最も適切な語句または数値を、下記の〈語句群〉のイ～リのなかから選び、その記号を解答用紙に記入しなさい。

　60歳以後も雇用保険の一般被保険者として現在勤めている会社に勤務し、かつ、60歳以後の各月（支給対象月）に支払われた賃金額（みなし賃金額を含む）が、60歳到達時の賃金月額の（　①　）％相当額を下回る場合、一定の手続により、原則として雇用保険の高年齢雇用継続基本給付金を受給することができる。

　仮に60歳以後の各月（支給対象月）に支払われる賃金額を270,000円、60歳到達時の賃金月額を450,000円とした場合、受給することができる高年齢雇用継続基本給付金の額は、1支給対象月当たり（　②　）円となる。

　なお，高年齢雇用継続給付の給付額には、支給限度額や最低限度額が設けられており、これらの額は、原則として毎年（　③　）月1日に改定される。

─〈語句群〉─
イ．50　　　ロ．61　　　ハ．75　　　ニ．36,000　　　ホ．40,500
ヘ．54,000　　ト．4月　　チ．8月　　リ．11月

《問2》　公的年金の併給調整に関して、ファイナンシャル・プランナーが説明した次の記述①～③について、適切なものには〇印を、不適切なものには×印を解答用紙に記入しなさい。

①　受給権者が65歳以上の場合、老齢厚生年金と障害厚生年金の受給権があるときは、併給が可能である。
②　受給権者が65歳以上の場合、障害基礎年金と遺族厚生年金の受給権があるときは、どちらか一方の選択となる。
③　60歳台前半の老齢厚生年金と雇用保険の基本手当を同時に受けられる場合、60歳台前半の老齢厚生年金は、雇用保険の基本手当を受給している期間、原則として支給停止になる。

《問３》 Ａさんが60歳で定年退職し、その後再就職しない場合、原則として65歳から受給できる老齢基礎年金および老齢厚生年金の年金額を計算した、以下の計算式の空欄①～④に入る最も適切な数値を解答用紙に記入しなさい。

（１）老齢基礎年金の年金額（円未満四捨五入）

（　①　）円

（２）老齢厚生年金の年金額

Ⅰ．報酬比例部分の額（円未満四捨五入）

（　②　）円

Ⅱ．経過的加算の額（円未満四捨五入）

（　③　）円

Ⅲ．基本年金額（上記「Ⅰ＋Ⅱ」の額）

□□□　円

Ⅳ．加給年金額（要件を満たしている場合のみ加算）

Ⅴ．老齢厚生年金の年金額

（　④　）円

※計算式にある「□□□」の部分は問題の性質上明らかにできないため、数値を伏せている。

<資料>

〈老齢基礎年金の計算式　４分の１免除月数、４分の３免除月数は省略〉

$$816{,}000円 \times \frac{保険料納付月数＋半額免除月数 \times □/□＋全額免除月数 \times □/□}{480}$$

〈老齢厚生年金の計算式〉

Ⅰ　報酬比例の額＝（①＋②）

①平均標準報酬月額 $\times \dfrac{7.125}{1000} \times$ 2003年３月までの被保険者期間の月数

②平均標準報酬額 $\times \dfrac{5.481}{1000} \times$ 2003年４月以降の被保険者期間の月数

Ⅱ　経過的加算額

＝1,701円 × 乗率 × 加入月数（上限480月）

$$-816{,}000円 \times \frac{1961年４月以降の20歳以上60歳未満 の厚生年金被保険者月数}{480}$$

Ⅲ　加給年金額　408,100円（要件を満たしている場合のみ加算）

【第２問】 次の設例に基づいて、下記の各問（《問４》～《問６》）に答えなさい。

《設例》

　会社員のＡさん（62歳）は、これまでは投資信託（特定口座の源泉徴収選択口座内で保有）で資産運用をしており、Ｘ投資信託とＹ投資信託を保有しているが、定年退職を前に退職金を含めた老後の生活資金をどのように運用したらいいか検討を始めた。老後資金であることを考え、安全性を考慮した投資をしたいと考えているが、生活にゆとりを持たせるため投資信託の保有も継続したいと思っている。

　そこで、ファイナンシャル・プランナーのＭさんに相談することにした。

＜Ｘ投資信託およびＹ投資信託に関する資料＞

	Ｘ投資信託	Ｙ投資信託
商品分類	追加型／海外／株式	追加型／国内／株式
購入時基準価額	11,700円（１万口当たり）	10,800円（１万口当たり）
解約時個別元本	10,940円（１万口当たり）	10,800円（１万口当たり）
保有口数	500万口	200万口
購入時手数料	ノーロード	購入価額の2.20％（税込）
信託財産留保額	解約価額の0.5％	なし
過去３年間の実績収益率の平均値	16％	5％
過去３年間の実績収益率の標準偏差	5％	1％

※Ａさんは、Ｘ投資信託とＹ投資信託を、特定口座（源泉徴収選択口座）で保有している。

＜社債Ｚに関する資料＞

・発行会社：国内の大手上場企業
・購入価格：100.20円（額面100円当たり）
・表面利率：0.3％
・利払日　：年２回（４月末日、10月末日）
・償還期限：５年
・格付　　：ＡＡ

※上記以外の条件は考慮せず、各問に従うこと。

《問4》 MさんはAさんに対して、X投資信託とY投資信託の評価について説明した。Mさんが説明した以下の文章の空欄①～④に入る最も適切な語句または数値を、下記の〈語句群〉のイ～ルのなかから選び、その記号を解答用紙に記入しなさい。

「投資信託の運用成果を比較・評価する指標にシャープ・レシオがあります。シャープ・レシオは、ポートフォリオの実績収益率の平均値から無リスク資産利子率を差し引いた超過収益率を（ ① ）で割ることで求められ、リスク調整後の運用成果を比較・評価することができます。

仮に、無リスク資産利子率を1％とすると、X投資信託のシャープ・レシオは（ ② ）となり、Y投資信託のシャープ・レシオは（ ③ ）となります。したがって、X投資信託とY投資信託を比較すると、（ ④ ）のほうが過去3年間の運用成績が優れていると評価することができます」

---〈語句群〉---
イ．β（ベータ）　　ロ．標準偏差　　ハ．期待収益率　　ニ．2　　ホ．3
ヘ．3.2　　ト．4.3　　チ．4　　リ．5　　ヌ．X投資信託　　ル．Y投資信託

《問5》 Aさんが、2024年中に、特定口座の源泉徴収選択口座を利用してX投資信託を基準価額12,000円（1万口当たり）で、500万口すべて解約した場合に徴収される所得税および復興特別所得税、住民税の合計額を求めなさい。なお、Aさんには、この年におけるこれ以外の上場株式等の譲渡はないものとする。

《問6》 MさんはAさんに対して、社債Zを購入する場合の留意点等について説明した。MさんのAさんに対する説明に関する次の記述の①～③について、適切なものには〇印を、不適切なものには×印を解答用紙に記入しなさい。

① 「社債ZはAさんが開設している特定口座で受け入れることができます。源泉徴収選択口座を選択することで、利子、償還差益、売却益に対する税額が源泉徴収されるため確定申告は不要となります」

② 「社債Zの価格は市場金利の影響を受けて変動します。今後、市場金利が上昇した場合、社債Zの価格は下落します。債券価格の変動幅は、表面利率の低い債券ほど大きくなる傾向がありますので、売却時にはご注意ください」

③ 「社債Zを償還前に売却する場合、所得税および復興特別所得税、住民税の合計で20.315％の税率で源泉分離課税の対象となり、上場株式等の譲渡損益と損益通算することはできません」

【第3問】 次の設例に基づいて、下記の各問（《問7》～《問9》）に答えな
さい。

─────── 《設例》 ───────

　健康に不安があったAさんは、継続雇用を選択せずに60歳で定年退職し、
現在は賃貸アパートの経営をしつつ、フルタイムで働く妻Bさんを支えてい
る。Aさんは、将来的には不動産所得について青色申告にすることを検討し
ている。Aさんの家族構成および収入等は、以下のとおりである。なお、不
動産所得の▲は赤字であることを表している。

1．Aさんの家族構成

　Aさん　　　（64歳）　：個人事業主。
　妻Bさん　　（58歳）　：会社員。2024年中の給与収入は430万円。
　二女Cさん（28歳）　：会社員。2024年中の給与収入は240万円。
　（長女は結婚によりすでに実家を離れている）

2．Aさんの2024年分の収入等

　①不動産所得：▲50万円（白色申告　　土地等の取得に係る負債の利子20
　　万円を含む）
　②報酬比例部分のみの特別支給の老齢厚生年金の年金額：60万円
　③個人年金保険契約に基づく年金収入：100万円（必要経費は60万円）

※妻Bさんおよび二女Cさんは、Aさんと同居し、生計を一にしており、いずれも障害者および特
　別障害者には該当しない。
※Aさんとその家族の年齢は、いずれも2024年12月31日現在のものである。

※上記以外の条件は考慮せず、各問に従うこと。

《問7》　Aさんとその家族の2024年分の所得税の計算に関する次の記述①～③
について、適切なものには○印を、不適切なものには×印を解答用紙に記
入しなさい。

①　妻Bさんは、夫であるAさんについて、配偶者控除の適用を受けることがで
き、その控除額は38万円である。

②　二女Cさんは、特定扶養親族に当たるため、その控除額は63万円である。

③　Aさんは、不動産所得の損失の金額について、確定申告を行うことによって
純損失の繰越控除の適用を受けることができる。

《問8》 所得税における青色申告に関する以下の文章の空欄①〜⑤に入る最も適切な数値を、下記の〈数値群〉のなかから選び、その記号を解答用紙に記入しなさい。

　青色申告制度では、青色申告特別控除額として最高（　①　）万円を控除できるが、適用要件として、取引を正規の簿記の原則に従い記帳し、その記帳に基づいて作成した貸借対照表、損益計算書その他の計算明細書を添付した確定申告書を法定申告期限内に提出することに加えて、電子申告（e-Tax）による申告、または電子帳簿保存を行う必要がある。ただし、従前どおりの窓口提出や郵送による申告の場合には、（　②　）年分以降は最高（　③　）万円の青色申告特別控除額となる。

　なお、確定申告書を法定申告期限後に提出した場合には、青色申告特別控除額は最高でも（　④　）万円となる。

　青色申告者が受けられる税務上の特典として、青色申告特別控除のほかに、青色事業専従者給与の必要経費算入、純損失の（　⑤　）年間の繰越控除、前年も青色申告書を提出している場合は、前年分の所得に対する税額から還付を受けられる純損失の繰戻還付、棚卸資産の評価について低価法を選択できる。

　また、青色事業専従者給与は、青色申告者と生計を一にしている配偶者やその他の親族のうち、15歳以上の専らその事業に従事している人に支払った給与で、あらかじめ支給する給与の額を税務署に届出ており、その額が労務の対価として相当な額であること等が要件である。

┌─〈数値群〉─────────────────────
│ イ．65　　ロ．55　　ハ．48　　ニ．20　　ホ．18　　ヘ．15
│ ト．10　　チ．3　　リ．2019　　ヌ．2020　　ル．2021
└────────────────────────────

《問9》　Aさんの2024年分の所得金額について、次の①、②を求め、解答用紙に記入しなさい（計算過程の記載は不要）。また、〈答〉は万円単位とすること。

① 総所得金額に算入される雑所得の金額
② 総所得金額

	公的年金等の収入金額（A）	割合(B)	控除額（C）
65歳未満	600,000円までの場合は所得金額はゼロ		
	600,001円から1,299,999円まで	100 %	600,000円
	1,300,000円から4,099,999円まで	75 %	275,000円
	4,100,000円から7,699,999円まで	85 %	685,000円
	7,700,000円から9,999,999円まで	95 %	1,455,000円
	10,000,000円以上	100 %	1,955,000円

【第4問】 次の設例に基づいて、下記の各問（《問10》～《問12》）に答えなさい。

《設例》

Aさん（70歳）は、6年前に父親の相続によって甲土地（600㎡）を含む複数の土地を取得している。甲土地は、父親の代からアスファルト敷きの月極駐車場として賃貸しているが、収益性は高くない。

Aさんは、先日、ハウスメーカーのX社から、「甲土地は、最寄駅から徒歩2分の好立地にあり、住宅需要が見込めるので、自己建設方式による賃貸マンションでの有効活用をお勧めします。弊社（X社）が、マスターリース契約（特定賃貸借契約）により、建築後のマンションを一括賃借したうえで、サブリース契約で第三者への賃貸・管理を行います。Aさんにお支払いする賃料は保証します」との提案を受けた。Aさんは、甲土地の収益性を高めるために、X社の提案を検討することにした。

〈甲土地の概要〉

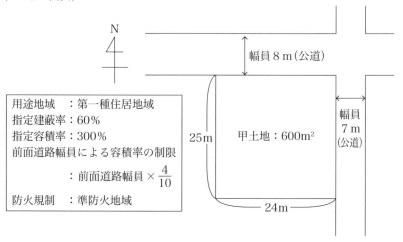

用途地域　：第一種住居地域
指定建蔽率：60%
指定容積率：300%
前面道路幅員による容積率の制限
　　　：前面道路幅員 × $\frac{4}{10}$
防火規制　：準防火地域

幅員8m（公道）

幅員7m（公道）

25m

甲土地：600m²

24m

・甲土地は、建蔽率の緩和について特定行政庁が指定する角地である。

・指定建蔽率および指定容積率とは、それぞれ都市計画において定められた数値である。

・特定行政庁が都道府県都市計画審議会の議を経て指定する区域ではない。

※上記以外の条件は考慮せず、各問に従うこと。

《問10》　甲土地上に耐火建築物を建築する場合における次の①、②を求めなさい（計算過程の記載は不要）。

①　建蔽率の上限となる建築面積
②　容積率の上限となる延べ面積

《問11》　Ｘ社が提案する自己建設方式による賃貸マンション事業に関する次の記述①〜③について、適切なものには〇印を、不適切なものには×印を解答用紙に記入しなさい。

①　「特定賃貸借契約（マスターリース契約）」とは、賃貸人と賃借人との間で締結される賃貸住宅の賃貸借契約であって、賃借人が、当該賃貸住宅を転貸する事業を営むことを目的として締結されるものをいい、個人が賃借した賃貸住宅について、事情により、一時的に第三者に転貸するような場合は、特定賃貸借契約に該当しません」
②　「仮に、Ａさんが金融機関から融資を受けて賃貸マンションを建設した場合、相続税の課税価格の計算上、Ａさんの相続開始時における当該借入金残高は、債務控除の対象となりません」
③　「Ａさんが甲土地に賃貸マンションを建設した場合、相続税額の計算上、甲土地は貸家建付地として評価されます。仮に、甲土地の自用地価額を１億円、借地権割合を60％、借家権割合を30％、賃貸割合を100％とした場合の相続税評価額は、1,800万円です」

《問12》　Aさんが、甲土地上に賃貸マンションを建築する場合の留意点等に関する次の記述①～③について、適切なものには○印を、不適切なものには×印を解答用紙に記入しなさい。

① 「Aさんが金融機関から融資を受けて賃貸マンションを建築する場合、借入金による事業リスクを考慮する必要があります。DSCR（借入金償還余裕率）の値が1.0未満のときは、賃料収入だけでは借入金の返済ができないことを示しています」

② 「不動産の収益性を測る指標の1つである表面利回りは、年間の純収益を投下資本で割ったものです。最も簡便な指標として広く用いられ、諸経費を考慮するため、実態に即しているといえます」

③ 「借入金の返済には、元利均等返済と元金均等返済の2つの方法があります。利率や返済期間等の条件が同じであれば、総返済額は、元利均等返済より元金均等返済のほうが多くなります」

【第5問】次の設例に基づいて、以下の各問（《問13》～《問15》）に答え
　　　　　なさい。

- - - - - - - -《設例》- - - - - - - -

　個人で不動産賃貸業を営んでいるＡさん（72歳）の推定相続人は、妻Ｂさ
ん（75歳）、長女Ｃさん（44歳）、および長男Ｄさん（41歳）の３人である。
　Ａさんは、妻Ｂさんおよび長男Ｄさんと同居しているが、今後も長女Ｃさ
んに面倒を見てもらいたいと考えており、長女Ｃさんには現金での相続を検
討している。Ａさんは相続について、妻Ｂさんには現預金および自宅を、不
動産賃貸物件を管理している長男Ｄさんには賃貸マンション１棟を、長女Ｃ
さんには投資信託および株式を相続させたいと考えている。
　また、長女Ｃさんは、現在は会社員の夫および子２人と暮らしているが、
ＡさんやＢさんの病院への通院には送迎などで２人の面倒を見てくれており、
Ａさんは長女Ｃさんの子２人に対して「直系尊属から教育資金の一括贈与を
受けた場合の贈与税の非課税の特例」の利用を検討している。

＜Ａさんの推定相続人＞
　妻Ｂさん　　：Ａさんと自宅にて同居（二世帯住宅の１階部分）している。
　長女Ｃさん：専業主婦。地元企業に勤務する会社員の夫と子２人（8歳と
　　　　　　　　6歳）の４人暮らし。
　長男Ｄさん：Ａさん夫妻と同居しており、Ａさんの不動産賃貸マンション
　　　　　　　　の管理を手伝っている。妻（37歳）とともに、Ａさんと同居
　　　　　　　　（二世帯住宅の２階部分）している。

＜Ａさんが保有する資産（相続税評価額）＞
　現預金　　　　　　　　　　　　：8,000万円
　投資信託　　　　　　　　　　　：4,000万円
　自宅（敷地330m²）　　　　　　：4,000万円
　自宅（建物）　　　　　　　　　：2,200万円
　賃貸マンション（敷地400m²）：6,000万円
　賃貸マンション（建物）　　　　：9,000万円

※上記以外の条件は考慮せず、各問に従うこと。

《問13》 Aさんの相続等に関する以下の文章の空欄①～③に入る最も適切な数値を、下記の〈数値群〉の中から選び、その記号を解答用紙に記入しなさい。

ⅰ）『遺留分』

「仮に、Aさんの相続に係る遺留分算定の基礎となる財産の価額を3億円とした場合、長女Cさんの遺留分の金額は、（　①　）万円となります。Aさんについて、相続が開始し、長男Dさんが賃貸マンションなど、相続財産の大部分を取得することになれば、長女Cさんの遺留分は侵害される恐れが十分考えられます。遺留分が侵害された場合、遺留分権利者である長女Cさんは、Aさんの相続開始および侵害すべき贈与または遺贈があったことを知った時から（　②　）年以内に遺留分侵害額請求権を行使することで、遺留分を保全することができます。なお、現在の遺留分侵害額請求権は、金銭債権として請求することとなります」

ⅱ）『小規模宅地等についての相続税の課税価格の計算の特例』

「Aさんの相続が開始し、妻Bさんが『特定居住用宅地等』に該当する自宅の敷地を相続等により取得した場合、当該敷地は（　③　）m²までの部分について80％の減額が受けられます。他方、長男Dさんが『貸付事業用宅地等』に該当する賃貸マンションの敷地を相続等により取得した場合、当該敷地は200m²までの部分について50％の減額が受けられます。仮に、賃貸マンションの敷地について当該特例の適用を受けた場合、相続税の課税価格に算入される価格は○○万円となります」

〈数値群〉

イ．1	ロ．2	ハ．3	ニ．200	ホ．330
ヘ．400	ト．1,875	チ．3,750	リ．7,500	

《問14》 「直系尊属から教育資金の一括贈与を受けた場合の贈与税の非課税の特例」（以下、「教育資金の非課税特例」という）に関する次の記述①～③について、適切なものには〇印を、不適切なものには×印を解答用紙に記入しなさい。

① 「教育資金の非課税特例の非課税拠出額の限度額は、受贈者ごとに1,500万円であり、学校等に直接支払われる入学金や授業料等の金銭については1,200万円、学校等以外の者に教育に関する役務の提供の対価として直接支払われる金銭については300万円が限度となります」

② 「教育資金の非課税特例の適用後、贈与者であるAさんが死亡した場合、贈与からの年数に関係なく、使い残した残高が相続税の対象となります。ただし、お孫さんが教育資金として使いきれなかった残額については相続税の2割加算の対象とはなりません」

③ 「学校等以外の費用も一定金額まで非課税となりますが、学校等以外の費用とは、学習塾やテニススクールなどの校外活動に関する費用で、社会通念上相当と認められるものを指します」

《問15》 仮に、現時点においてAさんに相続が開始した場合における相続税の総額を試算した下記の表の空欄①～④に入る数値を求めなさい。なお、「小規模宅地等についての相続税の課税価格の計算の特例」は自宅の敷地のみに適用して計算するものとする。また、問題の性質上、明らかにできない部分は「□□□」で示してある。

	現預金	8,000万円
	投資信託	4,000万円
	自宅（敷地および建物）	3,000万円
	賃貸マンション（敷地および建物）	1億5,000万円
（a）相続税の課税価格の合計額		3億円
	（b）遺産に係る基礎控除額	（ ① ）万円
課税遺産総額（a－b）		□□□万円
	相続税の総額の基となる税額	
	妻Bさん	（ ② ）万円
	長女Cさん	（ ③ ）万円
	長男Dさん	□□□万円
（c）相続税の総額		（ ④ ）万円

〈相続税の速算表〉

法定相続分に応ずる取得金額		税率	控除額
	1,000万円以下	10％	―
1,000万円超	3,000万円以下	15％	50万円
3,000万円超	5,000万円以下	20％	200万円
5,000万円超	1億円以下	30％	700万円
1億円超	2億円以下	40％	1,700万円
2億円超	3億円以下	45％	2,700万円
3億円超	6億円以下	50％	4,200万円
6億円超		55％	7,200万円

【第1問】

問1　正解　①ハ　②ホ　③チ

①　高年齢雇用継続基本給付金は、雇用保険の被保険者であった期間が5年以上あり、60歳時点と比べて賃金が75％未満に低下した場合、低下した賃金の最大15％（61％未満の場合）が支給される。

②　60歳以後の賃金額270,000円、60歳到達時の賃金月額450,000円の場合
270,000円÷450,000円＝60％＜75％　∴支給される
270,000円×15％＝40,500円となる。

③　高年齢雇用継続給付の給付額には、支給限度額や最低限度額が設けられており、これらの額は、原則として毎年8月1日に改定される。

問2　正解　①✕　②✕　③〇

①　✕　障害厚生年金と老齢厚生年金の2つの受給権があるときは、どちらか一方の選択となる。

②　✕　65歳以後は、障害基礎年金と老齢厚生年金、障害基礎年金と遺族厚生年金の併給が可能である。

③　〇　60歳台前半の老齢厚生年金は、その受給権者が雇用保険の基本手当を受給している期間、原則として支給停止になる。

問3　正解　①763,300（円）　②846,256（円）
　　　　　　③449（円）　　　④1,254,805（円）

①　老齢基礎年金の年金額

$$816,000円 \times \frac{449}{480} = 763,300円$$

②　報酬比例部分の額

$$200,000円 \times \frac{7.125}{1000} \times 180月 + 400,000円 \times \frac{5.481}{1000} \times 269月$$

$$≒846,256円（円未満四捨五入）$$

③　経過的加算額

$$1,701円 \times 449月 - 816,000円 \times \frac{449}{480} = 449円$$

基本年金額

846,256円＋449円＝846,705円

加給年金額：加算される　408,100円

④　老齢厚生年金の額

846,705円＋408,100円＝1,254,805円

【第2問】

問4　正解　①ロ　②ホ　③チ　④ル

　投資信託の運用成果を比較・評価する指標にシャープ・レシオがある。シャープ・レシオは、ポートフォリオの実績収益率の平均値から無リスク資産利子率（国債等の利子率）を引いた超過収益率を、リスクの尺度である①標準偏差で除すことで求められ、1リスク当たりの超過収益率を表す指標である。

　X投資信託とY投資信託のシャープ・レシオは以下のように計算できる

$$X投資信託のシャープ・レシオ＝\frac{16\%－1\%}{5\%}＝②3$$

$$Y投資信託のシャープ・レシオ＝\frac{5\%－1\%}{1\%}＝③4$$

　シャープ・レシオをもとに運用成果を評価をする際は、その数値の大きい方が高い評価となるので、④Y投資信託の方が運用成績が優れていたといえる。

問5　正解　101,575（円）

・解約価額を求める

　解約時の基準価額は12,000円（1万口当たり）、信託財産留保額は換金時の基準価額に対して0.5％なので、解約価額は以下のようになる。

12,000円－12,000円×0.5％＝11,940円

・譲渡所得の金額を求める

　解約価額から解約時の個別元本を差し引いた金額が、譲渡所得となる。Aさんが解約したのは500万口なので、譲渡所得の金額は以下のようになる。

（11,940円－10,940円）×500万口÷10,000口＝500,000円

・譲渡所得に対する所得税（復興特別所得税を含む）および住民税の合計を求める。

　公募株式投資信託の譲渡益に係る所得税は15％であるが、現在は2.1％の復興特別所得税が上乗せされる。住民税は5％である。

所得税	：500,000円×15％＝75,000円
復興特別所得税	：75,000円×2.1％＝1,575円
住民税	：500,000円×5％＝25,000円
合計額	：75,000円＋1,575円＋25,000円＝101,575円

問6　正解　①〇　②〇　③✕

① 〇　特定口座では、上場株式等だけでなく特定公社債等も受け入れることができる。源泉徴収選択口座を選択すれば、それぞれの税率で源泉（特別）徴収されるため、確定申告は**不要**である。

② 〇　債券価格は市場金利の影響を受けて変動する。市場金利と債券価格は逆相関の関係にあり、市場金利が上昇すると債券価格は**下落**する。他の条件が同じであれば、表面利率の低い債券の方が表面利率の高い債券よりも市場金利の変化に対する債券価格の変化率が**大きい**。

③ ✕　特定公社債等を償還前に売却する場合、譲渡益は**譲渡所得**として**申告分離課税**の対象となる。税率は所得税および復興特別所得税、住民税の合計で**20.315%**である。特定公社債等の譲渡損益は、特定公社債等の利子等で申告分離課税を選択したもの、上場株式等の配当等で申告分離課税を選択したもの、上場株式等の譲渡損益と**損益通算**することができる。

【第3問】

問7　正解　①〇　②✕　③✕

① 〇　配偶者控除は、配偶者の所得が一定額以下の場合に適用することができ、夫を扶養している妻の場合にも適用される。本問の場合、夫Aさんの合計所得金額が10万円（≦48万円）であるので、妻Bさんは、Aさんについて、配偶者控除の適用を受けることができ、その控除額は**38万円**である。

② ✕　二女Cさんは28歳で240万円の収入があり、**19歳以上23歳未満の特定扶養親族**の要件には当てはまらない。

③ ✕　純損失の繰越控除は、その年に損益通算を行ってもなお控除しきれない金額が生じた場合に、その損失金額（純損失）を翌年以降**3年間**に渡って繰越控除するものである。不動産所得の金額に損失が生じているだけでは適用できない。

問8　正解　①イ　②ヌ　③ロ　④ト　⑤チ

　青色申告制度では、青色申告特別控除額として最高①**65万円**を控除できるが、適用要件として、取引を正規の簿記の原則に従い記帳し、その記帳に基づいて作成した貸借対照表、損益計算書その他の計算明細書を添付した確定申告書を法定申告期限内に提出することに加えて、電子申告（e-Tax）による申告、または電子帳簿保存を行う必要がある。ただし、従前どおりの窓口提出や郵送による申告

の場合には②2020年分以降は最高③55万円の青色申告特別控除額となる。

　なお、確定申告書を法定申告期限後に提出した場合には、青色申告特別控除額は最高でも④10万円となる。

　青色申告者が受けられる税務上の特典として、青色申告特別控除のほかに、青色事業専従者給与の必要経費算入、純損失の⑤3年間の繰越控除、前年も青色申告書を提出している場合は、前年分の所得に対する税額から還付を受ける純損失の繰戻還付、棚卸資産の評価について低価法を選択できる。

　また、青色事業専従者給与は、青色申告者と生計を一にしている配偶者やその他の親族のうち、15歳以上の専らその事業に従事している人に支払った給与で、あらかじめ支給する給与の額を税務署に届出ており、その額が労務の対価として相当な額であること等が要件である。

問9　正解　①40（万円）　②10（万円）

　報酬比例部分の特別支給の老齢厚生年金の老齢給付は、公的年金等に該当し雑所得として扱われる。また、個人年金保険契約に基づく年金とは別に計算する。

　不動産所得の損失金額においては、土地の取得に係る負債利子分(20万円)は損益通算の金額の対象とはならない。

＜雑所得＞

　公的年金等の収入60万円までは所得金額は0

　100万円（個人年金）－60万円（必要経費）＝40万円

　0円＋40万円＝40万円……①

＜不動産所得＞

　▲50万円→　▲30万円(負債利子分除く)

＜総所得金額＞

　▲30万円＋40万円＝10万円……②

【第4問】

問10　正解　①480（m²）　②1,800（m²）

①建蔽率の上限となる建築面積

　建蔽率の上限となる建築面積については、敷地面積×建蔽率の最高限度によって求めることができる。

＜建蔽率の緩和措置＞

　次のいずれかに該当するときは、都市計画で定められた建蔽率に10％を加えることができる。

a．建蔽率が80％とされている地域以外で、かつ、防火地域内にある耐火建築物等

b．準防火地域において、耐火建築物等または準耐火建築物等

c．特定行政庁が指定する角地等

a．とc．またはb．とc．に該当するときは都市計画で定められた建蔽率に20％を加えることができる。設問の土地は、上記b．とc．に該当し、建蔽率の最高限度は60％＋20％＝80％となる。

よって、建蔽率の上限となる建築面積は、600m^2×80％＝480m^{2}となる。

②容積率の上限となる延べ面積

容積率の上限となる延べ面積については、敷地面積×容積率の最高限度によって求めることができる。

＜容積率の制限＞

建築物の敷地の前面道路（2以上の前面道路があるときは、幅員の最大なもの）の幅員が12m未満の場合、都市計画で指定された容積率と前面道路の幅員に法定乗数を乗じたものの、いずれか小さい方が敷地の容積率の最高限度となる。

設問の土地の場合、300％（指定容積率）＜8m×4/10＝320％となり、小さい方の300％が容積率の最高限度となる。

よって、容積率の上限となる延べ面積は、600m^2×300％＝1,800m^{2}となる。

問11　正解　①〇　②✕　③✕

①　〇　「特定賃貸借契約（マスターリース契約）」とは、賃貸人と賃借人との間で締結される賃貸住宅の賃貸借契約であって、賃借人が、当該賃貸住宅を転貸する事業を営むことを目的として締結されるものをいい、ここで、事業を営むとは、営利の意思を持って反復継続的に転貸することを指す。なお、営利の意思の有無については、客観的に判断されることとなるため、個人が賃借した賃貸住宅について、事情により、一時的に第三者に転貸するような場合は、特定賃貸借契約に該当しない。

②　✕　Aさんが金融機関から融資を受けて賃貸マンションを建設した場合、相続税額の計算上、当該借入金は債務控除の対象となる。

③　✕　貸家建付地とは、貸家の敷地に土地所有者が建物を建築し、その建物を賃貸の用に供している状態におけるその敷地のことをいい、貸家建付地の評価額＝自用地評価額×（1－借地権割合×借家権割合×賃貸割合）で計算される。

　　　1億円×（1－0.6×0.3×1.0）＝8,200万円

問12　正解　①○　②✕　③✕

① ○ DSCR（借入金償還余裕率）が大きいほどキャッシュフローに余裕があり、1.0未満は不動産からの収入だけでは借入金の返済が困難であることを示す。

② ✕ 表面利回りは、年間の**総収入**を投下資本で割ったもの。最も簡便な指標として広く用いられるが、**諸経費を考慮しないため**、正確さに欠ける。

③ ✕ **元利均等返済**は、元金と利息の合計額すなわち毎回の返済額が一定である返済方法をいい、返済額に占める元金と利息の割合が返済時期によって異なる。**元金均等返済**は、元金部分を返済期間で按分して均等に返済する方法をいう。利率や返済期間等の条件が同じであれば、総返済額は、元利均等返済より元金均等返済のほうが少なくなる。

【第5問】

問13　正解　①チ　②イ　③ホ

ⅰ）『遺留分』

「仮に、Aさんの相続に係る遺留分算定の基礎となる財産の価額を3億円とした場合、長女Cさんの遺留分の金額は、①**3,750万円**（3億円×1/2×1/2×1/2）となります。Aさんについて、相続が開始し、長男Dさんが賃貸マンションなど、相続財産の大部分を取得することになれば、長女Cさんの遺留分は侵害される恐れが十分考えられます。遺留分が侵害された場合、遺留分権利者である長女Cさんは、Aさんの相続開始および減殺すべき贈与または遺贈があったことを知った時から②**1年**以内に遺留分侵害請求権を行使することで、遺留分を保全することができます」

なお、遺留分の侵害について不知の場合、相続開始から10年にて遺留分侵害請求権は時効により消滅する。

ⅱ）『小規模宅地等についての相続税の課税価格の計算の特例』

「Aさんの相続が開始し、妻Bさんが『特定居住用宅地等』に該当する自宅の敷地を相続等により取得した場合、当該敷地は③**330m²**までの部分について80％の減額が受けられます。他方、長男Dさんが『貸付事業用宅地等』に該当する賃貸マンションの敷地を相続等により取得した場合、当該敷地は200m²までの部分について50％の減額が受けられます。仮に、賃貸マンションの敷地について当該特例の適用を受けた場合、相続税の課税価格に算入される価格は3,000万円となります」

問14　正解　①✕　②✕　③○

① ✕ 「教育資金の非課税特例」は、受贈者ごとに1,500万円であり、学校等に直接支払われる入学金や授業料等の金銭については制限がなく、学校等以外の者に教育に関する役務の提供の対価として直接支払われる金銭については500万円が限度となる。

② ✕ 贈与者が死亡した際の教育資金の使い残した残額は相続税の課税対象となり、その対象者が孫である場合、2割加算の対象となる。なお、30歳に達した場合の教育資金の使い残した残額は、2023年4月1日以後は暦年課税方式による一般税率が適用される。

③ ○ 記述のとおり。なお、学校等以外の費用は500万円が上限となる。

問15　正解　①4,800（万円）　②3,340（万円）
　　　　　　③1,190（万円）　④5,720（万円）

	現預金	8,000万円
	投資信託	4,000万円
	自宅（敷地および建物）	3,000万円
	賃貸マンション（敷地および建物）	1億5,000万円
（a）相続税の課税価格の合計額		3億円
	（b）遺産に係る基礎控除額	①4,800万円
課税遺産総額（a－b）		2億5,200万円
	相続税の総額の基となる税額	
	妻Bさん	②3,340万円
	長女Cさん	③1,190万円
	長男Dさん	1,190万円
（c）相続税の総額		④5,720万円

・遺産に係る基礎控除額は「3,000万円＋600万円×法定相続人の数」で求めることができる。本設問では、法定相続人は妻Bさん、長女Cさん、長男Dさんの計3人となる。よって、遺産に係る基礎控除額は「3,000万円＋600万円×3人＝①4,800万円」と求められる。

・本設問については、課税遺産総額が2億5,200万円であることから、各法定相続人の算出税額は、妻Bさんは、「2億5,200万円×1/2×40％－1,700万円＝②3,340万円」、長女Cさん、長男Dさんはそれぞれ「2億5,200万円×1/2×1/2×30％－700万円＝③1,190万円」となる。

・したがって、相続税の総額は3,340万円＋1,190万円×2人＝④5,720万円となる。

FP2級学科試験（共通）解答用紙

問題番号	解答番号				問題番号	解答番号			
問題 1	①	②	③	④	問題31	①	②	③	④
問題 2	①	②	③	④	問題32	①	②	③	④
問題 3	①	②	③	④	問題33	①	②	③	④
問題 4	①	②	③	④	問題34	①	②	③	④
問題 5	①	②	③	④	問題35	①	②	③	④
問題 6	①	②	③	④	問題36	①	②	③	④
問題 7	①	②	③	④	問題37	①	②	③	④
問題 8	①	②	③	④	問題38	①	②	③	④
問題 9	①	②	③	④	問題39	①	②	③	④
問題10	①	②	③	④	問題40	①	②	③	④
問題11	①	②	③	④	問題41	①	②	③	④
問題12	①	②	③	④	問題42	①	②	③	④
問題13	①	②	③	④	問題43	①	②	③	④
問題14	①	②	③	④	問題44	①	②	③	④
問題15	①	②	③	④	問題45	①	②	③	④
問題16	①	②	③	④	問題46	①	②	③	④
問題17	①	②	③	④	問題47	①	②	③	④
問題18	①	②	③	④	問題48	①	②	③	④
問題19	①	②	③	④	問題49	①	②	③	④
問題20	①	②	③	④	問題50	①	②	③	④
問題21	①	②	③	④	問題51	①	②	③	④
問題22	①	②	③	④	問題52	①	②	③	④
問題23	①	②	③	④	問題53	①	②	③	④
問題24	①	②	③	④	問題54	①	②	③	④
問題25	①	②	③	④	問題55	①	②	③	④
問題26	①	②	③	④	問題56	①	②	③	④
問題27	①	②	③	④	問題57	①	②	③	④
問題28	①	②	③	④	問題58	①	②	③	④
問題29	①	②	③	④	問題59	①	②	③	④
問題30	①	②	③	④	問題60	①	②	③	④

FP2級実技試験（資産設計提案業務）解答用紙

【第1問】

問1　（ア）　　　（イ）　　　（ウ）　　　（エ）

問2　＿＿＿＿＿＿＿＿＿

【第2問】

問3　＿＿＿＿＿＿＿＿＿

問4　＿＿＿＿＿＿（％）

問5　＿＿＿＿＿＿＿＿＿

問6　＿＿＿＿＿＿＿＿＿

【第3問】

問7　＿＿＿＿＿＿（万円）

問8　＿＿＿＿＿＿（万円）

問9　＿＿＿＿＿＿＿＿＿

問10　＿＿＿＿＿＿＿＿＿

【第4問】

問11　（ア）　　　（万円）（イ）　　　（万円）

　　　（ウ）　　　（万円）

問12　＿＿＿＿＿＿＿＿＿

問13　（ア）　　　（イ）　　　（ウ）　　　（エ）

問14　（ア）　　　（イ）　　　（ウ）　　　（エ）

【第5問】

問15　＿＿＿＿＿＿＿＿＿

問16　（ア）　　　（イ）　　　（ウ）

問17　＿＿＿＿＿＿＿＿＿

問18　＿＿＿＿＿＿（万円）

【第6問】

問19　＿＿＿＿＿＿（万円）

問20　＿＿＿＿＿＿＿＿＿

問21　（ア）　　　（イ）　　　（ウ）　　　（エ）

問22　（ア）　　　（イ）　　　（ウ）

【第7問】

問23　＿＿＿＿＿＿（万円）

問24　＿＿＿＿＿＿（万円）

問25　＿＿＿＿＿＿（万円）

【第8問】

問26　＿＿＿＿＿＿＿（円）

問27　＿＿＿＿＿＿＿（円）

問28　＿＿＿＿＿＿＿（円）

【第9問】

問29　＿＿＿＿＿＿＿＿＿

問30　＿＿＿＿＿＿（万円）

問31　＿＿＿＿＿＿＿＿＿

問32　＿＿＿＿＿＿＿（円）

問33　（ア）

　　　（イ）

　　　（ウ）

問34　＿＿＿＿＿＿＿＿＿

【第10問】

問35　＿＿＿＿＿＿（万円）

問36　（ア）

　　　（イ）

　　　（ウ）

問37　＿＿＿＿＿＿＿＿＿

問38　（ア）

　　　（イ）

　　　（ウ）

　　　（エ）

問39　＿＿＿＿＿＿＿（円）

問40　＿＿＿＿＿＿＿（円）

FP2級実技試験（個人資産相談業務）解答用紙

【第1問】

《問1》 ① _____ ② _____ ③ _____

《問2》 ① _____ ② _____ ③ _____

《問3》 ① _____（円）② _____（円）③ _____（円）④ _____（円）

【第2問】

《問4》 ① _____ ② _____ ③ _____ ④ _____

《問5》 _____（円）

《問6》 ① _____ ② _____ ③ _____

【第3問】

《問7》 ① _____ ② _____ ③ _____

《問8》 ① _____ ② _____ ③ _____ ④ _____ ⑤ _____

《問9》 ① _____（万円）② _____（万円）

【第4問】

《問10》 ① _____（m²）② _____（m²）

《問11》 ① _____ ② _____ ③ _____

《問12》 ① _____ ② _____ ③ _____

【第5問】

《問13》 ① _____ ② _____ ③ _____

《問14》 ① _____ ② _____ ③ _____

《問15》 ① _____（万円）② _____（万円）③ _____（万円）④ _____（万円）

【著者紹介】LEC東京リーガルマインド
1979年、司法試験の受験指導機関として創立して以来、FP試験をはじめ、公務員試験、司法書士、弁理士、行政書士、社会保険労務士、宅地建物取引士、公認会計士、税理士、日商簿記など各種資格・国家試験の受験指導を行う総合スクール、法人研修事業、雇用支援事業、教育出版事業、大学・大学院運営といった人材育成を中心とする多角的経営を行っている。現在、100資格・試験を取り扱い、全国に直営校30校、提携校19校（2024年3月現在）を展開しており、2024年に創立45周年を迎えた。

【編者紹介】岩田　美貴（いわた　みき）
早稲田大学文学部卒業。経済・金融関係の出版社勤務を経て、1997年に（有）モーリーズ 岩田美貴FP事務所を設立し、ファイナンシャル・プランナーとして独立。「顧客に寄り添うFP」をモットーに、ライフプラン全般にわたるコンサルティングを開始する。LECでの講師歴は22年で、FPの上級講座までを担当。テンポのいい語り口はわかりやすい！と大評判で、多くの試験合格者を輩出している。著書に『マンガでわかる！岩田美貴の世界一やさしいFP3級』『ゼロからスタート！岩田美貴のFP3級1冊目の教科書』『ゼロからスタート！岩田美貴のFP2級1冊目の教科書』『この1冊で合格！岩田美貴のFP2級 最短完成テキスト』（以上、KADOKAWA）などがある。

この1冊で合格！
岩田美貴のFP2級 最短完成問題集 2024-2025年版

2024年5月29日　初版発行

著者／LEC東京リーガルマインド
編／岩田　美貴

発行者／山下　直久

発行／株式会社KADOKAWA
〒102-8177　東京都千代田区富士見2-13-3
電話 0570-002-301（ナビダイヤル）

印刷所／株式会社加藤文明社印刷所
製本所／株式会社加藤文明社印刷所

©TOKYO LEGAL MIND K.K. 2024　Printed in Japan
ISBN 978-4-04-606826-2　C3030